权威 · 前沿 · 原创

皮书系列为

“十二五”国家重点图书出版规划项目

河南蓝皮书
BLUE BOOK OF HENAN

河南城市发展报告（2015）

ANNUAL REPORT ON URBAN DEVELOPMENT OF HENAN (2015)

以人为本推进新型城镇化

主　编／谷建全　王建国
副主编／王新涛　左　雯

社会科学文献出版社
SOCIAL SCIENCES ACADEMIC PRESS (CHINA)

图书在版编目(CIP)数据

河南城市发展报告.2015，以人为本推进新型城镇化/谷建全，王建国主编.—北京：社会科学文献出版社，2015.3
（河南蓝皮书）
ISBN 978－7－5097－7055－9

Ⅰ.①河… Ⅱ.①谷… ②王… Ⅲ.①城市化－研究报告－河南省－2015 Ⅳ.①F299.276.1

中国版本图书馆CIP数据核字（2015）第006239号

河南蓝皮书
河南城市发展报告（2015）
——以人为本推进新型城镇化

主　　编／谷建全　王建国
副 主 编／王新涛　左　雯

出 版 人／谢寿光
项目统筹／任文武
责任编辑／高　启　王　颉

出　　版／社会科学文献出版社·皮书出版分社（010）59367127
　　　　　地址：北京市北三环中路甲29号院华龙大厦　邮编：100029
　　　　　网址：www.ssap.com.cn
发　　行／市场营销中心（010）59367081　59367090
　　　　　读者服务中心（010）59367028
印　　装／北京季蜂印刷有限公司

规　　格／开　本：787mm×1092mm　1/16
　　　　　印　张：21.75　字　数：350千字
版　　次／2015年3月第1版　2015年3月第1次印刷
书　　号／ISBN 978－7－5097－7055－9
定　　价／79.00元

皮书序列号／B－2009－108

河南蓝皮书系列编委会

主编简介

谷建全 男，河南唐河人，河南省社会科学院副院长、研究员，经济学博士。河南省优秀专家、河南省学术技术带头人、河南省科技创新“十大杰出人物”、郑州市科技创新领军人才。2000 年以来，主持承担国家级、省级重大研究课题 30 余项，公开发表理论文章 100 余篇，获得省部级以上科研成果奖 15 项。主持编制区域发展规划 80 余项。

王建国 男，河南鲁山人。现任河南省社会科学院城市与环境研究所所长、研究员，河南省优秀专家，河南省学术技术带头人、“河南青年科技创新杰出奖”获得者、全省宣传文化系统首批“四个一批”人才人选。先后主持和参与承担完成各类课题100 余项，公升发表文章 100 余篇，主编、合著及参与撰写出版专著 20 余部，获各级优秀成果奖30 余项。

摘要

2013 年中央城镇化工作会议提出“要以人为本，推进以人为核心的城镇化”。以人为本推进新型城镇化，关键是要加快体制机制的改革与创新，破除城乡二元体制的障碍，提高“人”的生活质量。《国家新型城镇化规划（2014～2020 年）》明确提出，“紧紧围绕全面提高城镇化质量，加快转变城镇化发展方式，以人的城镇化为核心，有序推进农业转移人口市民化”，“以体制机制创新为保障，通过改革释放城镇化发展潜力，走以人为本、四化同步、优化布局、生态文明、文化传承的中国特色新型城镇化道路”。随着内外部环境和条件的深刻变化，城镇化必须进入以提升质量为主的转型发展新阶段，更加注重人的城镇化。

河南省作为拥有 1 亿多人口的发展中省份，已经进入全面建成小康社会的决定性阶段，科学推进新型城镇化是实现中原崛起、河南振兴、富民强省的必然选择。2014 年，河南省围绕解决影响新型城镇化发展的瓶颈和群众反映强烈的突出问题，立足河南省改革工作的职责、权限和实践条件，在户籍制度、土地制度、投融资体制、行政体制等多项制度改革方面都有较大突破，取得明显成效，新型城镇化速度与质量都有较大提高，城市规模不断扩大，现代城镇体系日趋完善，城镇综合承载能力持续增强，农业转移人口市民化速度加快，城乡一体化水平不断提升。但是，新型城镇化仍然面临着配套改革尚未形成合力、公共服务尚未实现常住人口全覆盖、农业转移人口市民化的制度尚不完善、城镇基础设施历史欠账仍然较多等一系列问题。随着我国经济发展进入“新常态”，河南城镇化发展也呈现新的发展态势，河南必须要进一步深化改革，持续推进体制机制创新，积极构建有利于新型城镇化科学发展的体制机制，以人为本推进新型城镇化。

《河南城市发展报告（2015）》以“以人为本推进新型城镇化”为主题，立足河南实际，从总体上分析了河南以人为本推进新型城镇化的主要做法、成效和问题，指明了下一步以人为本推进新型城镇化的方向和对策措施。本书由河南省社会科学院和院外部分专家学者研究完成。

本书从多侧面、全方位探讨了河南省以人为本推进新型城镇化的问题。“总报告”之一“河南新型城镇化的改革与发展”梳理总结了2014年河南省新型城镇化以改革促发展的主要做法与成效，预测了2015年河南省新型城镇化以改革促发展的发展趋势，并提出了相应的对策建议。“总报告”之二“河南省城镇化质量评价报告（2014）”从人口、经济、社会、空间和生态五个维度构建了新型城镇化质量评价体系，对河南省18个省辖市和20个县级市的新型城镇化发展质量进行了评价与分析。“农业转移人口市民化篇”“城乡一体化篇”“新型城市建设篇”“保障机制篇”主要围绕河南省新型城镇化科学发展的关键问题和制约其发展的体制机制障碍，从不同角度展开研究，并提出对策建议。

目　录

𝔹Ⅰ　总报告

𝔹Ⅱ　农业转移人口市民化篇

BⅢ 城乡一体化篇

BⅣ 新型城市建设篇

𝔹Ⅴ 保障机制篇

皮书数据库阅读使用指南

总 报 告

General Report

B.1

河南新型城镇化的改革与发展

——2014～2015年河南新型城镇化发展形势分析与展望

河南省社会科学院课题组*

摘 要：2014年，河南省坚持以人为核心，科学有序、积极稳妥地推进新型城镇化发展，在户籍制度、土地制度、投融资体制、行政制度等多项制度改革方面都有较大突破，取得了明显成效，新型城镇化速度与质量都有较大提高，城市规模不断扩大，现代城镇体系日趋完善，城镇综合承载能力持续增强，农业转移人口市民化速度加快，城乡一体化水平不断提升。但在新型城镇化的改革与发

* 课题主持人：喻新安、谷建全；课题组成员：王建国、王新涛、柏程豫、李建华、左雯、韩鹏、吴旭晓、郭志远；执笔人：王建国、王新涛、李建华、左雯。

展过程中，还有一些深层次的矛盾和问题亟待解决，因此需要进一步加大改革力度，形成最佳改革合力。2015 年，我国经济发展进入新常态，河南城镇化发展也呈现新的发展态势，我们要牢牢把握新的机遇和有利条件，进一步深化改革，以改革促发展，新型城镇化将会持续科学健康地发展，在速度与质量、土地城镇化和人口城镇化、城镇综合承载能力和农业转移人口数量等方面将会更加协调。

关键词： 河南 新型城镇化 制度改革

李克强总理指出："推进城镇化，核心是人的城镇化，关键是提高城镇化质量，目的是造福百姓和富裕农民。"以人为本推进新型城镇化，要加快体制机制的改革与创新，破除城乡二元结构的体制机制障碍。2014 年以来，河南省积极贯彻落实《中央全面深化改革领导小组 2014 工作要点》和《中共河南省委关于贯彻党的十八届三中全会精神全面深化改革的实施意见》，围绕解决影响新型城镇化发展的突出瓶颈因素和群众反映强烈的突出问题，立足河南省改革工作的职责权限和实践条件，制定了一系列的改革措施，取得了一定的成效。但是，在日益复杂的国际国内环境下，河南城镇化发展呈现新的发展态势，河南必须进一步深化改革，持续推进体制机制创新，积极构建有利于新型城镇化科学发展的体制机制。

一 2014年河南新型城镇化以改革促发展的主要做法与成效

2014 年，河南省着力以改革推进新型城镇化发展，力图在户籍管理、土地管理、社会保障等阻碍城镇化发展的制度性障碍上有所突破，为打破固有的城乡利益失衡格局，进行了积极的探索和实践，取得了较为显著的成效，但也存在着诸多问题。

（一）2014年河南新型城镇化以改革促发展的主要做法

1. 大力推进户籍制度改革

习近平总书记2014年6月在中央全面深化改革领导小组第三次会议上强调，推进人的城镇化最重要的环节在户籍制度，加快户籍制度改革，是涉及亿万农业转移人口的一项重大举措。省委、省政府积极贯彻落实国务院《关于进一步推进户籍制度改革的意见》，省委全面深化改革领导小组在全省第一批重点改革事项中明确提出，实行差别化落户政策，研究制定居住证制度的具体实施办法和相关配套政策，稳步推进城镇基本公共服务常住人口全覆盖。随后，有关部门按照省委全面深化改革领导小组的要求积极研究出台河南省户籍制度改革意见。

2014年11月4日，《河南省人民政府关于深化户籍制度改革的实施意见》（豫政〔2014〕83号）正式出台，该意见明确提出，取消农业户口与非农业户口性质区分，统一登记为居民户口，并全面实施居住证制度。因地制宜地实施差别化落户政策，省会城市要建立完善积分落户制度，有序放开大城市落户限制，进一步放开中等城市落户限制，全面放开建制镇和小城市落户限制，优先解决进城时间长、就业能力强、适应城镇和市场竞争环境的人员进城落户问题（见表1）。从就业、住房、子女教育、社保等多个方面完善机制，切实保障进城农民工的合法权益。

表1　2014 河南户籍制度改革户口迁移政策

城市类型	政策导向	城区人口	落户条件
建制镇和小城市	全面放开	50万人以下	有合法稳定住所（含租赁）
中等城市	进一步放开	50万～100万	合法稳定就业并有合法稳定住所（含租赁），同时按照国家规定参加城镇社会保险（不超过一年）

续表

城市类型	政策导向	城区人口	落户条件
大城市	有序放开	100万以上	合法稳定就业达到一定年限并有合法稳定住所(含租赁),同时按照国家规定参加城镇社会保险达到一定年限(不超过两年)
省会城市	合理确定		建立完善积分落户制度,根据城市综合承载能力和经济社会发展需要,以具有合法稳定就业和合法稳定住所(含租赁)、参加城镇社会保险年限、连续居住年限等为主要指标,合理设置积分分值

资料来源:《河南省人民政府关于深化户籍制度改革的实施意见》(豫政〔2014〕83号)。

2. 积极推进以创新农村土地流转机制为核心的土地制度改革

2014年,河南省认真贯彻落实中央有关精神,密切联系河南实际,相继研究出台了大量关于创新农村土地流转机制的改革举措。

(1)积极稳妥开展土地承包经营权确权工作。省政府办公厅下发了《关于开展农村土地承包经营权确权登记颁证试点工作的意见》(豫政办〔2014〕111号),提出按照“先试点探索路子,后全面推开”的总体思路,从2014年开始,在全省开展农村土地承包经营权确权登记颁证试点工作。济源市、通许县、永城市、民权县、信阳市平桥区作为国家试点地区,在2013年已经开展土地确权颁证试点工作,2014年全面铺开,力争在2年内完成确权登记颁证工作任务;其他县(市)分别选择1~3个村进行土地承包经营权确权登记颁证试点工作,2014年完成试点任务。有关部门正在拟订《河南省农村集体经济组织股份合作制改革试点工作意见》,年内启动农村集体经济组织股份制改革试点。

(2)建立农村土地信托中心。2014年4月,济源市与中信信托签订了2万亩土地流转信托战略合作协议,这一新的模式为河南省农村产权制度改革的深入推进提供了经验。河南省计划建成省级农村土地信托中心，已经启动新乡统筹城乡发展改革试验区、信用农村改革发展综合试验区及10个省直管县（市）的农村土地信托中心筹建工作，正在开展农村土地信托中心建设、农村土地承包经营权抵押担保融资、工商业资本进入农业领域、土地流转风险保障金制度建设等调研。

（3）推进农村产权交易中心建设。2014年5月，河南省首家农村产权交易中心在济源市正式揭牌成立，这标志着河南省农村产权制度改革迈出了坚实的一步。同时，有关部门正在大力推进农村产权交易中心建设，《关于开展农村产权交易中心建设试点工作的指导意见》正在修改完善，郑州市、新乡市、信阳市农村产权交易中心正在按程序报批。

（4）建立省级土地交易平台。目前，河南省省级土地交易平台已经建立，并制定了四个规范市场运作的文件，待国家批复方案后即可正式交易。省级土地交易平台建成后，市县政府将农村建设用地复垦为耕地后，腾出的建设用地指标在省级统一平台交易，可调剂到异地使用。推进农村土地综合整治、城乡建设用地增减挂钩、工矿废弃地复垦利用、人地挂钩试点建设。

3. 继续深化投融资体制改革

河南省积极创新投融资体制，努力缓解新型城镇化改革和发展面临的巨大资金缺口，推进新型城镇化健康发展。

（1）完善财政转移支付同农业转移人口市民化挂钩机制。《国务院关于进一步推进户籍制度改革的意见》明确提出了建立财政转移支付同农业转移人口市民化挂钩的机制。河南正在研究财政转移支付同农业转移人口市民化挂钩的机制的具体改革措施，并争取纳入国家农业转移人口市民化成本分担机制试点。

（2）大力推进城市建设投融资体制改革。首先是全面开放住房城乡建设市场，2014年2月17日，河南省住房和城乡建设厅出台《2014

年河南省住房和城乡建设领域对外开放工作专项方案》，提出按照“非禁即入”的原则，使各类投资主体依法平等进入市场，积极吸引民间投资主体参与城市市政基础设施建设。2014 年，河南省筛选 289 个向民间资本开放的重大基础设施项目向社会公开推介。其次，积极探索发行市政债券，研究制定的《河南省地方政府专项债券发行方案》已上报财政部，正在争取获批省级政府发行市政债券试点。再次是多渠道筹措建设资金，积极落实与国家开发银行、农业发展银行等金融机构的合作协议。争取融资支持，与国开行合作实施棚户区改造统筹统还融资计划，力争国开行统筹统还贷款额度 900 亿元；与农发行合作实施城中村改造双百亿融资计划，争取贷款额度 90 亿元。建立了多层次、多元化棚户区改造投融资体系，发行支持棚户区改造私募债 30 亿元；各市县完成城中村改造项目 107 个，融资规模达到 533.5 亿元。

4. 稳步推进以省直管县（市）改革为核心的行政管理体制改革

河南省按照中央和省委省政府的部署，进一步简政放权，加快行政区域体制调整，促进资源由按城市行政级别配置向按人口规模配置逐步转变。

（1）深入推进省直管县（市）改革。2014 年 1 月 1 日起，巩义市、兰考县、汝州市、滑县、长垣县、邓州市、永城市、固始县、鹿邑县和新蔡县 10 个县（市）全面实行由省直接管理县（市）的体制，主要是对党委体制、人大体制、政协体制、法院和检察院体制、群团体制进行调整和改革。2014 年 7 月 15 日，《河南省人民政府办公厅关于推进省直管试点县（市）经济社会加快发展的意见》（豫政办〔2014〕98 号）指出，支持省直管县（市）大胆改革创新，积极先行先试，全面深化经济、文化、社会、生态文明等制度改革，对省直管县（市）各领域改革的重点、突破口、具体内容、试点意见、责任单位等方面提出了明确要求。2014 年 8 月，省政府召开加快省直管县（市）发展观摩交流会议，谢伏瞻省长对省直管县（市）的工作重点和发展方向提出了具体要求，省直管县（市）要“争做产业结构调整、转型升级的样板，争做统筹城乡发展的典范，争做体制机制创新的先锋，争创扩大开放招商的高地”。2014 年 10 月 20 日省人民政府办公厅下发了《关于明确加快省直管县（市）改革发展重点工作责任分工的通知》，将加快省直管县（市）改革发展重点工作任务予以分解并明确到各个责任单位。相继出台了《河南省省直管县（市）体制改革试点工作领导小组工作规则》《河南省省直管县（市）体制改革试点工作联系点制度》《河南省省直管县（市）体制改革试点工作省县联席会议制度》《河南省省直管试点县（市）经济社会发展考核评价办法》等政策法规，拟定完成《关于加强省直管县（市）领导干部管理的暂行办法》，正在与各中央驻豫单位进行协调，力争年底前各中央驻豫单位赋予各省直管县（市）分支机构省辖市级管理权限。

（2）调整优化行政区域。积极推动具备行政区划调整条件的县有序改为市，对吸纳人口多、经济实力强的镇赋予同人口和经济规模相应的管理权。

5. 全面推进城乡一体化发展改革

2014 年，河南省以城乡一体化示范区建设为抓手，全面推进城乡一体化发展改革。

（1）城乡一体化示范区建设深入推进。已经拟定完成《关于加快城乡一体化示范区建设的指导意见》，各城乡一体化示范区陆续编制了建设实施方案，许昌市、濮阳市、鹤壁市、济源市等示范区的实施方案已编制完成并备案。计划 2014 年底研究出台理顺城乡一体化示范区管理体制具体方案和支持城乡一体化示范区在相关领域先行先试扶持政策。

（2）城乡发展一体化机制持续创新。新乡统筹城乡发展改革试验区和信阳农村改革发展综合试验区重点在创新农村土地管理体制机制、创新农业经营体制机制、创新农业投融资体制机制方面进行试点探索、实施政策创新。

（3）积极改革试点工作。积极开展中小城市综合改革试点，已完成国家中小城市综合改革试点的申报工作。济源市、林州市研究制定了试点实施方案并组织实施，洛阳市、新郑市、禹州市、兰考县进入国家新型城镇化综合试点，启动济源市、鹤壁市全域城乡一体化试点工作，在巩义市、禹州市、西华县启动了县（市）城乡总体规划暨“三规合一”试点。

6. 深入推进社会保障制度改革

河南省深入推进医疗、教育、就业等方面的改革，努力使农民工在就业、教育、卫生、住房、计划生育等方面享有和当地居民平等的权利待遇，社会保障制度改革进一步深化。

（1）健全促进就业创业体制机制。努力建立健全就业创业服务体系，开展创业孵化示范基地认定工作。推进全省统一的公共就业信息服务平台建设。正在拟定《政府购买基层公共管理和社会服务吸纳高校毕业生就业试点方案》，正在修改完善《中国中原大学生创业孵化示范园区建设方案》和《河南省大学生创业引领计划》。

（2）推进职业教育改革发展。加快国家职业教育改革试验区建设，推进改革封闭式办学模式、改革单一的政府投资模式、改革职业院校的管理体制机制。

（3）医药卫生体制改革全面深化。深入推进县级公立医院综合改革试点。出台了《河南省人民政府关于推进县级公立医院综合改革的实施意见》，全省 40 个试点县（市）共 123 家县级公立医院实施综合改革。新农合大病保险试点扩大到所有省辖市，出台《河南省新型农村合作医疗大病保险实施方案》。开展医联体建设试点工作。鼓励促进社会办医，出台了《关于进一步完善社会办医支持政策的意见》。

（4）养老制度改革进一步深入。出台了《城乡养老保险制度衔接暂行办法》，自 2014 年 7 月 1 日起，河南省城镇职工养老保险和城乡居民养老保险实现互转。拟定了《关于建立城乡居民基本养老保险制度的实施意见》。

（5）启动实施“单独两孩”生育政策。

7. 着力推进生态环保制度改革

河南省大力推进以城镇化绿色循环低碳发展为核心的生态环境保护制度改革，在国土空间开发、资源能源节约利用、环境保护机制等方面进行了积极的探索。

（1）继续完善生态环境保护机制。制定了《河南省能源消费总量预算实施管理办法（试行）》和《河南省能源消费总量预留指标管理办法（试行）》。排污权有偿使用和交易试点工作取得明显进展，《河南省主要污染物排污权有偿使用和交易管理暂行办法》于2014年10月1日实施。对限制开发区域和生态脆弱的国家扶贫开发工作重点县取消地区生产总值考核。建立完善突发环境事件和灰霾天气应急处理机制，出台了《河南省重污染天气应急预案》。①

（2）资源型产品价格改革继续深化。完善居民水电气阶梯价格制度，在18个省辖市中已有17个推行了阶梯水价，阶梯电价制度已在全省实施。积极推进代管县农电体制改革，对剩余83个代管县级供电企业开展全面的规范治理。

（3）健全自然资源资产产权制度和用途管制制度，实行资源有偿使用制度和生态补偿制度。对水流、森林、山岭、荒地、滩涂等自然生态空间进行统一确权登记，形成归属清晰、权责明确、监管有效的自然资源资产产权制度。实行最严格的水资源保护制度。建立有效调节工业用地和居住用地合理比价机制。推行节能量、碳排放权、水权交易制度，建立健全排污权交易体系，促进环境容量资源市场化。②

① 《中共河南省委关于贯彻党的十八届三中全会精神全面深化改革的实施意见》。

② 《中共河南省委关于贯彻党的十八届三中全会精神全面深化改革的实施意见》。

（二）2014年河南推进新型城镇化以改革促发展取得的成效

1. 城镇化率快速提高

2014 年，河南省全面落实《中共河南省委关于科学推进新型城镇化的指导意见》《河南省新型城镇化规划（2014～2020 年）》《河南省科学推进新型城镇化三年行动计划》，城镇化发展由追求速度向速度和质量并举转变，城镇化进程不断加快，城镇化水平不断提高。

农业转移人口显著增加。随着户籍改革和各项配套改革的推进，河南省城镇人口大幅增加，城镇化率快速提升。2013 年全省城镇常住人口 4123 万人，常住人口城镇化率达到 43.8%，与 2000 年城镇化率 23.2% 相比，年均提高 1.58 个百分点，比全国同期年均 1.35 个百分点的增幅高出 0.23 个百分点。与此同时，河南省城镇化率与全国的差距也由 2000 年的 13.02 个百分点缩小为 9.93 个百分点。据统计，2000 年河南省户籍制度改革实施以来，截至 2011 年全省共有 660 万名农民进入城镇落户，每年新增非农业人口近 70 万人。

2. 现代城镇体系初步形成

河南省加快推进一个载体、四个体系建设，充分发挥新型城镇化的综合带动作用，推进产业集聚、人口集中、土地集约，推动大中小城市和小城镇协调发展。

（1）城镇规模不断扩大。随着各地区行政区划不断调整，河南省城市规模不断扩大，城市形态进一步优化。随着空间结构的优化调整和经济社会快速发展，城市建成区规模不断扩大，竞争实力不断增强。全省城市城区面积由 2008 年的 3332 平方公里增至 2013 年的 4658 平方公里，城市建成区面积由 2008 年的 1857 平方公里增至 2013 年的 2289 平方公里。县城新区建设也获得突飞猛进的发展，城乡统筹试验区、复合型发展先导区的框架初步显现。按照一、二、三产业复合和经济、生态、人居功能复合的理念，规划了16个城乡一体化示范区和7个全域城乡一体化试点。

（2）现代城镇体系日趋完善。郑州市国家区域性中心城市地位不断提升，地区性中心城市组团式发展加快推进，县城规模持续壮大，城镇数量不断增加，城镇功能日益完善。2013年，全省共有设市城市38个、县城88个、建制镇1014个，全省有39个城市的城区人口规模超过20万人。国务院下发了《关于调整城市规模划分标准的通知》，按照新的城市规模划分标准，河南省的省辖市中城市类型有四种，其中特大城市（城区常住人口500万~1000万人）有1个，为郑州；Ⅱ型大城市（城区常住人口100万~300万人）有8个，为洛阳、南阳、商丘、开封、信阳、漯河、安阳、新乡；中等城市（城区常住人口50万~100万人）有7个，为焦作、平顶山、驻马店、济源、濮阳、鹤壁、周口；Ⅰ型小城市（城区常住人口20万~50万人）有2个，为许昌、三门峡（见表2）。

表2　河南省省辖市城市类型

城市等级	分类标准	城市名称	城区人口(万人)
特大城市	城区常住人口500万以上1000万以下	郑　州	517.5
Ⅱ型大城市	城区常住人口100万以上300万以下	洛　阳	193.33
		南　阳	185.96
		商　丘	183.29
		开　封	157.90*
		信　阳	149.50
		漯　河	139.42
		安　阳	114.43
		新　乡	103.91

续表

城市等级	分类标准	城市名称	城区人口(万)
中等城市	城区常住人口 50 万以上 100 万以下	焦　作	98. 31
		平顶山	97. 88
		驻马店	80. 64
		济　源	71. 50
		濮　阳	68. 38
		鹤　壁	62. 59
		周　口	53. 28
Ⅰ型小城市	城区常住人口 20 万以上 50 万以下	许　昌	41. 85
		三门峡	29. 94

* 开封城区常住人口中有 70 万人是原开封县的，现划入祥符区。

3. 城镇综合承载能力持续增强

随着城镇投融资改革和土地改革不断推进，城镇建设资金多元化筹措机制和城镇用地保障机制不断完善，全省城镇建设有了资金和土地保障，对城镇化基础设施和公共服务设施投入持续增加，城镇建设不断加快，城市道路、水、电、气、暖、污水和垃圾处理等基础设施和教育、医疗等公共服务设施水平不断提高，城镇综合承载力不断增强，人居环境显著改善。

（1）全省城镇市政公用基础设施投资规模逐步扩大，2008 ~ 2013 年累计完成城镇基础设施建设投资 7193 亿元，2013 年完成城镇基础设施建设投资 1858 亿元。2014 年，河南省计划将 400 个基础设施项目向民间资本开放，总投资 3848 亿元。

（2）城市基础设施建设得到明显改善。截至 2013 年年底，全省城市道路长度达 11235. 73 公里，排水管道长度达 18297 公里，城市集中供热面积达 15151 万平方米，设市城市燃气普及率达到 82%，用水普及率达到 92. 2%，以上两项普及率分别比 2012 年提高 4. 1 个百分点和 0. 4 个百分点。全省建成运行的污水处理厂达 166 座，垃圾处理场（厂）127 座，设市城市污水处理率达到 90.0%，比 2012 年提高 3.6 个百分点；生活垃圾无害化处理率达 89.3%，比 2012 年提高 3.3 个百分点。城市建成区绿化覆盖率达到 37.6%，比 2012 年提高 0.7 个百分点；人均公园绿地面积达到 9.6 平方米，比 2012 年增加 0.4 平方米；全省拥有园林城市数量居全国第 3 位（见表 3）。

表 3　2012 年和 2013 年河南省城市基础设施建设情况比较

指标	2012 年	2013 年
城市用水普及率(%)	91.8	92.2
城市燃气普及率(%)	77.9	82.0
城市污水处理率(%)	86.4	90.0
生活垃圾无害化处理率(%)	86.0	89.3
公共交通标准运营车辆(标台)	21852	22790
建成区绿化覆盖率(%)	36.9	37.6
人均公园绿地面积(平方米)	9.2	9.6

4. 农业转移人口市民化速度加快

河南坚持“一基本两牵动”（产业为基，就业为本，住房和学校牵动），大力推进农业转移人口市民化的相关改革，在户籍制度改革、城乡就业、社会保障等方面制定了一系列配套政策措施，着力解决好进城务工人员就业、流动、安置等问题，让农民真正“进得来、留得住、过得好”，确保未落户的农业转移人口享有城镇基本公共服务。教育、医疗卫生、基本社会保障等公共服务事业持续较快发展，覆盖范围不断扩大。

（1）2013 年全省城镇新增就业人口 143.1 万人，同比增长 0.3%；新增农村劳动力转移就业人口 90 万人，至此全省转移就业总量累计达到 2660 万人，其中，省内转移人口超过省外转移人口 386 万人，

（2）全省安居工程保障人群覆盖范围进一步扩大。2013 年，全省各级政府保障性安居工程开工建设 41.95 万套，基本建成 32 万套。

2013 年安居工程保障人数达到 94.58 万人。全省发放公共租赁住房、廉租住房租赁补贴平均每户每月达到 155.10 元。棚户区改造惠及民生。2013 年，享受货币安置的棚户区居民每户平均收到改造安置资金 20.40 万元；享受实物安置的棚户区居民改造后人均居住面积达到 39.86 平方米，比改造前提高了 4.49 个百分点。

（3）2013 年，基本解决了农民工随迁子女在城市接受义务教育问题。社会保险覆盖范围不断扩大，2013 年，全省城镇职工基本养老保险、城镇基本医疗保险参保人数分别达到 1345 万人、2297 万人，城乡居民养老保险参保人数达 4843 万人，领取待遇 1195 万人。社会保险待遇不断提高，企业退休人员月平均基本养老金达 1950 元。

5. 城乡一体化程度不断提升

河南省有序推进新农村建设，加强农村环境综合整治，美丽乡村建设试点积极推进，农村生产生活条件显著改善，新型城乡关系正在形成。

（1）城乡居民收入差距进一步缩小。2013 年，城镇居民人均可支配收入达到 22398.03 元，较上年增长 9.6%，扣除价格因素实际增长 6.6%；农村居民人均纯收入达到 8475.34 元，较上年增长 12.6%，扣除价格因素实际增长 9.5%。后者增速高于前者 3 个百分点（不扣除价格因素），远远高于 2012 年 1.8 个百分点的增速差距，农村居民人均纯收入增速连续 4 年超过城镇居民人均可支配收入，城乡居民收入差距进一步缩小。

（2）农村基础设施和公共服务设施建设不断增强。2013 年，完成农村环境连片综合整治项目 215 个，改造 23.3 万户农村危房，新建改建农村公路 6400 公里、桥梁 3 万延米，新解决 696 万农村居民及师生饮水安全问题。推动“三山一滩”地区扶贫开发，新完成 1116 个贫困村整村推进建设任务，5.2 万山区贫困人口搬出深山，又有 117 万农村贫困人口稳定脱贫。

（三）2014年河南推进新型城镇化面临的难题

1. 配套改革尚未形成合力

新型城镇化改革涉及经济体制、政治体制、社会体制、生态体制等诸多方面，需要对改革进行顶层设计。当前，河南省新型城镇化改革的总体设计不足，户籍、土地、社保、投融资、行政、生态等各项改革措施相互衔接不够，分散化、碎片化特征明显，缺乏总体协调机制。另外，城镇化改革涉及发改委、财政厅、国土厅、住建厅、环保厅、人社厅、公安厅等多个部门，与改革相关的职能分别由不同的部门行使，难以形成最佳改革合力。

配套改革滞后。改革是牵一发而动全身的，特别是城镇化改革，涉及经济、社会、政治等方方面面，只在某一方面走得过快，其他配套改革跟不上，改革的效果就会大打折扣。推进新型城镇化面临的最紧迫的改革是户籍制度和土地制度改革，河南也出台了不少改革措施，效果不显著的原因之一就是配套改革滞后，财政、金融等改革不能同步推进。在现有的财政体制下，行政级别决定了财政资源的分配，使得政治中心城市如省会市、省辖市更具有资源优势，中小城市和小城镇缺乏有力的财政支持，发展相对滞后。

2. 农业转移人口诉求的新体现

新型城镇化要求实现农业转移人口的市民化，使进城人口实现三维转换：从农业到非农业的职业转换、从农村到城镇的地域转移以及从农民到市民的身份转换。改革开放消除了农民工进城的制度障碍，农民工可以进城就业，但不能完全享受城镇居民的养老、医疗、住房、子女教育等公共服务。有户籍无公共服务的农业人口转移进城，不是真正意义上的市民化。从河南情况来看，2600多万进城农民工完全融入城市的不多，大多数无法享受到和城市居民同样的养老、医疗、住房、子女教育等公共福利；农民转市民后财产权益的保护和实现机制尚不完善。从另一个侧面来看，户籍可能对于一部分长期工作生活在城市的农民工有吸引力，但并不是所有进城的农民工都希望拥有城市的户籍，他们只是希望在城市工作期间可以享受到城市的基本公共服务，特别是在教育、医疗等方面。

3. 城镇基础设施历史欠账仍然较多

近年来，河南城市建设快速推进，建成区面积不断扩大，城市人口迅速增长。但是，城市基础设施却没有跟上城市建设步伐，历史“欠账”十分严重。大城市和中等城市的城市基础设施不完善，严重影响了城市功能的发挥。

（1）地下管网不足、地下管线老化导致自来水管爆裂现象频现，停水、停电现象时有发生；燃气管道、暖气管道事故频发，管道“跑冒滴漏”现象严重。

（2）供水排水质量差，防洪减灾能力低，逢雨必涝、城市内涝现象经常发生。城市交通拥堵问题严重，马路拉链现象屡禁不止。

（3）小城市和小城镇基础设施建设严重缺项，特别是城镇燃气、污水处理、垃圾处理、集中供热等基础设施基本处于起步状态，难以满足集聚人口的要求。

（4）小城市和小城镇基础设施建设的问题还表现为“结构性”缺陷：重地上轻地下，即由于缺乏顶层设计和资金，往往对道路建设、环卫保洁等基础设施较为重视，而忽视排水、垃圾和污水处理等配套设施建设。

4. 行政体制僵化

城乡行政区划体制过于僵硬，不能适应新的发展形势，是影响河南城镇化健康快速发展的一个重要因素。比如，河南省许多经济较为发达的地区的乡镇人口密度和经济活跃度已经远远超过一般意义上的城市标准，却无法在现有的行政体制中升级为城市，人为地抑制了城镇化的进程。此外，河南省新型城镇化发展模式依然是以政府为主导的城镇化，在城镇化推进过程中过于依赖行政力量，容易引发各种矛盾和冲突，如强征农民土地、强拆住宅等。

二　2015年河南新型城镇化以改革促发展的形势分析

当前，国际国内宏观经济环境正在发生极为深刻而复杂的变化，我国经济发展进入新常态，河南推进新型城镇化改革发展，既面临着新的机遇和有利条件，也面临着新的挑战和制约因素。

（一）2015年河南新型城镇化以改革促发展的机遇和有利条件

1. 国家推进新型城镇化一系列政策效应逐步显现

党的十八大报告对中国特色城镇化道路做出了总体战略部署，党的十八届三中全会明确提出，完善城镇化健康发展体制机制。坚持走中国特色新型城镇化道路，推进以人为核心的城镇化，推动大中小城市和小城镇协调发展、产业和城镇融合发展，促进城镇化和新农村建设协调发展。优化城市空间结构和管理格局，增强城市综合承载能力。2014 年 3 月国家新型城镇化规划进一步明确，城镇化是现代化的必由之路，是解决农业农村农民问题的重要途径，是推动区域协调发展的有力支撑，是扩大内需和促进产业升级的重要抓手。围绕推进新型城镇化，推出户籍制度、新型城镇化综合试点等一系列改革举措，到 2015 年，这些改革举措将发挥综合效应，户籍制度、土地制度、资金保障机制等体制改革以及城市群、县域经济、新型城市都将获得巨大的发展机遇。对于河南来讲，这是有利于建设中原经济区和郑州航空港经济综合实验区的重大历史机遇，应该在城乡资源要素配置、土地节约集约利用、农村人口有序转移、城镇行政社会管理体制改革等方面先行先试，不断破解新型城镇化进程中的体制机制难题，以改革促创新、以创新促发展。

2. 我国仍然处于城镇化快速推进期

2013年，我国常住人口城镇化率达到53.7%，户籍人口城镇化率只有36%左右，虽然近年来我国城镇化率迅速提高，城镇化推进速度较快，但是从城镇化发展规律、常住人口城镇化率与户籍人口城镇化率的差异以及城镇化与工业化协调发展程度来看，当前及今后一个时期，我国仍然处于城镇化快速推进时期。

（1）从城镇化发展规律来看，53.7%的城镇化率表明我国仍然处于城镇化加速发展阶段。这一阶段，大量农村人口涌向城市，城镇人口比重将以年均较大的增速提高至60%~70%，城市经济飞速发展，城镇规模日趋扩大，城镇数量日益增多。直到城镇化率提高到70%以上，城镇人口增长速度与总人口增长速度相当，城镇化才可能在相当一段时间内发展平缓。

（2）从常住人口城镇化率与户籍人口城镇化率的差异来看，城镇常住人口中有2亿多人没有非农户籍，与户籍非农人口在教育、医疗、社会保障等社会均等化方面存在差距，推动城镇化内涵式发展仍然具有较大空间。

（3）从城镇化与工业化协调发展程度来看，我国的城镇化仍然滞后于工业化，城市化对工业化的推动作用、对扩大内需的促进作用、对经济增长的拉动作用、对社会转型的催化作用都没有完全发挥出来，为城镇化的加速推进提供了一定的时间和空间。相比较而言，河南城镇化率低于全国平均水平近10个百分点，城镇化质量也处于全国中下游水平，发展潜力巨大。

3. 新型城镇化关键领域改革开始破冰

随着城镇化进程的推进，制约城镇化发展的各种深层次矛盾和问题不断暴露，社会各界对城镇化进行改革的呼声也越来越高，各级政府对城镇化改革的认识也越来越清晰，改革措施也越来越到位。党的十八届三中全会对制约我国城镇化发展的主要障碍提出了相应的改革方向。

（1）在户籍改革方面，提出“放开中等城市落户限制，合理确定大城市落户条件，严控特大城市人口规模”。

（2）在城市建设融资方面，“建立透明规范的城市建设投融资机制，允许地方政府通过发债等多种方式拓宽城市建设融资渠道，允许社会资本通过特许经营等方式参与城市基础设施投资和运营，研究建设城市基础设施、住宅政策性金融机构”。

（3）在加快农业人口市民化方面，为转移到城市的农民提供和城市居民同等的待遇，“稳步推进城镇基本公共服务常住人口全覆盖，把进城落户农民完全纳入城镇住房和社会保障体系，在农村参加的养老保险和医疗保险规范接入城镇社保体系”。

（4）在土地方面，一是解决城市发展用地问题，“建立城乡统一的建设用地市场”，批准农村集体建设用地参与流转。二是解决好农民的土地问题，“赋予农民更多财产权利”。2014 年 6 月 30 日中央政治局审议通过了《关于进一步推进户籍制度改革的意见》，标志着全国户籍制度改革大幕的全面拉开，顶层设计的完成，属于户籍改革真正意义上的破冰。关键领域改革的突破将逐步消除制约城镇化发展的制度性障碍，必将释放巨大的政策红利，为河南科学推进城镇化改革提供千载难逢的机遇。

4. 河南综合实力增强，不断强化对新型城镇化的支持作用

近年来，在粮食生产核心区、中原经济区、郑州航空港经济综合实验区三大国家战略带动下，河南经济社会持续快速发展，综合实力不断增强。通过大力招商引资，积极承接产业转移，河南推进产业结构持续调整，工业结构不断升级，高成长性服务业规模不断壮大，第二、第三产业吸纳就业能力明显增强。2008 年以来，河南工业和服

务业年均增长1%，分别带动就业增长0.48%、0.55%。可以预见，今后一个时期，随着三大国家战略的深入推进，河南经济仍将保持快速发展态势。据相关测算，即使全省第二、第三产业增速分别保持在11%、9.5%左右的水平，平均每年仍可以新增就业人员230万人左右，除解决城镇自身新增就业人员就业以外，还可以吸收农村转移劳动力100万人左右，带动农村随迁人口100万人左右，河南城镇化率每年仍能提高2个百分点。不断增强的经济实力是河南科学推进城镇化改革的有力保障。

5. 社会各界对新型城镇化的作用认识更加清晰

2013年9月召开的推进新型城镇化建设试点工作座谈会上，李克强总理指出，“新型城镇化是关系现代化全局的大战略，是最大的结构调整，事关几亿人生活的改善。我国经济保持中高速增长、迈向中高端水平，必须要用好新型城镇化这个强大引擎”。这是我国经济增长迈向新常态的必然选择。在这一过程中，由于原有增长动力可能迅速衰竭，新动力无法接上来，此前长期的宏观失衡、结构性和体制机制问题渐次暴露，风险将会爆发并向实体经济和金融体系传导。推进新型城镇化，发挥其增长效应，能够兼顾“稳增长、调结构、促转型”，促进人口在城市大规模集聚，带来生产效率提高和收入水平增加，以及产业升级转型和内需主导的结构调整自然实现。

（二）2015年河南新型城镇化以改革促发展的挑战和制约因素

1. 资金瓶颈

新型城镇化需要投入巨额公共资金和建设资金，而且要保证持续性投入，这就给资金供给带来很大的挑战。根据2013年河南城镇基础设施人均水平测算，每增加1个城镇人口，供水、燃气、供热、道路桥梁、污水（污水、其他水处理）、园林绿化（绿化管理、公园管理）、市容环卫（城乡市容、环境卫生）、其他（电力、公共交通、电信广播、互联网）等基础设施分别需要投入6250元、4630元、4350元、30680元、4400元、950元、850元和4820元，以上合计约需投入5.7万元。未来按照每年新增200万名城镇人口计算，大约需要城镇基础设施建设投资1140亿元用于满足新增人口需要。考虑到河南目前的城镇基础设施水平与全国平均水平尚有一定的差距，还需加大投资力度，提升现有城镇居民的基础设施供给水平。根据城建部门统计资料，每年的基础设施新建投资与原有设施的维护改造投资比率约为1∶0.8，据此测算未来每年全省还需安排910亿元用于提升改造原有城镇基础设施，以上共需投入资金2000亿元以上。但是，随着河南新型城镇化进程加快，城市基础设施建设任务繁重，城建资金缺口依然较大。

（1）全省城市基础设施建设投资在全社会固定资产投资中的比重仍然较低。

（2）投融资渠道单一。各市的城市基础设施建设投资主要依靠政府投资，但政府财力相对薄弱，融资渠道不多，融资能力不强，建设资金缺口较大。

（3）城镇基础设施投资主体单一，融资渠道狭窄。由于缺少优质资产和过度举债，大多投融资平台负债率已达极限，加上国家严控其贷款规模，给新的融资带来很大压力。BT等项目融资方式虽然普遍采用，但由于还款期一般在3年左右，不利于基础设施建设的长期发展，而且融资成本较高。

（4）依靠土地财政进行建设的模式难以持续。经过多年发展，土地财政弊端逐渐暴露出来。随着国家对房地产调控力度的持续加大，河南部分地区土地成交量下滑、成交金额较低，土地收入大幅缩减，土地财政难以持续，投融资平台利用土地进行融资的模式难以为继。

（5）公共产品价格形成机制不健全，影响企业投资意愿。对于投资盈利水平较低且回收周期较长的城镇基础设施项目，河南相关产品价格体制改革尚未理顺，各类投资主体进入后难以获得合理收益，影响了投资积极性。

2. 资源瓶颈

河南新型城镇化进程中面临资源制约。一方面是人均资源占有量较少，另一方面也存在资源集约节约利用程度不高的问题。例如，河南水资源短缺，全省人均水资源占有量仅为400立方米，约为全国平均值的1/5，世界平均值的1/20；人均矿产资源占有量仅为全国平均水平的1/4，由于长期以来的过度开发，后备资源紧缺；人均耕地面积只相当全国平均水平的87.7%。农业生产用地和工业化、城镇化用地的矛盾十分突出，用地控制将越来越严格，势必使新型城镇化始终处于严格的土地约束环境中；地表水资源人均占有量为366立方米，人均水资源占有量约相当于全国平均水平的1/5，是水资源比较贫乏的省区之一，远远低于国际公认的人均拥有1700立方米水资源的警戒线，全省绝大部分城市都属于缺水或严重缺水城市。河南新型城镇化过程中总体存在集约利用水平低、利用效益不高等突出问题。

（1）城镇土地集约利用水平不高。2013年，河南城市、县城、建制镇人均建设用地面积均高于全国平均水平，土地集约利用率低。在城镇化高速发展的同时，城镇人口却没有同步增长。大城市超强度开发造成过度拥挤，县城、小城镇特别是农村建设用地开发强度低，造成土地浪费等现象。

（2）能源供需矛盾进一步凸显。一是能源消费结构不合理。城镇燃气普及率偏低，城市仅为75%、县城仅为40%；城市集中供热普及率比较低，热网建设相对滞后，大部分县城尚未实现集中供热。全省城镇既有居住建筑约12亿平方米，90%左右为非节能建筑。二是能源约束进一步凸显。随着城镇化进程不断推进，城镇居民生活和产业发展对能源需求将持续增加，能源供需矛盾也会越来越突出。从全省能源供需平衡情况来看，2013 年全省能源生产缺口超过 20%。预计到 2020 年，石油供应将长期紧张；天然气今后 10 年的供需矛盾突出，缺口在 80% 以上。

（3）水资源压力依然严峻。随着快速城镇化、工业化发展，对水的需求压力持续增大，有的城市不顾水资源条件，盲目上马高耗水项目，进一步加剧了水资源紧张的状况，致使郑州、开封、焦作和平顶山等 11 个城市存在降落漏斗。

（4）空间资源利用不足。城镇空间资源利用总量不足，地下空间利用量占城市建筑总量的比例不足 5%。现有地下空间的使用功能以市政管线、商业功能、地下停车等为主，其他功能开发滞后。空间资源的开发管理体制不健全，缺乏强有力的统一领导和协调机制。

（5）再生资源回收利用体系不健全。河南城镇生活垃圾分类减量和再资源化工作尚未全面展开，城镇建筑垃圾利用率不足 15%，有利于再生资源利用的价格形成机制、投融资机制和激励约束机制等尚未形成。

3. 环境瓶颈

河南城镇化快速发展，将会成为调整产业结构、转变生产方式、推动经济社会发展的强劲动力，但与此同时，也将带来大量的生态环境问题。比如，城镇污染物排放集中，资源环境超载严重；城市水资源短缺，水生态系统脆弱；机动车保有量持续快速增加，油烟污染严重，雾霾天气成为公众热议话题，大气污染凸显；生活污水、垃圾等废弃物产生量大幅攀升，固废排放增加；产商住混杂，噪声污染严重等。

（1）加剧水体污染。由于人口向城镇迅速集聚和工业的迅速发展，城镇生活和工业污水排放激增，城市水环境遭到严重污染。

（2）加重了大气污染。随着城镇人口迅速膨胀，非农产业迅速发展，城镇中工业与生活废气（包括二氧化硫、烟尘、粉尘等）排放量明显增加，导致大气污染加重。有学者研究数据表明：城镇化率每上升1个百分点，会导致工业废气排放增加超过1个百分点。

（3）固体废弃物（固废）污染。高速城镇化会使工业与生活固体废弃物，如生活垃圾、工业固体废弃物和危险废弃物、建筑废料及弃土等排放激增。随着城镇化进程加快，2015年，全省将新增城镇人口近200万，生活垃圾排放量将刚性增加，城镇垃圾的处理问题也日益突出。

（4）影响生态环境。高速城镇化伴随着大规模的交通、供排水、供热、供气、防洪、园林绿化等基础设施建设，这些基础设施建设会破坏原有植被，减少植被覆盖率。而且基础设施建成后会造成大面积硬化，减少雨水渗透，使植被的生长环境恶化。

4. 市民化观念瓶颈

新型城镇化要求实现农业转移人口的市民化，使进城人口实现三维转换，即从农业到非农业的职业转换、从农村到城镇的地域转移，以及从农民到市民的身份转换。改革开放消除了农民工进城的制度障碍，农民工可以进城就业，但不能完全享受城镇居民的养老、医疗、住房、子女教育等公共服务。有户籍无公共服务的农业人口转移进城，不是真正意义上的市民化。从河南情况来看，2600多万进城农民工完全融入城市的不多，大多数无法享受到和城市居民同样的养老、医疗、住房、子女教育等公共福利；农民转市民后财产权益的保护和实现机制尚不完善。从另一个侧面看，需要转换的观念是，户籍可能对于一部分长期工作生活在城市的农民工有吸引力，但并不是所有进城的农民工都希望拥有城市的户籍，他们只是希望在城市工作期间可以享受到城市的基本公共服务，特别是在教育、医疗等方面。2015年，河南城镇化改革发展的核心目标之一，就是推进城乡、区域基本公共服务制度的对接与平等，主要包括医疗、教育、就业等方面。特别是对于暂未办理户口迁移手续或者不愿意办理户口迁移手续、符合常住人口标准的农业转移人口，在办理居住证的基础上，在就业、教育、卫生、住房、计划生育等方面享有和当地居民平等的权利待遇。社会保障体系仍然是重点领域，需要着眼于“织好网、保基本、兜住底”，着力解决基本民生保障制度“碎片化”问题，提高农民工基本医疗、基本养老等基本保险的参保率，推进与城镇职工、居民保险整合，提高统筹层次，做好异地衔接。

（三）2015年河南新型城镇化以改革促发展的趋势展望

1. 城镇化速度和质量更加协调

李克强总理强调，推进城镇化，核心是人的城镇化，关键是提高城镇化质量，目的是造福百姓和富裕农民。要处理好城镇化速度和质量的关系，使城镇化进程与经济、社会和环境发展相协调。

（1）从现实情况来看，加快推进城镇化已经成为推动河南经济社会持续健康发展、全面建成小康社会的迫切需要。2013 年河南城镇化率仍然落后于全国平均水平将近 10 个百分点，必须保持一个较高的增长水平，才能逐步缩小与全国的差距，破解河南经济发展中的诸多难题。

（2）单纯追求城镇化率高增长的弊端已经显现。忽视了人的城镇化，导致人口城镇化明显滞后于土地城镇化。虽然城镇数量快速增加、城镇形态加速变化，但农民工问题却日益突出。农民工及其家庭成员在享受教育、就业、医疗、住房、社会福利等方面与市民有着明显差别，公共服务提供能力明显不足。城市人口的快速增长，对城市环境和城镇基础设施的承载能力构成极大压力，造成交通拥堵、污染加重等问题。这就要求我们走一条有质量的新型城镇化道路，真正实现农民市民化。

（3）河南省面临的挑战和困难是，一方面速度不是过快，而是还不够快；另一方面为了防止单纯追求速度带来的一系列问题，必须注重提高城镇化质量。实现城镇化率每年 2% 的增长目标已经困难重重，还要兼顾提高城镇化质量的任务，使河南城镇化与城市就业创造能力、环境承载能力与基础设施建设和公共服务提供能力相适应，无疑是难上加难。

2. 户籍人口和常住人口城镇化率更加协调

2014 年 6 月中央全面深化改革领导小组第三次会议指出，推进人的城镇化最重要的环节在户籍制度，加快户籍制度改革，是新型城镇化无法回避的最大难题，是涉及亿万农业转移人口的一项重大举措。对于河南来讲，要解决户籍人口城镇化率远远低于常住人口城镇化率的问题，必须统筹户籍制度改革和相关经济社会领域改革，合理引导农业人口有序向城镇转移，有序推进农业转移人口市民化，从而促进城镇化健康发展。为此，改革发展要把户籍制度改革作为突破口，结合城镇规模划分新标准，贯彻落实国务院《关于进一步推进户籍制度改革的意见》，进一步调整户口迁移政策，因地制宜地实行差别化落户政策，优先解决存量，重点解决进城时间长、就业能力强，可以适应城镇产业转型升级和市场竞争环境的人员落户问题，不断提高高校毕业生、技术工人、职业院校毕业生、留学回国人员等常住人口的城镇落户率。协调推进两项改革。

（1）全面推行居住证制度，以居住为载体，建立健全与居住年限等条件相挂钩的基本公共服务提供机制，并作为申请登记居住地常住户口的重要依据。

（2）健全人口信息管理制度。在实施居住证制度的基础上，建设和完善以公民身份号码为唯一标志、以人口基础信息为基准的人口基础信息库，分类完善劳动就业、教育、收入、社保、房产、信用、计生、税务等信息系统，逐步实现跨部门、跨地区信息整合和共享，为人口服务管理、实现公共服务的均等化和全覆盖提供支撑。

3. 土地城镇化和人口城镇化更加协调

新型城镇化成败的关键在于土地制度改革路径的选择。过去 30 多年，在中央政策允许范围内，河南也一直在稳步推进土地改革、逐步完善土地制度，土地出让市场化程度持续提高。但是，随着城镇化进程不断加快，不仅土地制度中诸多缺陷日渐凸显，而且土地城镇化快于人口城镇化。据中国社科院调查数据显示："70 后""60 后"等不愿意转变为非农户口的达到 80%；而"80 后"农民工不愿意转变为非农户口的比例达到 75%，如果要交回承包地才能转户口，不愿意转变为非农户口的人数则占到 90%。根据国务院发展研究中心的调查数据，84% 的农民工希望进城定居后能保留承包地，67% 的农民工希望能保留宅基地。这就要求河南在具体落实国家新型城镇化规划过程中，要着眼于保障城镇化所需的土地资源，确保土地收入所产生的利益能够更公平地为城乡全体公民所分享。建立统一的城乡建设用地市场，实现土地资源配置由政府配置向市场配置的转变，让城市和农村人口能够更公平地分享城镇化的利益，在提高土地利用效率的同时，切实保障开展土地承包经营权和其他集体经济权益有偿地流转和让渡，来支付迁移到城镇定居的农民进城居住、生活的成本，不仅使 2015 年进入城镇的将近 200 万农业转移人口能够顺利地转化为城市居民，而且为今后城镇化的健康发展奠定基础。

4. 城镇综合承载能力和农业转移人口数量更加协调

当前城镇综合承载能力和农业转移人口数量不匹配，深层次原因在于公共资源按行政级别配置，而非按人口规模配置，并由此形成公共资源向大城市集中，中小城镇公共资源严重不足的局面。其结果是，大城市公共服务质量高和就业机会多，但农民工市民化安置成本高；中小城镇农民工市民化安置成本低，但对农民工缺乏吸引力。当前，河南全省城镇体系中有省会城市、地级城市、县级城市和乡镇。越是上级的城市支配资源的能力越大，不仅可以凭借权力集中更多的资源，而且上级城市可以运用更大的权力调动下级资源，扩大自身的规模，层级低的城镇资源日趋减少，城镇两极分化日益强化。比如，小城镇户籍改革虽然已经开展多年，但转户政策吸引力有限，申报人员较少。自2015年开始，随着新型城镇化综合配套改革各项措施的落实和效应的发挥，充分发挥市场在资源配置中的基础性作用，实现公共资源按行政级别配置向按人口规模配置转变，有利于各级城镇按照自身功能定位，提升综合承载能力；实现农业转移人口的素质与城镇对人口素质的要求相适应。

5. 城镇化巨大投入与投融资体制更加协调

随着新型城镇化进程的推进，土地财政弊端日益暴露出来，部分地区土地收入大幅缩减，“土地财政”难以持续；多数投融资平台尚未形成平稳的运行机制，融资能力有限，城市建设资金不足，过度举债，过度依赖土地出让金，财政金融风险有所积累。为此，新型城镇化综合改革试点要在构建多渠道、多元化、多层次投融资机制上进行探索，2015年，有望在以下两个方面实现突破。

（1）财政转移支付制度改革。按照事权与支出责任相适应的原则，合理确定各级政府在教育、基本医疗、社会保障等公共服务方面的事权，建立健全城镇基本公共服务支出分担机制和农业转移人口市民化分担机制。从某种意义上讲，不改革财政转移支付制度或者地方税体系，地方政府就没有足够财力和动力为非户籍人口提供同等的公共福利。

（2）城市建设投融资体制改革。推进地方政府发行市政债券，拓宽城市建设融资渠道。多渠道推动股权融资，提高直接融资比重。建立城市基础设施、住宅政策性金融机构，鼓励各类金融机构开展城镇基础设施融资租赁业务。通过建立与城镇化投入相匹配的投融资体制机制，为城市基础设施和保障性安居工程建设提供规范透明、成本合理、期限匹配的融资服务。

三　2015年河南新型城镇化以改革促发展的对策建议

科学推进新型城镇化，要进一步深化改革，创新体制机制，在户籍、土地、社保、财税、行政管理、生态制度等方面实现重点突破，从根本上打破阻碍城乡一体化发展和经济社会人口生态协调发展的业已固化的利益机制，着力构建有利于新型城镇化科学发展的体制机制。

（一）加快户籍和人口登记管理制度改革，扎实落实户籍制度改革实施意见

1. 制定差别化的户口迁移政策和实施方案，促进人口合理有序流动

目前的户口迁移政策是全面放开建制镇和小城市落户限制，进一步放开中等城市落户限制，有序放开大城市落户限制，合理确定省会城市落户条件。

（1）对于中等城市和大城市来说，如何制定差别化的落户限制具体实施细则，是当前需要迫切推进的工作。每个城市具体情况不同，制定的落户条件也要因地制宜。

（2）对于城镇承载能力强，但常住人口数量少的大中城市，如洛阳市、济源市，在制定落户条件上，对合法稳定就业的范围、年限和合法稳定住所（含租赁）的范围等具体落户条件要适当放宽，吸引人口转移。

（3）对省会城市郑州来说，要推行积分落户制度，设置阶梯式落户条件，调控落户规模和节奏。郑州市要根据目前的常住人口和城市的承载能力以及经济社会发展需要，制定每年新增常住人口数量，

根据人口增长容量制定合理的积分指标和积分分值，优先解决那些进城时间长、就业能力强，可以适应城镇产业转型升级和市场竞争环境的人员落户问题。

2. 全面实行居住证制度，形成以居住证为载体的基本公共服务提供机制

（1）加快出台居住证管理办法，规范居住证的申领、发放、使用以及相关服务管理。根据居住证提供公共服务，要注重设计的渐进性，可按照连续居住年限和参加社会保险年限等条件制定持证人享有的公共服务范围。

（2）在设区的市级以上城市居住半年以上的，可以在居住地申领居住证，并享有与当地户籍人口同等的劳动就业、基本公共教育、基本医疗卫生服务、计划生育服务、公共文化服务、证照办理服务等权利。如果加上连续居住年限和参加社会保险年限等条件，持证人就可以享有与当地户籍人口同等的中等职业教育资助、就业扶持、住房保障、养老服务、社会福利、社会救助等权利。各地要根据具体条件，不断调整扩大向居住证持有人提供的公共服务范围，解决好暂不具备落户条件或者不愿落户城镇人口的教育、就业、医疗等基本公共服务保障问题，推进城镇基本公共服务向常住人口全覆盖。

3. 建立城乡统一的户口登记制度，为人口服务和管理提供支撑

（1）取消农业户口与非农业户口性质区分，统一登记为居民户口，体现户籍制度的人口登记管理功能。尊重城乡居民自主定居意愿，符合迁移条件的居民可以在城乡之间迁移，建立以合法稳定住所和合法稳定就业为基本条件，以经常居住地登记为基本形式的户口迁移登记制度。

（2）建立全省城乡统一的户口登记制度，这项改革涉及领域广，需要建立与统一城乡户口登记制度相适应的教育、卫生计生、就业、

社保、住房、土地及人口统计制度，要制定改革时间表，逐步实现城乡居民平等享有公共服务和社会福利待遇。

4. 建立健全人口信息管理制度，实现对人口的动态管理

建立覆盖全省的实际居住人口登记制度，加强人口统计调查和人口基础信息库建设，全面、准确掌握人口规模、人员结构、地区分布等基本情况。加快建设完善人口信息管理系统，建立以公民身份号码为唯一标志、以人口基础信息为基准的覆盖全省的人口信息管理系统，分类完善劳动就业、教育、收入、社保、房产、信用、计生、税务、民族、婚姻等人口信息，逐步实现跨部门、跨地区信息整合和共享，为跨地区人口流动服务和管理提供支撑。

（二）加快财政和投融资体制改革，为城镇化基础设施建设提供资金保障

1. 推进财政体制改革，建立透明财政预算制度

（1）规范政府预算管理。政府支出预决算全部细化到具体项目，加大“三公”经费公开力度，细化公开内容，所有财政拨款安排的“三公”经费都要公开，以提高财政透明度，缓解收支矛盾，保持财政稳定，减少政府对土地财政的依赖。

（2）完善财政转移支付制度，建立财政转移支付同农业转移人口市民化挂钩机制，使城市政府的财力与公共服务事权相匹配。省级财政安排转移支付要考虑常住人口因素，根据地方农村户籍改革的成本、保障农业转移人口市民化的资金需求，给予相应的财政转移支付规模。

（3）优化财政支出结构，财政支出要重点向民生领域和薄弱环节倾斜。要加大对保障性安居工程、义务教育、公共交通、污染治理、就业培训、生活消费服务等方面的财政投入，增强对城镇基本公共服务的财力保障。

2. 建立多元化的投融资机制，拓宽新型城镇化建设的资金渠道

（1）建立和完善政府举债融资机制。支持有条件的地方发行市政债券，要合理确定举债主体、发行方式、资金用途及监督管理，建立完善债券信息统计、报告和公开制度。在地方债发行和管理过程中如果出现违法行为，要实施问责制度。此外，还应建立偿债准备金制度，提高防范政府性债务风险的能力和水平。

（2）提高政府投融资平台融资能力。加大国有资源、资产、资金、资本整合力度和运作力度，支持市、县级投融资平台通过财政注资、市场募资、整合存量资产、做优增量资产等多种方式提高融资能力。

（3）创新民间资本参与新型城镇化建设的融资通道与机制。放宽准入，破除民间资本在进入城市公用设施等领域时碰到“弹簧门”“玻璃门”现象，切实开通民间资本进入城市公用设施投资运营的通道，引导民间资本以更大规模、更快速度进入交通、燃气、电力、医疗、教育、文化、金融等诸多领域。

（4）同时要理顺市政公用产品和服务价格形成机制，完善监管，处理好服务价格问题。

3. 深化与政策性金融机构的合作，增强政策性金融机构的信贷支持作用

鼓励现有政策性金融机构对符合城市规划的重大基础设施建设项目和城市功能区连片开发建设提供信贷支持，推动重大城镇建设项目批量化、系统化、整体性开发建设。研究建立城市基础设施、住宅、棚户区改造等专门的政策性金融机构，为城市基础设施和保障性安居工程建设提供规范透明、成本合理、期限匹配的融资服务。支持中心城市与金融机构联合设立产业投资基金，开展保险资金投资交通等大型基础设施建设试点。创新城市基础设施建设与土地储备相结合的联动机制，探索公益性基础设施建设和商业性开发相结合的长效机制。

（三）建立健全农业转移人口市民化推进机制，加快农村人口城镇化步伐

1. 加快建立农业转移人口市民化成本分摊机制

（1）农业转移人口市民化成本应由政府、企业和个人共同承担。根据农业转移人口市民化成本分类，明确成本承担主体和支出责任。农业转移人口市民化在义务教育、就业服务、基本养老、基本医疗卫生、计划生育、保障性住房以及市政设施等方面的公共成本，主要由政府承担。

（2）政府可将部分土地收益用于支付农业转移人口市民化的成本，设立省级农业转移人口市民化的专项资金，通过财政转移支付方式，加强对郑州、洛阳等农业转移人口集中流入城市的补贴。

（3）各地市和县级政府在中央、省级财政的支持下，承担起完善城市基础设施和公共服务设施的任务，加强义务教育、社会保障、公共医疗、保障性住房等公共服务。农业转移人口市民化在劳动保障方面的成本，如缴纳职工养老保险、医疗保险、工伤保险、失业保险、生育保险、住房公积金等费用，重点由企业承担。

（4）农业转移人口要承担城镇社会保险、职业教育和技能培训等相关费用，提升融入城市社会的能力。农业转移人口可以带着自己在农村的集体收益以及承包土地流转收益等资产进城，这些资产可以分担市民化的部分成本。

2. 合理确定各级政府推进农业转移人口市民化的职责

根据中央政府和省委省政府的制度安排、政策制定和总体部署，各地市和县级政府要加快制定本行政区内城市和建制镇农业转移人口市民化的具体方案和实施细则，地方各级政府根据基本公共服务的事权划分，承担相应的财政支出责任，对农业转移人口落户较多的地区，要适当增加财政转移支付，增强这些地区政府的公共服务

保障能力。

3. 完善农业转移人口融入城市的社会参与机制

农业转移人口市民化就是要让农民进城后，不仅实现职业身份的转变，而且要和城镇户籍居民一样，获得均等一致的社会权利，能公平公正地享受城镇公共资源和社会福利，全面参与城市的政治、经济、社会和文化生活。要建设包容性城市，促进农业转移人口尽快融入城市，个人融入企业、子女融入学校、家庭融入社区。要提高农业转移人口参与社会政治、经济和文化建设的积极性，扩大农业转移人口在各级党代会代表、人大代表、政协委员中所占的比例，积极引导其参加党组织、工会和社团组织，提高其参政议政和参与社会管理的能力。政府、企业和社区都要加强对农业转移人口的人文关怀，加强企业文化建设和社区文化建设，丰富其精神文化生活。

（四）推进公共服务均等化改革，实现公共服务常住人口全覆盖

1. 扩大社会保障覆盖面

扩大参保缴费覆盖面，加快建成覆盖城乡的社会保障体系。

（1）整合城乡居民基本养老保险制度和基本医疗保险制度，城乡统一经办管理，实现城乡居民在制度上的平等。着力完善社会保险关系转移衔接政策，尽快实现各类参保人员在不同地区之间顺畅转移和衔接，实现社会保障一卡通。

（2）稳步提高各项社会保险统筹层次。将农民工纳入城镇职工基本医疗保险，允许灵活就业农民工参加当地城镇居民基本医疗保险。强化多缴多得、长缴多得的激励机制，鼓励农民工积极参保、连续参保。

（3）强化企业缴费责任，提高农民工参加城镇职工工伤、失业保险比例，生育保险比例，继续扩大高风险行业、小微企业工伤保险

覆盖面。

（4）推进城乡最低生活保障制度统筹发展，将农民工及其随迁家属纳入城镇社会救助和养老服务范围。

（5）积极发展补充社会保险和商业保险，加快发展企业年金、职业年金等补充社会保险和各类商业保险，构建多层次社会保障体系。

2. 改善基本医疗卫生条件

加快调整和完善区域卫生规划，根据常住人口配置城镇基本医疗卫生服务资源，将农民工及其随迁家属纳入社区卫生服务体系。

（1）加强基层医疗卫生服务体系标准化建设，确保每个县（市）都有达到二级甲等标准的医院和3～5所达标的中心乡镇卫生院，每个街道都有政府举办的社区卫生服务中心。

（2）加快推进国家和省级区域性医疗中心建设，提升中心城市综合医院、专科医院服务能力和水平。鼓励并优先支持社会力量进入医疗领域，推进区域医疗联合体试点工作。

（3）加强全科医生培训基地建设，提高医生医疗整体水平。

（4）推进医疗保障、医疗服务、公共卫生、药品供应、监管体制等环节的综合改革，将农民工及其随迁家属纳入社区医疗卫生服务体系，免费提供健康教育、妇幼保健、预防接种、传染病预防、职业病防治、计生等公共卫生服务。

3. 推进教育领域综合改革

将农民工子女义务教育纳入城镇教育发展规划和财政保障范畴，保障在城镇生活的适龄儿童都能公平享受义务教育。

（1）健全全省中小学生学籍信息管理系统，为学生学籍转接提供便捷服务。均衡配置教育资源，遏制择校现象。城镇中小学幼儿园建设纳入城市总体规划，根据城镇常住人口空间分布和未来增长趋势，调整优化城乡中小学布局，新建和扩建一批中小学校及幼儿园，重点加强新城区、城乡接合部幼儿园和中小学建设，增加城镇基础教育资源供给，加快解决中小学入学难和大班额问题。

（2）逐步完善农民工随迁子女在流入地接受中等职业教育免学费和普惠性学前教育的政策。对未能在公办学校就学的学生，要采取政府购买服务等方式，保障农民工随迁子女在普惠性民办学校接受义务教育。加快推动各地建立健全农民工随迁子女接受义务教育后在流入地参加升学考试的实施办法，实现在流入地参加中考和高考。

4. 建立健全符合省情的住房保障和供应体系

加快建立市场配置和政府保障相结合的住房制度，努力增加住房供应，拓宽住房保障渠道。

（1）加大保障性住房建设力度。保障房建设重点是解决城镇贫困家庭和农业转移人口居住问题，要增加中低价位、中小户型普通商品住房供给，建立适应多层次需求的住房供给体系。保障房在布局上，尽可能建在交通较便利、配套设施较齐全的地段，减少低收入群体的生活成本和通勤成本。在保障房分配上要严格审查，防止福利陷阱，尽可能使更多低收入群体得到保障。

（2）在保障房退出机制上，要去除保障房的财富效应，挤出投机人群，提高保障房循环强度。棚户区和城中村改造要与保障性住房建设相结合，努力满足外来人口、大学毕业生、住房困难家庭的基本居住需求。

（3）要重点支持农民工数量较多的企业在符合规定标准的用地范围内建设农民工集体宿舍，基本解决产业集聚区内稳定就业人员的住房保障问题。落实新建住房结构比例要求，增加新建中低价位、中小户型普通商品住房供应，满足居民刚性需求。将稳定就业的农民工纳入住房公积金制度覆盖范围，支持农民工家庭购买普通商品住房。

（五）推进行政管理体制改革，增强中小城市发展活力

1. 依法推进政府职能转变，提高行政效率

厘清政府和市场边界，进一步简政放权，最大限度地减少政府对微观经济的管理。加快建立权力清单、责任清单和负面清单，让政府法无授权不可为、法定职责必须为，提高行政效能和服务水平。企业投资项目，除关系国家和生态安全以及重大公共利益的项目外，都要交由企业依法依规自主决策，政府不再审批。对规范管理保留的行政审批事项，优化审批流程，建立全省统一互联的网上办事大厅，降低行政成本，提高行政效率。

2. 加快省直管县（市）改革，减少行政层级

河南目前有10个省直管县（市），今后要总结省直管县（市）在经济、财政、干部管理体制等方面改革的经验，扩大省直管县（市）试点范围，逐步完善省直管县（市）制度。推行省直管县（市）财政改革，理顺省级以下政府间财政分配关系。在财政预算编制上，由省直接对县（市）编制预算，在收入划分上也由省直接对县（市）进行划分，同时省也把转移支付、专项资金补助、资金调度、债务管理等经济权限下放到县（市），使得县级政府财权、事权相匹配。

3. 减少行政等级，弱化行政级别对公共资源分配的干预

现行的等级化行政管理体制使得上级城市管理下级城市，资源随着行政级别往上走。不同等级的城市获取资源的能力不同，导致不同城市间资源配置和公共服务水平差别越来越大。因此，要减少行政级别对公共资源分配的干预，政府公共服务资源的配置要与行政级别脱钩，把更多的发展权下放到基层中小城市和小城镇，使公共资源由按城市行政级别配置向按人口规模配置逐步转变。要按照人口在城镇集聚的规模测算不同城镇公共资源配置标准，以实现大中小城镇公共资源配置均等化。要弱化城市行政级别，变“以大管小”为“以大带

小”，并在政策安排上更多地考虑和照顾中小城市（镇）的发展需要。

4. 调整行政区划，增加城市数量

积极扩大城市数量，把符合一定条件的县或建制镇升级为市。根据城镇化发展的需要，应设立分类标准，分批次进行审批，稳步新增设市数量。把城市市区常住人口规模作为设市的重要依据，未来镇区常住人口5万的建制镇可考虑直接设市。对吸纳人口较多、经济总量较大的中小城市和小城镇，要赋予其与管辖人口规模和经济总量相适应的经济社会管理权限。抓住国家开展新型城镇化综合试点的机遇，积极申报镇级市试点，力促安阳县的水冶镇、新郑市的龙湖镇、新密市的超化镇、巩义市的回郭镇能够进入试点。

（六）推进生态环保制度改革，实现城镇化绿色低碳发展

1. 划定生态保护红线，建立国土空间开发保护制度

完善国土空间规划体系，划分主体功能区，严格按照主体功能区定位推动发展。对不同主体功能区实行财政、投资、产业、土地、人口、环境、考核等差别化政策，促进耕地、河湖水系的休养生息。划定生态保护红线，对不同功能区的自然生态服务功能、环境质量安全、自然资源利用等方面实行严格的保护，完善城镇化地区、农产品主产区、重点生态功能区等不同功能区的空间开发管控制度。建立生态资源环境承载能力评估机制和风险监测预警及防控机制，强化水资源开发利用控制、用水效率控制、水功能区限制纳污管理。

2. 严格监管所有污染物排放，实现环境污染的全防全控

建立和完善严格监管所有污染物排放的环境保护管理制度，实现环境污染的全防全控。将污染物、污染源和环境三方面统筹考虑，按照生态系统管理方式要求，对工业点源、农业面源、交通移动源等全部污染源排放的所有污染物，对大气、土壤、地表水、地下水等所有

纳污介质，加强统一监管。同时，要重视生态系统的整体性规律，建立污染防治和生态保护的联动机制。

3. 整合环境执法力量，建立高效的环境执法体制

加大环境执法力度。有序整合不同领域、不同部门、不同层次的监管力量，完善监管的法律授权，明确环境执法地位，强化环境执法权威，独立进行环境监管和行政执法。增强环保执法制度安排的可操作性，使执法部门执法时能够硬气，能够有效地处罚和震慑违法企业。完善环境信息公开等制度，加强舆论监督和公众监督。加强突发环境事件应急能力建设，完善以预防为主的环境风险管理制度。

4. 搭建环保投融资平台，吸引社会资本进入生态环境保护领域

创新和加强政府环保投资，健全环保投融资机制，吸引社会资本进入生态环境保护领域。政府要加强对环保投融资政策的研究与设计，建立环保投融资项目信息平台和交易平台，开展环保投融资咨询服务。可以建立环保基金，由银行、地方政府和风险投资机构共同出资，面向中小环保企业提供优惠贷款，解决企业环保融资难问题。大力发展环保市场，建立碳排放权、排污权、水权交易制度，促进企业治污，降低社会减排成本。稳妥推进政府向社会购买环境监测服务工作，推进环境污染第三方治理。

5. 完善生态补偿机制，建立体现生态文明要求的环境考核评价体系

不再以 GDP 增长率论英雄，要把资源消耗、环境损害、生态效益等体现生态文明建设状况的指标纳入经济社会评价体系，建立体现生态文明要求的环境考核评价体系。建立领导干部任期环境质量考核制度、生态环境损害赔偿制度，完善奖惩问责机制。实行资源有偿使用制度和生态补偿制度。加快自然资源及其产品价格改革，使价格能够充分体现资源稀缺程度、生态环境损害成本和修复效益。居民的水、电、气等生活资源实行阶梯价格，鼓励节约资源。制定并完善生态补偿方面的政策法规，对重点生态功能区实施生态补偿。

（七）推进土地制度改革，满足城镇化用地需求

1. 优化城镇用地结构，提高城镇建设用地效率

对城镇建设用地实行总量控制，通过完善土地利用总体规划，划定城市增长边界，实现城镇建设用地总规模的合理调控。严格控制土地供应中新增建设用地的比重，引导存量城镇工矿用地优先盘活，新增建设用地要有控制投放，重点向城镇化发展水平较低的地区、地方公益事业、优势特色产业和节能环保等国家重点支持发展的产业和保障房建设倾斜。严格控制各类新城新区、大广场、大马路的土地浪费现象，加大城镇低效建设用地再开发力度，通过立体开发、复合利用、循环利用等方式，有效利用城镇地上地下空间，加快推进棚户区、城中村、旧厂房等改造，盘活城镇存量建设用地。开展城乡建设用地增减挂钩和工矿废弃地复垦利用试点，加快实施人地挂钩试点政策，充分挖掘城乡建设用地潜力。

2. 建立健全节约集约用地制度，大幅提高土地利用效率

建立行政区域、城市、开发区等发展耗地、人均用地、用地结构等标准控制体系，适当提高工业项目容积率、土地产出率。建立健全节约集约用地基础信息调查、评价和披露机制，定期开展建设用地节约集约利用调查与评价，接受社会公众监督。建立节约集约用地激励机制，推进国土资源节约集约模范县（市）创建活动。完善节约集约用地的地价优惠政策，从用地计划、财政、税收等方面予以奖励。创新和推广应用节约用地新技术。借鉴国内外节约集约用地经验，不断探索地上地下空间利用、省地型住宅建设、污染废弃地治理、交通水利等工程建设节地技术。

3. 深化农村土地管理制度改革，保护农民土地权益

以保护农民的土地财产权利为核心，深化农村土地管理制度改革，让农民带着合法土地收益进城。加快完成对农村土地的确权登记颁证工作，赋予农民对承包地占有、使用、收益、流转及承包经营权抵押、担保权能。明确农村宅基地完整的物权，探索宅基地进入市场的流转办法，鼓励农民自愿以其宅基地置换城镇住房。改革征地制度，改变现有土地征用收益分配格局，使土地增值部分能够充分反哺失地农民。完善征地程序和补偿办法，提高补偿标准，切实保障被征地农民长远生计。土地增值收益主要用于土地“农转非”征用及开发成本、土地占补平衡投入、促进农民“农转非”后的就业、社会保障和公共服务所需要的投入。引导和规范农村集体经营性建设用地入市，在符合规划和用途管制的前提下，允许农村集体经营性建设用地出让、租赁、入股，实行与国有土地同等入市、同权同价。

4. 加强耕地保护制度改革，严守耕地红线

严守耕地红线，确保实有耕地面积数量不下降、质量不下降。加大土地利用规划计划管控力度，强化土地利用规划的基础性、约束性作用。对建设项目占用耕地要严格审批，确需占用的，要执行耕地占补平衡政策。严格划定和永久保护基本农田。建立和完善基本农田保护负面清单，符合法定条件和供地政策而确需占用和改变基本农田的，必须报国家和省土地管理部门批准，并优先将同等面积的优质耕地补划为基本农田。严防集体土地流转“非农化”。在土地流转中要坚持农地农用，不得借农地流转之名违规搞旅游度假村、别墅、农家乐等非农业建设。落实地方各级政府耕地保护责任目标考核制度，建立健全耕地保护共同责任机制。

B.2

河南省城镇化质量评价报告（2014）

河南省社会科学院课题组*

摘　要： 推进新型城镇化的核心在于提高城镇化发展质量。研究报告从人口城镇化、经济城镇化、社会城镇化、空间城镇化和生态城镇化五个维度构建了新型城镇化质量评价体系，运用专家打分法确定相关指标的权重；利用该评价模型对河南省18个省辖市和20个县级市新型城镇化发展质量进行了评价与分析；通过找出不同地区新型城镇化发展进程中存在的短板和问题，为各地区采取改进措施提供路径选择。

关键词： 河南省　城镇化　城镇化质量

一　引言

河南省目前已经进入城镇化加速发展阶段，截至2013年年底，河南省城镇化率已经达到43.8%，滞后于全国平均水平10个百分点左右。即便如此，由于河南省人口超过1亿，这一城镇率意味着有近4400万的人口住在城镇里，如此庞大的人口在城镇集聚，必然会对

---

* 课题组长：喻新安　王建国；课题组成员：王建国、吴旭晓、左雯、王新涛、柏程豫、李建华、韩鹏、郭志远；执笔人：王建国、吴旭晓、左雯、王新涛。

经济、社会、生态环境等方面产生巨大影响。河南虽然与城市型社会的距离越来越近了，但从城镇化的人口、经济、社会、空间和生态环境等维度的外在效应来看，与发达国家和我国东部先发地区相比仍然存在较大差距。如何在城镇化速度加快的同时，提升城镇化质量，是中原崛起进程中必须解决的问题。《河南省新型城镇化发展规划（2014～2020）》的及时出台，明确了河南省科学推进新型城镇化的主要目标和战略任务，指明了未来新型城镇化的发展方向。为了全面落实《河南省新型城镇化发展规划（2014～2020）》，亟须制定科学合理的新型城镇化统计监测指标体系，并运用科学有效的方法，对河南省新型城镇化发展质量进行综合评价，明确各地区城镇化进程中的发展差距，找出未来改进的着力点，从而为各级地方政府的城镇化战略决策提供数据支撑和理论支持。

二　评价体系与分析框架

（一）城镇化质量的内涵

城镇化是指农村人口向城镇转移、城镇规模扩大以及由此引起的一系列经济社会、地域空间、生态环境变化的过程，其实质是城乡人口分布、经济结构、社会结构、空间结构和生态环境等多元改变的历史进程。从系统论的角度出发，新型城镇化系统可以划分为人口城镇化子系统、经济城镇化子系统、社会城镇化子系统、空间城镇化子系统以及生态城镇化子系统等五个子系统。

人口城镇化进程就是农村人口向城镇集聚逐步转变为城镇人口、农业就业人口转变为非农就业人口、人口质量不断提升的过程；经济城镇化过程也就是经济结构的非农化以及产业结构交替演化升级的过程；社会城镇化是城镇化进程中社保、教育、医疗、交通、用水、排水、用气等社会公共服务不断完善，以及居民生活方式由农村转向城镇的过程；空间城镇化是城镇化过程在地域空间的外在表现，是居民聚集区和经济布局在空间区位的分布与变迁；生态城镇化是在推进城镇化进程中，按照生态文明建设的基本要求，充分考虑资源环境约束，以城镇生态环境的优化为出发点和归宿，以卫生、宜居、低碳、绿色为目标，实现城镇净化、绿化、美化发展的过程。

人口城镇化是出发点，经济城镇化是支撑点，社会城镇化是保障条件，空间城镇化是载体，生态城镇化是必然抉择，这五个方面缺一不可，它们之间的协同共进、共同演绎推动着区域新型城镇化水平的提升。

（二）城镇化质量评价指标体系与方法

基于城镇化质量的基本内涵，根据代表性、一致性、可操作性、可比性以及系统性等原则，从人口城镇化、经济城镇化、社会城镇化、空间城镇化、环境城镇化这五个维度，构建河南省城镇化发展质量的综合评价体系（见表1）。

本次评价采用专家打分法来确定指标的权重，这种方法虽然主观性比较突出，但这一方法是目前地方蓝皮书写作中普遍使用的方法。由于部分指标在省辖市中有数据而在县级市中没有数据，我们对县级市指标权重在省辖市指标权重基础上进行归一化处理，确保子系统指标权重总和为100。

本次评价的对象为河南省18个省辖市和20个县级市，数据来源于《河南统计年鉴（2014）》和《河南省环境质量报告》。

研究报告采用的是加权综合评价法。在对评价指标数据进行标准化处理之后，按照分层逐级进行加权计算。先计算出各子系统的发展指数，然后再加权求和，得到区域新型城镇化质量指数。

表 1　河南省新型城镇化质量评价指标体系

系统	子系统及其权重	指标	权重	单位
新型城镇化	人口城镇化 18	城镇化率	19	%
		城乡从业人员比	20	以农为 1
		非农就业比例	25	%
		受大学教育以上人口比例*	20	%
		人均教育财政支出	8	万元
		城镇从业人员在岗职工平均工资	8	元
	经济城镇化 23	人均地区生产总值	20	元
		人均社会消费品零售总额	12	万元
		财政依存度	12	%
		投资效益系数	12	%
		经济非农化比例	24	%
		城乡居民收入对比指数	20	以农为 1
	社会城镇化 18	城镇基本养老保险参保比例	14	%
		城镇基本医疗保险参保比例	14	%
		财政教育支出占地区生产总值比重	14	%
		城区每万人拥有公共交通车辆	14	标台
		每万人拥有医生数	14	人/万人
		城市人均住房面积*	14	平方米
		城市燃气普及率	8	%
		城市用水普及率	8	%
	空间城镇化 21	建成区面积	15	平方公里
		城市开发强度	20	%
		市区人口密度	23	人/平方公里
		城市经济密度	25	亿元/平方公里
		市区人均道路面积	17	平方米
	生态城镇化 20	城市人均公园绿地面积	18	平方米
		建成区绿化覆盖率	14	%
		污水处理率	18	%
		生活垃圾处理率	18	%
		保洁面积占建成区面积的比例	12	%
		环境空气质量累计达标率*	20	%

注：* 为省辖市有数据而县级市没有数据的指标。

单一指标采用直接获得的城市数据来表示，在对指标进行无量纲化处理时采用效用值法，效用值的值域为30～100，即对每一个指标，最差城市的效用值为30，最优城市的效用值为100。

（三）梯队归类

河南省将城市发展标准划分为五个梯队（见表2）。

表2　河南省城市发展梯队归类标准

梯队	发展指数	梯队	发展指数
第一梯队城市	70～100	第四梯队城市	40～50
第二梯队城市	60～70	第五梯队城市	30～40
第三梯队城市	50～60		

三　河南省省辖市城镇化质量评价与分析

（一）省辖市城镇化质量水平与排序

根据河南省新型城镇化质量评价指标体系，计算出河南省2013年18个省辖市各子系统发展水平及城镇化质量评价值。

1. 省辖市人口城镇化发展情况

2013年各省辖市人口城镇化发展指数值差距明显。其中，指数最高的是郑州，遥遥领先于指数最低的驻马店；郑州属于第一梯队，指数在70以上；指数在60～70区间的有济源和鹤壁，属于第二梯队；焦作、洛阳、新乡、许昌的指数则在50～60区间内，属于第三梯队；三门峡、平顶山、安阳、漯河、信阳、开封属于第四梯队，指数在40～50区间内；其余的省辖市包括濮阳、商丘、南阳、周口和驻马店，属于第五梯队，指数在30～40区间内（见图1）。

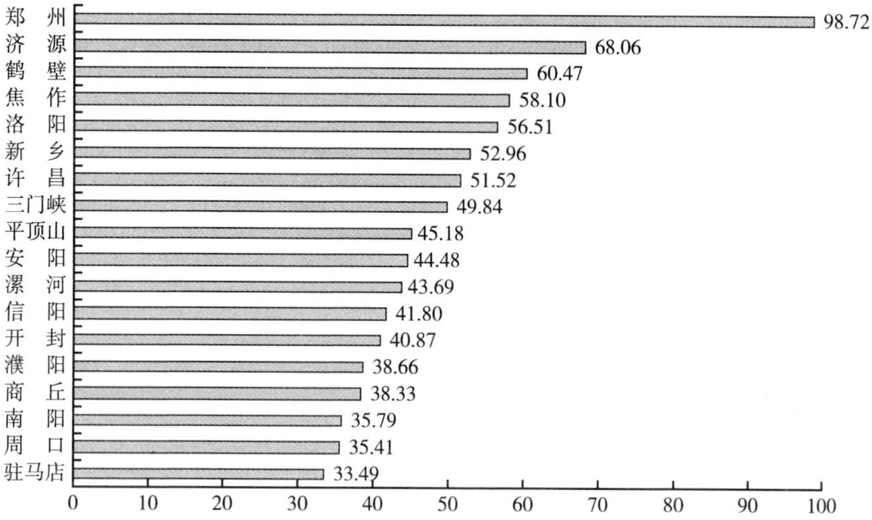

图1　2013年省辖市人口城镇化发展指数

2. 省辖市经济城镇化发展情况

2013年，各省辖市经济城镇化发展指数区域差异明显，黄淮地区城市经济城镇化发展指数相对较低。其中，指数最高的依然是河南省的中心城市郑州，指数最低的是商丘。指数在70以上的第一梯队城市有郑州、济源、焦作和许昌。指数在60～70区间的城市有鹤壁、三门峡、漯河和洛阳，属于第二梯队。新乡、安阳、平顶山和开封的指数在50～60区间内，属于第三梯队。濮阳、南阳、周口和驻马店属于第四梯队，指数在40～50区间内。信阳和商丘则属于第五梯队，指数在30～40区间内（见图2）。

3. 省辖市社会城镇化发展情况

2013年，各省辖市社会城镇化发展指数得分相对均衡，虽然发展水平整体不高，并且指数没有80以上的城市，但都在40以上。其中，指数最高的依然是河南省的中心城市郑州，最低的是南阳；指数在70以上的第一梯队的城市只有郑州和济源。指数在60～70区间的城市有安阳、新乡、漯河、焦作、洛阳和信阳，属于第二梯队。指数

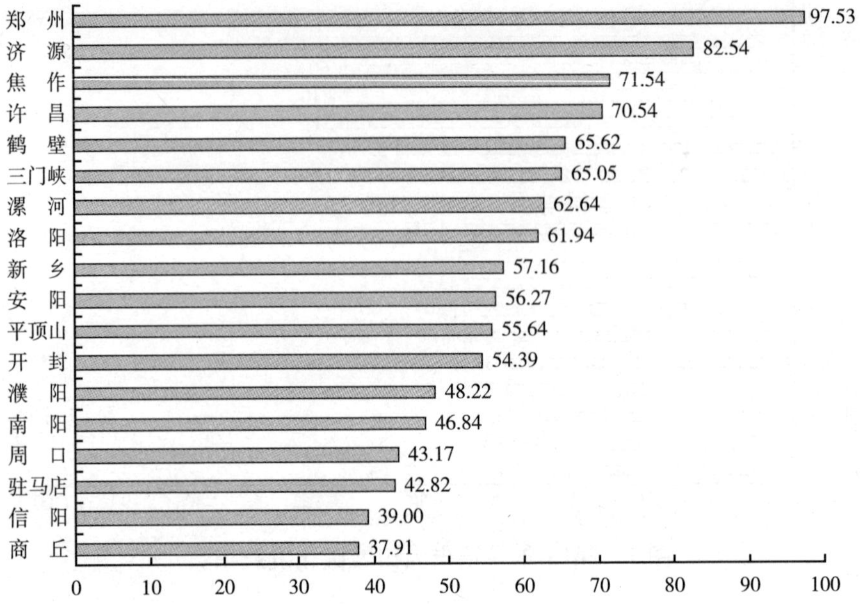

图 2　2013 年省辖市经济城镇化发展指数

在 50～60 区间的城市达到 9 个，包括平顶山、濮阳、鹤壁、三门峡、许昌、开封、商丘、驻马店和周口，占省辖市总数的 50%，属于第三梯队。指数在 40～50 区间的第四梯队只有南阳（见图 3）。

4. 省辖市空间城镇化发展情况

2013 年，省辖市空间城镇化发展指数值除了郑州相对较高外，其余 17 个省辖市发展水平相对较低。其中，作为中原经济区的中心城市，郑州市空间城镇化发展指数在 80 以上，属于唯一的第一梯队城市。指数在 60～70 区间的仅有焦作，属于第二梯队。指数在 50～60 区间的城市有 6 个，占到省辖市的 1/3，包括济源、漯河、开封、鹤壁、许昌和洛阳，属于第三梯队。指数在 40～50 区间的城市达到 8 个，包括新乡、周口、安阳、三门峡、商丘、驻马店、濮阳和平顶山，属于第四梯队。信阳和南阳则属于第五梯队，指数在 30～40 区间内，指数也是比较接近 40（见图 4）。

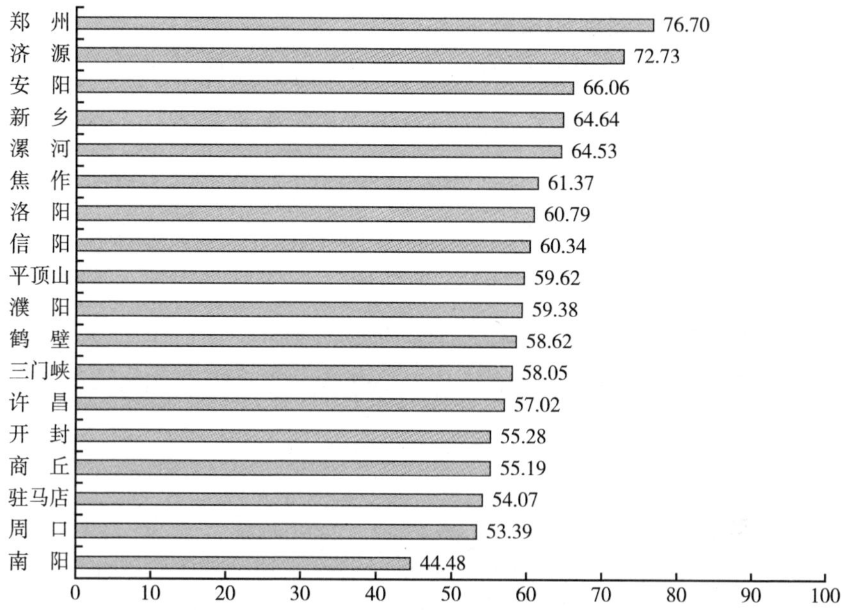

图 3　2013 年省辖市社会城镇化发展指数

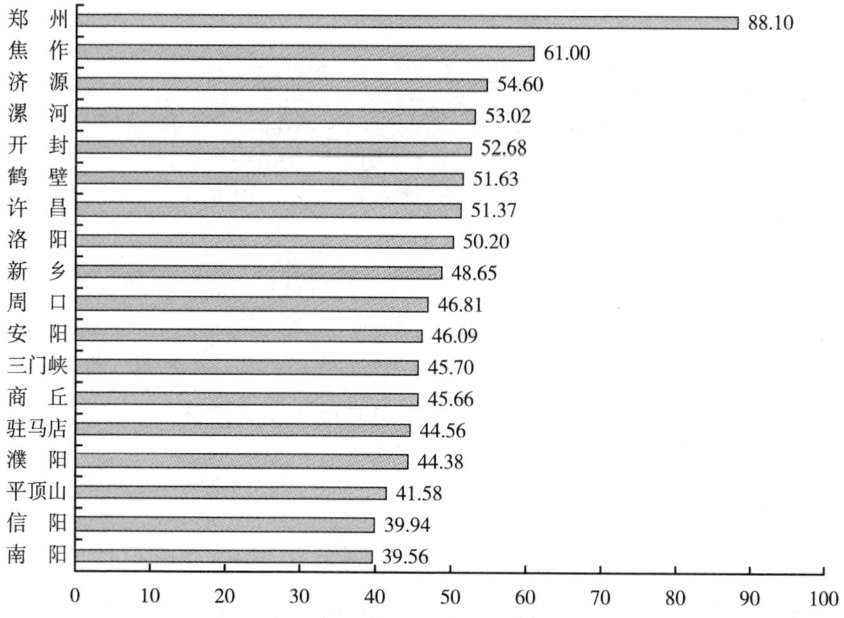

图 4　2013 年省辖市空间城镇化发展指数

5. 省辖市生态城镇化发展情况

2013 年，各省辖市的生态城镇化发展指数整体相对较高，区域分布较为均衡，发展指数在 80 以上的城市就有 4 个，即便是最低的也在 50 以上。其中，属于第一梯队并且指数在 80 以上的城市有信阳、漯河、济源和焦作；属于第一梯队指数在 70 ~ 80 之间的城市达到 10 个之多，包括濮阳、鹤壁、驻马店、三门峡、新乡、许昌、平顶山、安阳、洛阳和商丘。属于第二梯队指数在 60 ~ 70 区间的城市有南阳、周口和郑州；属于第三梯队指数在 50 ~ 60 区间的城市只有 1 个，即开封（见图 5）。

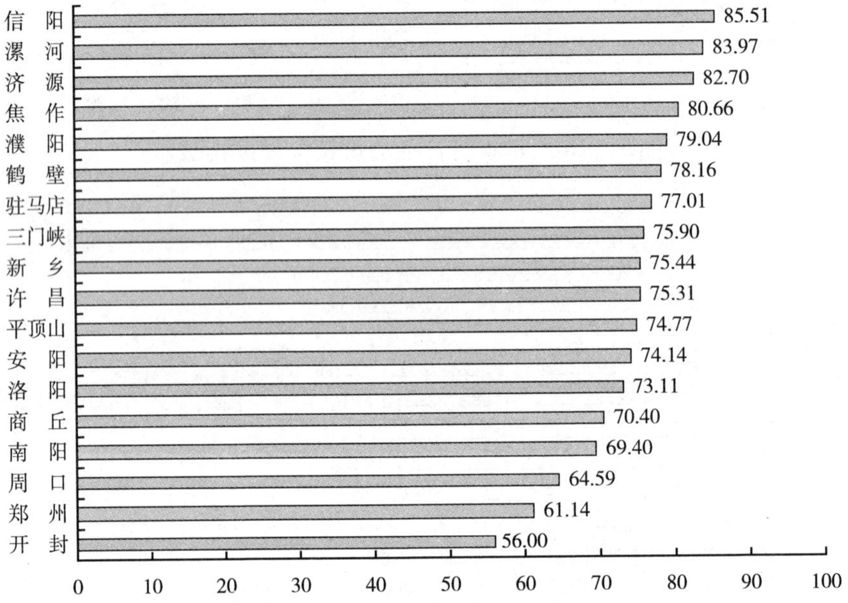

图 5　2013 年省辖市生态城镇化发展指数

6. 省辖市城镇化质量综合指数

2013 年，各省辖市的城镇化质量综合指数得分相对比较均衡。郑州和济源指数在 70 以上，属于第一梯队。指数在 60 ~ 70 区间的城市有 5 个，即焦作、鹤壁、漯河、许昌和洛阳，属于第二梯队。指数在 50 ~ 60 区间的城市比较多，包括新乡、三门峡、安阳、平顶山、濮阳、信阳、开封和驻马店 8 个城市，属于第三梯队。指数在 40 ~ 50 区间的城市有 3 个，即商丘、周口和南阳，属于第四梯队。省辖市城镇化质量发展指数在数理分布上呈现出两头少中间多的现象，即质量高的和低的城市数量都相对较少，质量处于中间水平的城市最多。

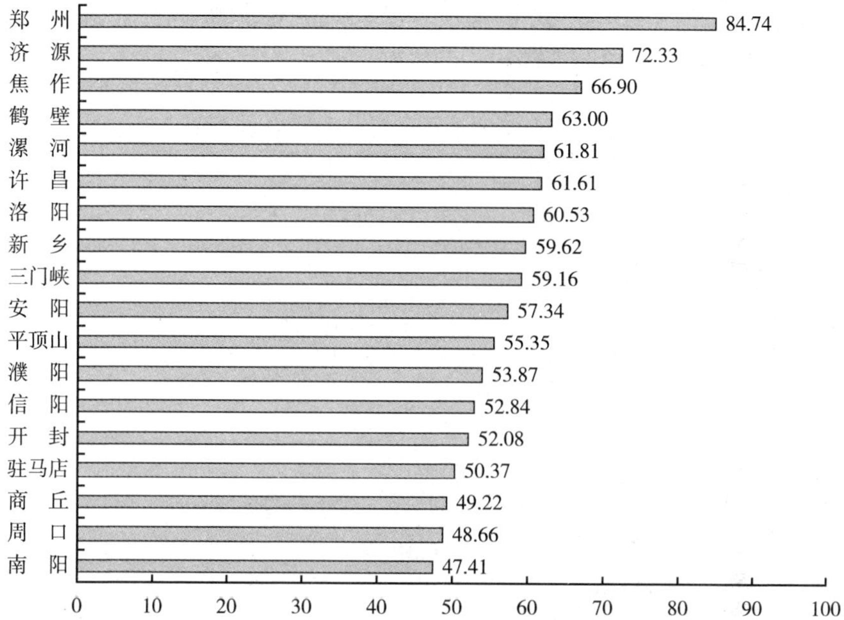

图 6　2013 年省辖市城镇化质量综合指数

四　河南省县级市城镇化质量评价与分析

（一）县级市城镇化质量水平与排序

根据河南省新型城镇化质量评价指标体系，计算出河南省 2013 年 20 个县级市的各子系统发展水平及城镇化质量评价值。

1. 县级市人口城镇化发展情况

2013 年，各县级市的人口城镇化发展指数除了义马市遥遥领先外，其余的19个城市差距没有那么明显。属于第一梯队，指数值在70以上只有义马市。指数在60～70区间的城市有巩义市、偃师市、新密市、孟州市和荥阳市，属于第二梯队。长葛市、永城市、新郑市、沁阳市、登封市和林州市则在50～60区间内，属于第三梯队。三门峡、舞钢市、禹州市、辉县市、汝州市和项城市属于第四梯队，指数在40～50区间内。余下的灵宝市、邓州市和辉县市则属于第五梯队，指数在30～40区间内（见图7）。

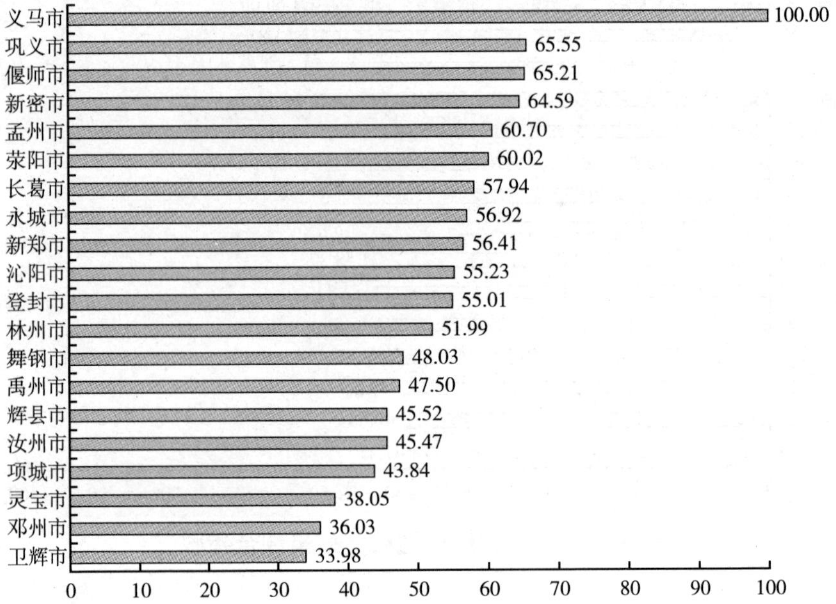

图7　2013年县级市人口城镇化发展指数

2. 县级市经济城镇化发展情况

2013年，各县级市经济城镇化水平相对比较高。进入第一梯队的城市达有9个，占到县级市总数的45%，其中指数在80以上的有新郑市、巩义市、义马市、新密市和荥阳市5个市，指数在70～80之间的则有偃师市、登封市、长葛市和沁阳市4个市。灵宝市、孟州市、林州市、禹州市、汝州市和辉县市属于第二梯队，经济城镇化指数在 60～70 区间内。舞钢市、卫辉市、永城市和项城市 4 个城市的经济城镇化水平属于第三梯队，在 50～60 区间内。居第四梯队的只有邓州市，其经济城镇化水平在县级市中最差（见图 8）。

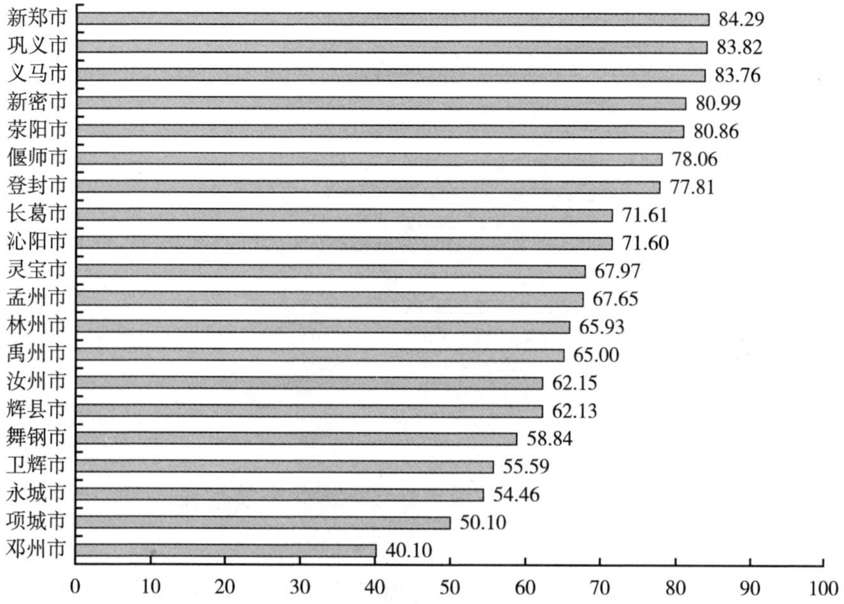

图 8　2013 年县级市经济城镇化发展指数

3. 县级市社会城镇化发展情况

2013 年，在各县级市社会城镇化中，进入第一梯队的城市只有义马市。属于第二梯队的城市也不多，只有新密市和卫辉市。指数在 50～60 区间的城市相对较多，有 10 个，占到总数的 50%，包括舞钢市、林州市、巩义市、辉县市、项城市、沁阳市、长葛市、孟州市、偃师市和荥阳市，属于第三梯队。余下的禹州市、永城市、灵宝市、登封市、邓州市、新郑市和汝州市则属于第四梯队（见图 9）。

4. 县级市空间城镇化发展情况

河南省县级市空间城镇化水平不突出，2013 年没有一个城市的空间城镇化指数在 70 以上，而且进入第二梯队的城市也只有义马市

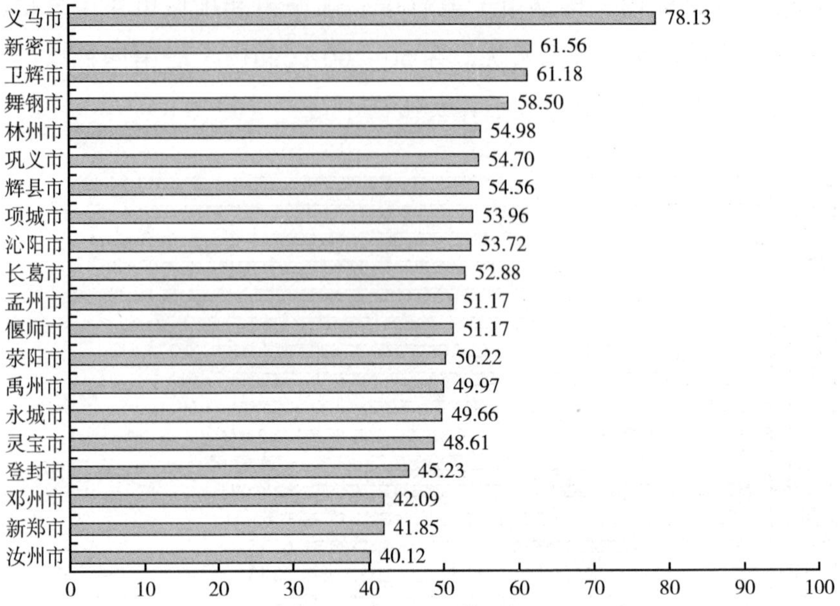

图 9　2013 年县级市社会城镇化发展指数

和新郑市这 2 个。属于第三梯队的城市较多，达到 8 个，包括禹州市、巩义市、沁阳市、荥阳市、邓州市、偃师市、长葛市和永城市。指数在 40～50 区间的城市数量也是 8 个，占到总数的 40%，包括项城市、林州市、登封市、新密市、灵宝市、林州市和舞钢市，属于第四梯队。而卫辉市和汝州辉县市则属于第五梯队（见图 10）。

5. 县级市生态城镇化发展情况

2013 年，各县级市生态城镇化水平整体比较高。进入第一梯队的城市达到 15 个，占县级市总数的 75%；其中指数在 80 以上的就有 9 个市，即荥阳、新密、孟州、永城、林州、舞钢、长葛、巩义和项城；指数在 70～80 之间的则有偃师、登封、卫辉、灵宝、新郑和辉县 6 个市。而汝州市、沁阳市、邓州市和禹州市则是属于第二梯队。仅有义马市的生态城镇化水平属于第三梯队（见图 11）。

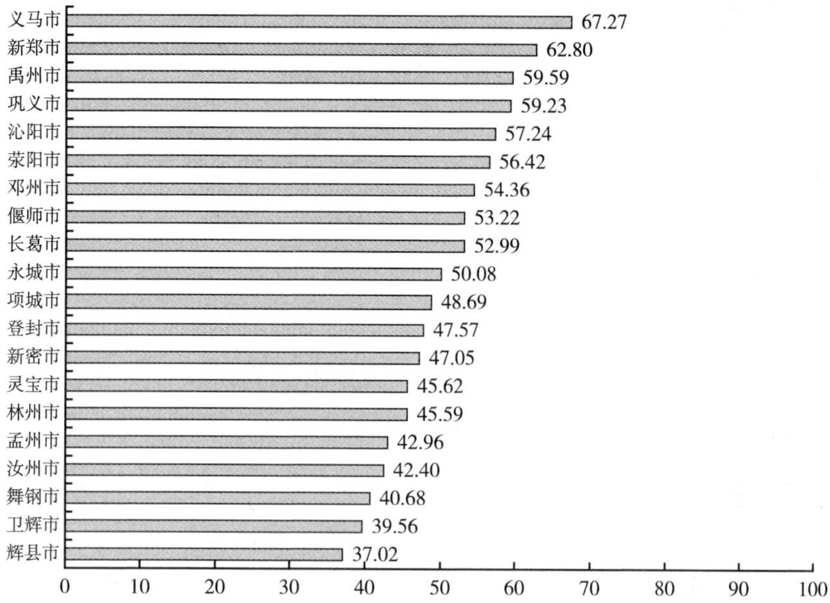

图 10　2013 年县级市空间城镇化发展指数

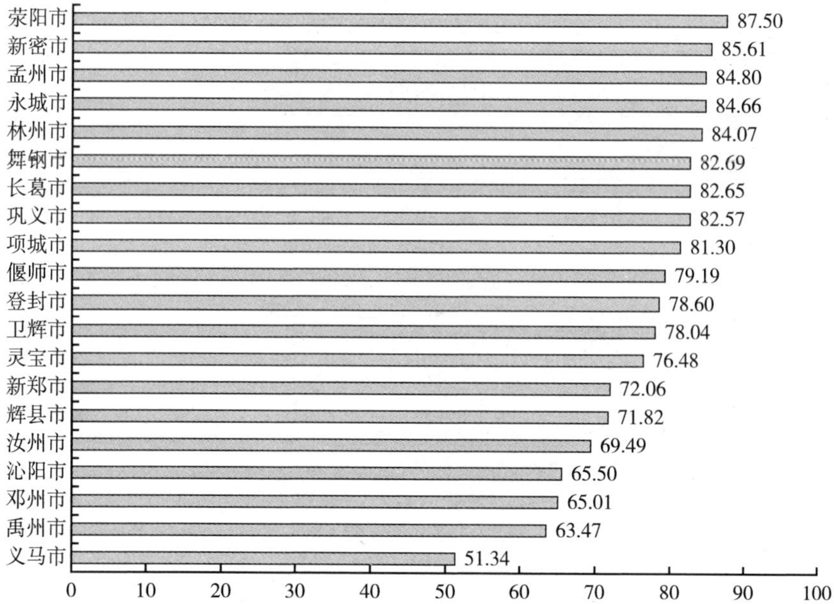

图 11　2013 年县级市生态城镇化发展指数

6. 县级市城镇化质量综合指数

2013 年，各县级市城镇化质量综合指数相对比较均衡，70 以上的城市有 1 个，即便是最低的也接近 50。其中，只有义马市进入第一梯队，指数在 70 以上。指数在 60 ~ 70 区间的城市有 10 个，占总数的 50%，包括巩义市、新密市、荥阳市、偃师市、新郑市、长葛市、孟州市、登封市、沁阳市和林州市，位居第二梯队。指数在50 ~ 60 区间的城市也比较多，达到 8 个，占到总数的 40%，包括永城市、舞钢市、禹州市、灵宝市、项城市、辉县市、卫辉市和汝州市，属于第三梯队。指数在 40 ~ 50 区间的城市只有 1 个，即邓州市，属于第四梯队。县级市城镇化质量和省辖市城镇化质量的数理分布一样，呈现出两头少中间多的现象，即质量高的和低的城市数量都相对较少，质量处于中间水平的城市较多（见图 12）。

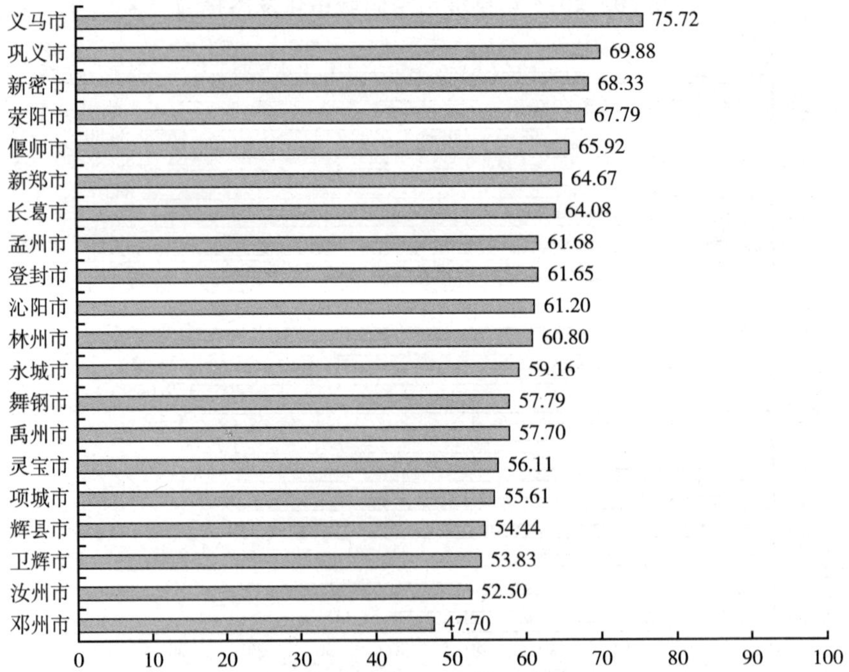

图 12　2013 年县级市城镇化质量综合指数

五　河南推进城镇化发展中的亮点与问题

（一）河南城镇化发展中的亮点

根据河南省新型城镇化质量评价指标体系对河南的18个省辖市和20个县级市进行评价，综合分析评价结果，河南新型城镇化发展中主要存在三个亮点。

1. 城镇化总体质量有所提高

从城镇化质量综合指数看，河南城镇化总体质量有所提高，18个省辖市和20个县级市的城镇化质量综合指数均在47以上，反映出河南城镇化总体质量有所提高。分析其原因，主要有以下几点：一是省委、省政府制定实施了一系列科学推进新型城镇化的政策措施，对河南科学推进新型城镇化做出了重大部署，逐渐走出了一条具有河南特色、科学发展的新型城镇化道路。二是省委、省政府深化了关系新型城镇化和农业转移人口市民化的重大改革，在解决城乡养老保险“双轨制”问题、加快户籍制度改革、全面实施居住证制度、促进城镇基本公共服务常住人口全覆盖、推进农民进城等城乡一体化发展机制等方面进行了系列创新，激发了新型城镇化的内在动力。三是进一步完善了新型城镇化的投融资制度，缓解新型城镇化的资金瓶颈。在政策综合作用下，河南新型城镇化的总体质量明显提高。

2. 产业对城镇化支撑能力有所提升

从经济城镇化发展指数看，18个省辖市除黄淮四市的商丘、周口、驻马店、信阳外，其余经济城镇化发展均较高；20个县级市经济城镇化发展水平表现得更为明显，除邓州外，其余19个县级市的经济城镇化发展指数均在50以上。根据指标体系的设置情况，经济城镇化指数高表现出河南38个城市的综合经济实力进一步增强、投资效益得到提高，产业对城镇化质量提高的作用效果显现。回顾2014年，河南省委、省政府坚持打造科学载体，推进产城融合发展，把产业集聚区（包括经济技术开发区、高新技术开发区）、商务中心区和特色商业区（街）等科学发展载体，作为调整产业结构、优化城乡结构、转换动力结构的基础性工程，作为全面实施三大国家战略规划的有效抓手，充分发挥科学发展载体在推动经济结构战略性调整、培育形成新的增长动力上发挥更大作用，促进了城镇化发展内生动力不断增强。

3. 社会事业较快发展

社会城镇化发展指数的评价以城镇基本养老保险参保比例、城镇基本医疗保险参保比例、财政教育支出占GDP比重以及城市燃气普及率等社会事业和市政基础设施指标为主，根据这个指标体系可以看出，河南18个省辖市的社会城镇化发展指数呈现出相对较高的水平，除南阳外均在50以上；相比之下，20个县级市的社会城镇化发展指数虽然没有省辖市高，但是总体上在40以上。社会城镇化发展指数较高体现出三个方面的政策效果：一是社会保障的强化。城镇基本养老、基本医疗保险参保人数每年都有较大幅度的增加，各类参保人员的养老保险关系在地区之间、制度之间实现顺畅衔接，失业、工伤、生育等保险覆盖面继续扩大，社会救助制度全面建立。二是财政在民生领域投入增加。在经济新常态下，财政支出压力增大，但是各级政府仍然持续扩大财政民生支出占一般公共预算支出的比重，民生得到更好保障和改善。三是城乡建设三年大提升行动计划的效应。河南省委、省政府把提高城镇综合承载能力作为推进新型城镇化的重要措施，实施了城乡建设三年大提升行动计划，实施了城镇基础设施扩容提升工程，全面推进城镇基础设施、公共服务设施，加快旧城改造步伐，实施了一大批城市道路、供水、供热、供气、污水和垃圾处理等工程项目，全面提升了城市综合承载能力和公共服务水平。

（二）河南城镇化发展存在的主要问题

城镇化发展质量评价结果显示，河南城镇化综合发展指数、社会城镇化发展指数和经济城镇化发展指数相对较高，但是在空间城镇化、人口城镇化以及城镇化总体布局方面，仍然存在4个问题。

1. 人口城镇化水平总体偏低

在18个省辖市中，11个城市的人口城镇化发展指数低于50；20个县级市的人口城镇化发展指数虽然总体水平好于省辖市，但是仍然有8个城市的人口城镇化发展指数低于50。从指标上看，以城镇化率、城乡从业比、非农就业比例、城镇从业人员在岗职工平均工资等为主的指标体系，从原始值上可以印证出这一点。一是河南城镇化滞后于工业化，城镇化率低于全国平均水平10个百分点左右。二是城乡从业比落后于沿海发达地区，第一产业就业比重仍然较大。三是城镇从业人员在岗职工平均工资在全国排名也较为靠后，城镇居民人均可支配收入偏低。

2. 城市空间资源节约集约利用程度较低

从18个省辖市的空间城镇化发展指数看，有10个城市低于50；在20个县级市中，也有10个城市的空间城镇化发展指数低于50。从建成区面积、城市开发强度、市区人口密度、城市经济密度、市区人均道路面积等指标来看，集中反映出河南城市在空间资源利用中存在的几个问题：一是市区人口密度较小，土地城镇化快于人口城镇化。二是市区经济密度较小，单位建成区面积创造的生产总值较低，土地集约节约利用程度不高。三是人均道路面积较少，公共交通设施发展缓慢。四是城市空间结构在基础设施建设、资源有效开发和利用、生态环境保护和建设的空间布局等方面有待进一步改善。

3. 区域发展不平衡问题仍然存在

从各城市城镇化单项发展指数和质量综合指数看，郑州、济源、焦作、洛阳、三门峡、新乡等省辖市以及义马、巩义、新郑、荥阳、偃师等县级市的指数都相对较高，而黄淮四市是传统农业区，城镇化质量整体上比较低；信阳、驻马店、商丘和周口的城镇化质量综合得分分别只有 52.84、50.37、49.22 和 48.66，分别居省辖市中的第 13、15、16、17 位。这突出反映出河南城镇化发展区域的不平衡、不协调问题。总体上看，河南 38 个城市的城镇化发展水平和经济基础、工业化程度在空间分布上较为一致，以陇海铁路和京广铁路为地域分界线，呈现出“东低西高”“南低北高”的失衡格局，黄淮地区由于城镇化缺乏工业化支撑，人口城镇化、经济城镇化发展水平相对较低，制约了城镇化总体发展水平的提升。

4. 城市生态建设滞后于规模扩张

从 18 个省辖市生态城镇化发展指数看，城镇化质量综合指数领先的郑州市，生态城镇化指数居第 17 位；经济城镇化等相对落后的信阳等城市，生态城镇化发展指数较高；从 20 个省辖市的情况看，也存在类似的问题。以义马为例，人口城镇化、经济城镇化、社会城镇化排名均居县级市第 1 位，但是其建成区绿化覆盖率只有 32.99%，污水处理率和生活垃圾处理率均位于县级市中倒数第 1 位，分别仅有 9.53% 和 68.42%，影响了城镇化的综合发展质量，这要求河南城市在人口集中、产业集聚、规模扩张的过程中，必须牢牢树立生态文明理念，处理好生态建设、环境保护与经济发展、社会进步的关系。

六　提升河南城镇化质量的对策建议

城镇化质量的高低，反映在人口、经济、社会、空间、生态等多个方面；提升城镇化质量一方面要认清自己存在的不足，抓住主要矛盾，破解难题，拉长短腿；另一方面要善于把握全局，统筹兼顾，协调互动，形成科学推进新型城镇化的最佳合力，最大限度提升城镇化的发展质量。

（一）统筹农业转移人口市民化和城市间流动人口市民化，真正提高人口城镇化水平

人口城镇化的过程，不仅是大量农民进入城镇就业和逐步融入城镇生活的过程，还应包括城镇人口的城镇化（指本已属于城镇人口，但是没有在其户籍所在的城市就业和生活）。《中国流动人口发展报告2013》显示，我国约有25%的人口是从城市流向城市。因此，真正提高河南省人口城镇化水平，必须统筹考虑这两个方面的因素。一是要保持合理城镇化发展速度。根据河南的经济社会发展情况和资源环境承载能力，保持合理的增速，注重内涵城镇化和外延城镇化发展并举，重在质量提高。一方面要保持较高的增速缩小与全国的差距，努力解决每年新增农业转移人口的城镇化；另一方面重点解决已进城农业转移人口的不完全城镇化问题。二是提高人口受教育水平。现阶段城乡差距不仅体现在生活环境和生活质量的差距，更重要的是人口素质差距较大，因此提高城镇化质量，必须要着力提高农村人口素质，提高财政教育支出比例，提高农业人口受教育水平。大力发展职业教育，提升农民工职业技术能力，提高熟练工人、高级技术工人和技术骨干的收入和社会地位，增加其就业和参与市场竞争的能力，努力创造向上流动的机制。三是提高劳动报酬比重。优化收入分配结构，完善最低工资保障制度，提高劳动报酬在初次分配中的比重，努力实现居民收入增长和经济发展同步，劳动报酬增长和劳动生产率提高同步，逐步形成合理有序的收入分配格局。

（二）加快产业结构调整，发挥经济增长对提高城镇化质量的促进作用

经济增长提高对城镇化质量有较大的促进作用，要提高河南省城镇化质量，需要正确认识经济城镇化是城镇化快速发展的动力，以经

济的稳定增长促进城镇化质量的提高，为人口城镇化、空间城镇化、生态城镇化和社会城镇化提供物质基础。

1. 以产业结构调整促进人口合理有序流动

通过产业结构调整，可以降低大城市和中心城市人口的过度集中，促进人口向中小城市和小城镇分流。郑州、洛阳等大城市和济源、焦作等经济较为发达的区域重点城市发展高新技术产业和现代服务业，将劳动密集型、资源依赖型企业向周边区域及欠发达地区转移，在此过程中，吸引和留下一部分高层次人才和具有发展潜力的农民工；而相对层次较低的农民工将随着产业转移向周边区域和欠发达区域转移。同时，商丘、信阳、驻马店、周口、南阳等欠发达地区的城市积极承接产业转移，重点发展劳动密集型产业和资源深加工等产业，一方面促进本区域经济快速发展，另一方面，吸引相应人才进入、外出打工人员回流和当地劳动力就地转移，加快城镇化进程。

2. 以产业结构调整促进就业结构优化

发达地区和中心城市要大力发展城市综合体和楼宇经济，培育集聚性强、功能复合、产出效益高、就业容量高的服务业产业集群，增强吸纳就业能力。小城市和欠发达区域重点发展食品加工、服装纺织等吸纳就业能力强的产业和商贸、餐饮、旅游、家庭服务、养老服务等生活性服务业。

（三）合理界定城市边界，提高城市空间资源节约集约利用程度

提高空间城镇化水平，要防止城市“摊大饼”式扩张，重视城市空间结构优化和资源集约节约利用，促进土地城镇化和人口城镇化协调发展。

1. 合理界定城市开发边界

按照“精明增长”的原则，制定符合公众意愿、政府严格执行

的城乡规划，划定城市发展边界，节约利用土地资源，控制新增建设用地规模，合理确定项目用地数量，提高单位土地的投资强度，防止城市无边缘的发展和扩张。

2. 推进城市空间综合利用

坚持适度超前的原则，复合立体利用地上地下空间，科学规划、分层布局、有序开发、有效利用城市空间资源，提升城市空间利用效率。建设疏密有致、错落有序的城市内部空间，按照不同区域、不同功能设置不同的开发强度，科学有效的处理好城市内部空间集中和分散的关系，既要在部分区域相对集中，又要在某些区域相对疏散。

3. 建设紧凑型城市

通过相对较高的多样化城市密度，按照土地功能混合使用的原则，实现商业、办公、居住、休闲等功能的混合，减少对交通的需求，解决城市无序蔓延带来的环境、交通、住房、社会治安等诸多问题。

（四）完善基础设施和公共服务设施，提升社会城镇化水平

社会城镇化是城镇化健康发展的必要保障，有利于在城镇化进程中更加关注民生和人的全面发展。

1. 加快城市基础设施建设

加快完善城市道路网络，提高路网密度，布局建设停车场和立体车库，优先发展城市公共交通，提高公共交通机动化分担率。加快实施“气化河南”工程，全面提升城镇燃气建设、运营、管理及调峰、应急、储备能力，加快建立多样化的城市供热体系。以雨污分流改造、排水防涝设施建设、积水点改造为重点，推进城市排水防涝设施建设。加快实施地下综合管廊试点工程和老旧管网改造，加强城市地下管线综合管理。以城市管网和供水厂建设改造为重点，加强城市供

水设施建设。

2. 推进公共服务均等化

各地区要根据流动人口的需求和自身情况，落实好放宽落户政策，重点实现农业转移人口子女教育、劳动报酬、住房租购、公共卫生等公共服务的均等化，实现农业转移人口市民化。

3. 加强中小城市及小城镇的公共设施建设

中小城市和小城镇通过加快城市基础设施和公共服务设施建设，提高城市综合承载力，走内涵式发展道路。

（五）改善城市环境，积极探索生态城镇化道路

提高城镇化质量，要树立、生态、绿色、低碳的城市发展理念，积极探索生态城镇化道路。

1. 改善城市环境

加强城市环境监管力度，综合防治水污染、大气污染、土壤污染和其他污染，努力营造天蓝、水净、地绿的城市人居环境。完善污水和垃圾处理设施，加快城市污水垃圾处理设施扩容和提升改造，推进乡（镇）政府所在地建制村集中污水处理设施建设，实施乡（镇）转运、县（市）处理的垃圾处理模式。

2. 加强城镇生态建设

加强城市河湖水系综合整治，改善水质，因地制宜建设一批滨水公园、城中湖、蓄水库等城市水系景观。加强城市周边工矿废弃地和塌陷区等地的生态修复。加强城市湿地保护和管理，加大城市公园绿地建设面积，加快公路、河道沿线生态廊道建设，试点开展房顶绿化和立体绿化，构建立体化绿地生态网络，提高城市绿化覆盖率。

3. 发展绿色建筑

鼓励城市新区按照绿色、生态、低碳理念进行规划设计，按照资源节约环境保护的要求，集中连片发展绿色建筑。

参考文献

中国社会科学院城镇化质量评估与提升路径研究创新工程项目组：《中国城镇化质量综合评价报告》，2013。

牛文元：《中国新型城市化报告（2013）》，科学出版社，2013。

河南省社会科学院课题组：《河南省城镇化质量评价报告（2013）》，载于《河南城市发展报告（2013）》，社会科学文献出版社，2014。

河南省人民政府：《河南省新型城镇化规划（2014～2020年）》。

农业转移人口市民化篇

Agricultural Transfer Population's Citizenry

B.3 河南农业转移人口市民化的成本分担机制研究

刘 刚*

摘 要： 推进农业转移人口市民化，逐步把符合条件的农业转移人口转变为城镇居民，是当前和未来一个时期我国新型城镇化建设的首要任务，也是作为中部农业大省和人口大省的河南科学有序推进城镇化进程的主攻方向。近年来，河南城镇化速度持续加快，质量和水平明显提高，但也存在着承担主体多元性不足、成本构成过于静态化、成本分担机制不完善等问题。为此，本文提出完善河南农业转移人口市民化的成本分担机制应坚持公平优先、兼顾效率的原则，树立意愿优先、

* 刘刚，河南省社会科学院中州学刊杂志社助理研究员。

分类推进的意识和塑造多元主体、动态协调的模式。

关键词： 河南省　农业转移人口市民化　成本分担机制

引　言

党的十八届三中全会《决定》提出："推进农业转移人口市民化，逐步把符合条件的农业转移人口转为城镇居民。"2013年的中央城镇化工作会议把推进农业转移人口市民化作为推进城镇化的首要任务。2014年，河南省为深入贯彻中央城镇化工作会议精神，出台了《关于科学推进新型城镇化的指导意见》和《河南省新型城镇化规划（2014～2020年）》。其中农业转移人口"进得来""转得出""落得下"和农村居民"过得好"等问题是规划的主目标，有序推进农业转移人口市民化是规划的重点任务。但是长期以来，河南省城镇化率长期偏低，2013年仅有43.8%，低于全国近10个百分点，城镇化的速度和质量一直是河南的"短板"和薄弱环节。作为中部地区人口过亿的农业大省和人口大省，河南大量农村富余劳动力需要在省内实现转移就业和就近市民化，其中的基础设施建设和基本公共服务均等化支出都需要巨额的资金成本，而这些钱从哪里来，成本如何核算，承担主体怎么分工，如何建立有效可持续的分担机制，从而保障新型城镇化进程的稳步推进、实现"四个河南"的宏伟蓝图，值得我们深入思考研究。

一　农业转移人口市民化成本分担机制研究的重要意义

农业转移人口市民化，是指农村人口转移到城市，成为城市市民，实现经济立足、行为适应、身份认同、文化接纳，真正全面地融入城市，同时能够与城市市民一起享受城市一切公共服务和社会福利的过程。这一过程不仅涉及农业转移人口、企业和政府等多个方面，也关涉政治、经济、社会和文化多项领域，同时还需要制度、群体和个体全方位的成本投入。农业转移人口市民化的成本，是指农业转移人口享受与当地户籍居民同样的就业、住房、子女教育、养老保险、医疗保险以及各种公共服务待遇和权利所必须支付的代价，即农业转移人口转化为市民所必须付出代价的总和。农业转移人口市民化的成本分担机制是由成本成分、承担主体及其功能和相互关系构成的动态系统。

（一）有利于明确各利益相关方的职责，形成稳定的筹资机制

农业转移人口市民化是一个复杂的系统工程，既需要高昂的成本，也需要政府、企业、农业转移人口和社会等多方面的积极参与。《河南省科学推进新型城镇化三年行动计划》明确了农业转移人口市民化的目标任务，并对重大专项进行了省直部门的责任分工，其中，各级政府部门在城镇产业发展、劳动者职业技能提升、就业创业服务能力促进、城镇基本公共服务全覆盖等项目上，承担着主要的责任。当然，农业转移人口市民化不仅是政府的责任，更关乎社会组织、企业和农业转移人口本身等多个行为主体。对农业转移人口市民化的成本分担机制进行研究，明确成本构成、分担主体及其相互间的关系，确定各利益相关方的职能和责任，有利于在制度成本、就业保障成本和生存成本等方面建立稳定的筹资渠道，形成科学的筹资机制，为农业转移人口市民化进程提供重要的保障。

（二）有利于估计和预测农业转移人口市民化的成本规模

农业转移人口市民化的经济成本核算目前在学术界还处于初步探

索阶段，评估方式和结果多种多样，且相互之间差距较大。住建部在2006年研究指出：每新增一个城市人口需要增加的市政公用设施配套费，小城市为2万元，中等城市为3万元，大城市为6万元，特大城市为10万元（不含运行和管理成本）；中科院在2005年曾估计，城市每增加1个人，需要公共支付的成本约1.5万元；有学者统计，东部沿海地区第一代农民工和第二代农民工市民化的社会成本分别约为6万元与5万元；中国发展研究基金会在2010年预计，农民工市民化的成本平均在10万元左右。目前，郑州市农民工市民化成本总计为77361元。我国地域辽阔，城乡、地区之间发展不平衡，各地各城市农业转移人口市民化的成本不尽相同，差别较大。虽然难以直接估计河南省农业转移人口市民化的确切成本，却可以根据以上成本规模，预测其变动趋势，为河南省当前和未来一个时期城镇化进程中资金投入规划的制定提供相应的依据，保证农业转移人口市民化进程的持续有效推进。

（三）有利于构建科学合理的农业转移人口市民化公共政策

农业转移人口市民化的最大障碍是在城乡二元结构基础上形成的制度歧视。城乡一体化背景下农业转移人口市民化的推进离不开各级政府的制度创新，而与制度创新直接相关的便是政府的公共政策，科学有效的户籍、教育、养老、医疗等公共政策创新是保证农业转移人口市民化顺利进行的根本保证。由于公共政策直接或间接地涉及社会各群体的权利和利益，其制定必须拥有充足的科学依据。对农业转移人口市民化的成本分担机制进行研究，可以从承担主体、承担内容和成本分配等多个方面，为相关公共政策的制定提供有效的现实依据，保证与农业转移人口市民化相关公共政策制定的科学性、合理性和有效性。

二　河南省农业转移人口市民化成本分担机制的现状

（一）成本的主要构成

农业转移人口实现市民化是一个生活水平得到改善、公民权利得到保障的过程，一定的成本支出必不可少。当前河南省农业转移人口市民化的成本主要包括以下几个部分。

1. 公共成本

公共成本是社会成员付出的显性或隐性资本，在农业转移人口市民化中的直接体现就是以政府投入形式实现的财政税收支出，主要包括以下几个方面。

（1）社会保障支出。主要包括医疗保险、失业保险、养老保险等社会保险。由于城乡二元体制的影响，包括河南在内的全国社会保障长期以来主要针对城镇居民。计划经济时期在农村以集体经济为基础的以合作医疗、五保供养、灾害救济等为代表的低水平"生存保障"，在改革开放之后逐步瓦解。进入21世纪以来，农村居民的社会保障不断受到关注。在国家关于农村社会保障政策的支持下，河南相继出台了各项政策，农村居民社会保障制度渐趋完善。2007年，河南省实施国家《农村五保供养工作条例办法》和《关于印发河南省基层低保工作规范化建设活动实施方案的通知》，使"五保供养"和社会救助体系初步成形；经过25个县（市）试点，河南省新型农村合作医疗制度在2007年扩大到所有县市区；2009年，河南省颁布了《关于开展新型农村社会养老保险试点的实施意见》，先后启动了两批共计43个新型农村社会养老保险试点，参保人数不断增加，新型农村社会养老保险体系初步形成。但是，河南农村社会保障体系仍然与城镇居民在保险金额和保障水平上存在较大差距。2012 年，我国新农保账户标准为 859. 15 元，而城镇职工人均养老金却已经达到 2. 09 万元，城镇养老金水平是农村的 24 倍。农业转移人口市民化要求实现农民与城镇居民享有同等的社会保障权益。因此，以新型农村合作医疗和新型农村养老保险为代表的农村社会保障向城镇居民社会保障统筹协调的转换成本仍然需要政府财政的大力支持。

（2）住房保障支出。廉租房、公共租赁房、经济适用房、保障性住房等住房建设支出也是农业转移人口市民化成本非常重要的一部分。以住房为例，河南省部分城市已经在相关领域做出了有效尝试：济源市规定农村居民购买保障房享受和城镇居民同等的权益，对住房困难的农业转移人口发放廉租住房补贴，确保农民进城住有所居；平顶山市把进城务工人员纳入城镇住房保障体系，保障其公平享受全市统一的住房保障优惠政策；商丘市规定进城农业转移人口在住房方面可申请公租房居住，条件成熟时，还可以登记为购买，符合条件的可纳入廉租住房保障。

（3）城市基础设施建设和基本公共服务支出。农业转移人口市民化向城市的承载能力提出了挑战，顺利实现农民市民化必须加强城市基础设施和公共服务体系建设。河南省各省辖市为提高城市承载力，也进行了一系列的积极探索，增强了城市的容纳能力，为农业转移人口市民化提供了适度的空间载体。济源市加快推进济东新区开发和产业集聚区建设，推进水、电、路、网等基础设施配套，积极推进复合型组团和小城镇住房、教育、医疗、商贸、餐饮等服务功能提升，提高了城市集聚人口的能力；平顶山市大力实施中心城区和县城扩容提质工程，进一步提升城镇综合承载能力；商丘市结合自身工业发展相对滞后的实际，加大招商引资力度，积极承接发达地区产业转移，加快推进工业化进程，增强工业吸纳人口的能力，为农业转移人口市民化奠定了产业基础。

（4）随迁家庭成员教育和发展成本。在城市，特别是大中城市，教育资源有限，随着农业转移人口的增加，为解决其子女的教育需求就需要相应地新建学校、增加师资力量。河南部分城市在农业转移人口子女入学方面，做出了有益的尝试。例如，济源市推动高中、初中和职业教育向城镇集中，近年来累计投资8亿余元，在市区先后新建了9所高规格学校，新增2万多个优质学位，基本解决了进城务工人员的子女就学问题；部分省辖市规定农业转移人口子女可按照就近入学的原则就读城市学校，享受与现有城镇学生同等的待遇，这一系列举措为农业转移人口市民化解除了后顾之忧。

2. 劳动和发展成本

农业转移劳动力进入城镇必然面临着劳动的需求，保证其正常劳动和进一步发展也需要一定的成本。2009年颁布的新《劳动法》规定了劳动者在劳动关系中的八大权利：平等就业的权利，选择职业的权利，取得劳动报酬的权利，获得劳动安全卫生保护的权利，休息的权利，社会保险和福利的权利，接受职业技能培训的权利和提请劳动争议处理的权利。与这些权利相对应的是企业需要承担的义务，因此，农业转移人口市民化成本中的劳动和发展成本基本上主要是由企业来承担。据调查，近年来，河南企业对社会责任的认识不断提高，但具体履行企业社会责任时却存在一定的问题。在与就业相关的问题中，部分企业缺乏“以人为本”的理念，把改善员工的工作条件和安全保障当成企业的负担，一味地压低劳动力价格、延长劳动时间、降低劳动力成木、提供简陋的工作环境。

3. 生存成本

农业转移人口需要在城市生活中承担一定的生存成本，主要包括自身在城市的衣、食、住、用、行以及娱乐等方面的费用。在社会保障方面，农业转移人口也需要承担个人支出部分，具体表现为医疗保险、养老保险和住房公积金等方面的个人缴纳费用。农业转移人口一方面要负担其自身和家庭成员在城镇生活的各项基本支出，另一方面还要承担子女教育费用、住房和社会保障中的个人缴纳部分。这些成本不仅来源于农业转移人口在城镇通过工作获得的经济收入，还通过市场化手段将其在农村所拥有的各种资源转化成的资产。

（二）成本的主要承担主体

1. 政府是农业转移人口市民化成本的主要承担者

户籍制度基础上的城乡差别是农业转移人口市民化的主要障碍，河南农村人口和城市居民在社会保障、就业和土地权益等方面也具有一定的差异。城镇居民享受着职工退休金、养老保险、失业保险、最低生活保障等多项社会福利，还可以获得免费职业技能培训、双失业家庭岗位安排等政策优惠，农村人口在相关社会保障福利上却远低于城镇居民水平，农村教育水平与城镇教育水平也存在较大的差距，教育不公平现象日益凸显。这些是国家体制安排的结果，不是某个个人或者群体可以改变的，其根本解决既需要中央顶层设计，更需要各级政府根据当地情况进行制度创新。大量农业转移人口的快速市民化，制度歧视是最大的障碍，政府作为相关政策的制定者无疑应承担主要的责任。

2. 企业参与分担农业转移人口市民化成本

农业转移人口是指农民由农村走向城市，农业从业者向第二产业和第三产业转移。农业转移人口市民化最先实现的是职业的改变，企业无疑成为农村富余劳动力实现城镇就业的主要阵地。同时，大量农业转移人口也为企业的长远发展提供了充足的劳动力，农业转移人口与企业之间是一种无法分离、互利互惠的关系。因此，作为农业转移人口重要载体的企业要为其市民化承担一定的成本。由于其社会性质，企业主要是间接地为农业转移人口市民化提供较为单纯的成本，最突出的代表是农业转移人口市民化的劳动保障成本。

3. 农业转移人口市民化个人承担成本

农业转移人口作为市民化的主角，在这一过程中不可避免地要承担一定的个人成本，但前提是农业转移人口具有较强的经济能力。长期以来，在城乡二元结构影响下，城乡教育资源分布严重不均，造成许多农业转移人员受教育程度不高、文化水平较低的问题。教育背景、职业技能等因素的限制使他们在城市中主要从事较多依靠体力的简单劳动，相应地，其所获得的职业报酬也较低。此外，对于那些落户城市的家庭来说，需要承担的市民化成本可能更高。为提高农业转移人口个体承担其市民化成本的能力，应加快对各类农村资产的确权颁证工作，对农村土地承包经营权、宅基地使用权、房屋所有权等确权到户，还要加快集体资产的股份化，让集体经济组织成为农民市民化的组织依托。同时，由于农业转移人口个体之间在年龄、性别、受教育程度和收入状况等方面的差异，不同群体承担自身市民化成本的能力也不尽相同。因此，在努力提高农业转移人口承担个人成本能力的同时，还应充分尊重其市民化意愿，参考其市民化能力。

（三）成本的运作过程

农业转移人口市民化是作为新型城镇化的重要任务被提出来的，作为新型城镇化这一重大工程的主要目标，河南省提出未来三年“力争每年实现转移100万人左右”。这100万名农业转移人口市民化具体需要多少资金，每个主体提供多少额度，这些资金如何管理和升值等成本运作问题，依然有待相关政策的进一步规定。

三　河南省农业转移人口市民化成本分担机制的主要问题

（一）承担主体多元性不足，缺乏综合协调

农业转移人口市民化承担主体方面，部分学者提出“一主二层三辅”（政府为主，中央政府和地方政府各负其责，个人、企业、社会三方参与成本分担）的承担体系。河南当前的“三元”承担主体中，地方政府起着主导作用。但是，由于农业转移人口个体动力和能力存在较大差异，加之企业以营利为目的，较少承担社会责任，缺乏提供农业转移人口劳动和发展成本的积极性，导致承担主体过于单一、多元性不足。同时，政府、企业和农业转移人口自身等“三元主体”间也缺乏综合的协调机制。政府负责制度创新成本，却忽略了农业转移人口群体的内部差异和市民化意愿；企业在政府政策的支持下为农业转移人口提供劳动和发展成本，却难以消除这些成本在地区间转移接续的制度障碍；农业转移人口部分个体具有强烈的市民化意愿和较强的市民化能力，却难以舍弃其在农村特别是土地上的利益。因此，农业转移人口市民化成本承担机制不但需要扩大承担主体，提升相关社会组织特别是社会慈善和福利机构在其中的参与度，还需要增强不同主体间的信息沟通和综合协调，提高机制的有效性。

（二）成本构成过于静态化，缺乏良性互动

当前河南省农业转移人口市民化的成本承担主体主要有政府、企业和农业转移人口个体，且政府在其中占有完全主导的地位。这从当前中国体制和经济发展现状、企业发展程度和农业转移人口自身能力来看，具有一定的合理性。但是，随着经济社会的发展，直接或间接

承担主体都会不断增加，不同主体间的承担比例和承担内容也会发生相应的改变。因此，农业转移人口市民化成本的分担机制构建需要考虑动态变化的现实经济社会状况。同时，农业转移人口市民化成本构成与其在城镇生活并享受与当地市民同等权益的内容息息相关，是一个与农业转移人口不断增长的需求相适应的过程，也是一个长期渐进的过程。在这样一个复杂的过程中，河南省农业转移人口市民化成本构成还主要取决于相关承担主体，对农业转移人口不断增长的需求有所忽略。根据相对稳定的主体确定的成本构成，自然比较静态，缺乏主体间的良性互动，也缺乏“与时俱进、与需俱进”的良性互动和动态变化。

（三）成本分担机制不完善，缺乏有效尝试

完善的成本分担机制不仅包括多元的承担主体、明确的成本构成和良性的运行机制，更具有适合当前的科学性、现实性以及应对未来变化的预测性和可持续性。当前河南省农业转移人口市民化的成本分担机制的主体有限，成本构成有待明确，运行机制及其预测性和可持续性方面还有待于发展和完善。

总的来看，河南省关于农业转移人口市民化成本的分担机制还处于探索和初创阶段，多主体、动态的成本分担机制还有待于进一步完善。农业转移人口市民化成本分担机制的完善离不开各主体的共同努力，更需要处于主导地位的各级政府的多方面有效尝试。

四　关于河南省农业转移人口市民化成本分担机制的思考

新型城镇化是一个宏大的社会过程，农业转移人口市民化作为其中非常重要的一部分，也是一个复杂的系统过程。农业转移人口市民

化需要巨额成本，建立科学有效可持续的成本分担机制无疑具有十分重要的意义。

（一）坚持公平优先、兼顾效率的原则

构建科学合理的农民工市民化成本分担机制必须坚持公平优先、兼顾效率的原则。既要从这一分担机制构建的复杂性和系统性考虑，又需要从提高城镇化质量的高度出发，科学、合理、有序地推进这一分担机制的建构和完善；既需要加强对农民工合法权益的保护，从根本上消除城镇内部的新二元结构，又要坚持权利与义务对等原则，引导农业转移人口的有序转移；既要努力满足农业转移人口市民化的现实需求，又要考虑国家、地区和城市目前发展阶段的现实承受能力；既要充分发挥政府在构建成本分担机制中的主导作用，又要充分发挥企业、个人和社会的应有作用。

公平不仅指农业转移人口群体每个个体都应得到公正的对待，也指农业转移人口在各方面获得与本地市民同等的权利，也就是说农业转移人口市民化的质量应优先于速度。实现新型城镇化，促进农业转移人口市民化的根本目的是缩小城乡差距，让改革发展的成果惠及所有民众。这就是让农业转移人口获得与城市居民同等权利的过程，也是实现社会公平正义的过程。当然，我们坚持公平优先，并不表示不关注速度，在中国经济快速发展、社会急剧转型的时期，我们在实现社会公平正义的同时，也应该努力让更多的人尽快从中国改革发展中获得实惠，这便是实现效率的过程。因此，构建科学合理的农业转移人口市民化成本分担机制必须坚持公平优先、兼顾效率的原则。

（二）树立意愿优先、分类推进的意识

农业转移人口市民化问题本身具有突出的复杂性、层次性和差异性。从农业转移人口群体本身来看，他们在不同的人口特征（性别、

年龄、职业、收入、进城年限）上具有不同的特点，也具有不同的实现其自身市民化的能力；从城市规模来看，既有辐射能力较强的特大城市和经济较发达、农业转移人口较多的大中城市，也有制度障碍较弱的小城市，还有不断发展的具有中国特色的小城镇；从农业转移人口市民化的不同阶段来看，有刚刚离开土地、离开农村的，有仅仅进城打工、获取经济收入的，还有正在融入城市生活的。具有不同的人口特征、在不同规模的城市、处于不同的市民化阶段等因素，都影响着当前农业转移人口市民化成本分担机制的建构。因此，农业转移人口市民化成本的分担机制应建立在不同发展基础、不同能力水平、不同经济成本之上，需要认清实际、承认差异，采取分类有别的制度改革与政策调整措施，实现其有效性和科学性。

农业转移人口市民化是一个长期渐进的过程，不仅涉及与人民群众切身利益相关的社会公共服务、社会保障和社会福利等问题，而且其巨额成本的分担主体（政府、个人、企业和社会）具有多元化的特征，部门领域更是涉及教育、卫生、住房、社会基础设施建设和社会保障等多行业多部门。在当前中国经济转轨和社会转型的特殊时期，在城市总体社会容纳能力相对不足、区域和城市发展不平衡的情况下，构建农业转移人口市民化成本分担机制必须树立意愿优先、分类推进的意识。

（三）塑造多元主体、动态协调的模式

在城乡二元结构的历史背景中，在城镇化的推进下，农业转移人口市民化是一个过程，既不可能一蹴而就、一步到位，更不可能是单一方面的努力就能够实现的。塑造多元主体、动态协调的农业转移人口成本分担模式，是实现大量农业转移人口市民化的必要前提。农业转移人口市民化在义务教育、公共就业服务、公共医疗卫生、社会保障、保障性住房以及市政设施等方面的公共成本需要由各级政府来承

担。对于公共成本的分担，要综合考虑中央政府和地方政府之间、流入地政府与流出地政府之间在承担农业转移人口市民化成本的事权划分上的相互关系。

中央政府应在促进区域协调发展和引导农业转移人口合理流动的基础上，逐步加大对农业转移人口集中流入省份和流入地区，以及中西部相对落后地区的财政支持，逐步建立以常住人口（而非户籍人口）为依据、“人、财”挂钩的财政分成和转移支付制度。以专项转移支付为手段，根据各地区吸纳农业转移人口的规模，每年定向给予相应的财政补贴，重点在公共卫生和计划生育、子女义务教育、就业扶持、社会保障等方面，加强对农业转移人口流入省份以及中西部相对落后地区的补助，特别要加大对农业转移人口流入集中地区公租房等保障性住房建设的补助。此外，在财政投入增量调整的基础上，与城镇化推进速度和质量挂钩，对增长快、压力大的地区加大支持力度。

省级政府重点承担省内跨市县农业转移人口市民化的公共成本，按照推进基本公共服务均等化要求安排省级以下财政转移支付。具体可以建立农业转移人口市民化的专项基金，通过财政转移支付的方式，对本省户籍的农业转移人口在省内跨区转移提供公共服务支持，加强对农业转移人口流入城市的补助，主要用于支付农业转移人口市民化的医疗、社会保障等成本，重点用于支付农业转移人口廉租房等住房成本支出，其规模与流入地为本省跨区农业转移人口提供公共服务的成效相挂钩。

地方政府着重承担城镇建设维护与公共服务管理成本，为容纳新市民人口，地方政府应对城镇进行必要的新建、扩建，进一步补充和完善市政基础设施、公共服务设施等，并承担起相应的城镇建设、维护和管理成本。地方政府应加大在公共卫生、住房保障、义务教育、就业扶持等方面的投入和建设力度，努力为新市民化人口提供均等化的公共服务，并在中央财政、省级财政的支持下，担负起为新市民化人口提供均等化公共服务的大部分成本。

具体就河南省来说，一是考虑到河南省人口大省和传统农业大省的基本省情，经济社会发展水平较低，财政实力不强，同时城镇化发展滞后，未来城镇化发展将进一步提速，推进农业转移人口市民化的压力巨大，应积极争取中央政府专项转移支付资金，用于推进农业转移人口市民化的公共支出。二是设立省级农业转移人口市民化的专项基金，通过财政转移的方式，加强对郑州、洛阳等农业转移人口集中流入城市的补助。三是建立省级土地指标的增减挂钩机制，试行“人地挂钩”政策。将一部分流出地政府收储的农民转让出的承包地指标和宅基地指标分给流入地政府，保持土地增减平衡。四是各地市和县级政府在中央财政、省级财政的支持下，完善城市基础设施和公共服务设施，加强义务教育、社会保障、公共医疗、保障性住房等公共服务。

农业转移人口市民化成本分担机制的构建、完善及良好地实施是一个长期渐进的过程，需要对分担主体、分担比例进行持续的动态调整与均衡。动态协调主要是考虑到随着现代化进程的快速推进和城镇化不断发展，政府的综合服务能力、企业的社会责任承担能力和农业转移人口的就业环境等都会随之发展变化。对农业转移人口市民化成本负担主体间承担比例的调整、需求与能力的相互协调，以及对农业转移人口市民化成本分担机制的优化是保持这一机制的公平性、科学性、有效性、持续性和可操作性的必然要求。

参考文献

余传杰：《农业转移人口市民化：机制完善及制度创新》，《中州学刊》，2014 年第 3 期。

住建部调研组：《农民工进城对城市建设提出的新要求》，载于《中国农民工调研报告》，中国言实出版社，2006。

中国科学院可持续发展战略研究院：《2005 中国可持续发展战略报告》，科学出版社，2005。

张国胜：《基于社会成本考虑的农民工市民化：一个转轨中发展大国的视角与政策选择》，《中国软科学》2009 年第 4 期。

中国发展研究基金会：《中国发展报告 2010：促进人的发展的中国新型城市化战略》，人民出版社，2010。

殷一博：《农业转移人口市民化成本分担机制探索》，《开放导报》2014 年第 4 期。

潘启龙、刘合光：《农业转移人口市民化的影响因素和思路对策》，《安徽农业》2013 年第 29 期。

高拓、王玲杰：《构建农民工市民化成本分担机制的思考》，《中州学刊》2013 年第 5 期。

国务院发展研究中心课题组：《农民工市民化——制度创新与顶层政策设计》，中国发展出版社，2011。

B.4

稳步推进城镇基本公共服务常住人口全覆盖研究

王元亮*

摘　要：城镇基本公共服务依据户籍人口供给的方式，造成向城镇快速集聚的农业转移人口在享受就业、教育、医疗卫生和社会保障等基本公共服务方面与城镇居民差别显著，进而在城镇内部产生新的二元结构矛盾甚至形成阶层的割裂与对立。推进城镇基本公共服务常住人口全覆盖是以人为核心的新型城镇化的本质体现，也是实现农业转移人口市民化的关键内容。只有建立以常住人口为统计口径的城镇基本公共服务配置体系，才能真正推进新型城镇化的健康持续发展。

关键词：基本公共服务　常住人口　户籍人口

在我国，城乡与区域经济社会发展不平衡导致大量农业转移人口为获得更好的工作机会快速流向城市和发达地区。但是，目前基本公共服务供给已经难以满足城镇人口日益增长的需要，加上户籍制度改革滞后，基于户籍人口制定城镇基本公共服务政策和规划，将农业转移人口的合理利益诉求排除在体系之外，导致在城乡二元

* 王元亮，河南省社会科学院助理研究员。

结构矛盾的基础上衍生出城镇内部新的二元结构矛盾，阻碍新型城镇化的发展。推进城镇基本公共服务常住人口全覆盖越来越重要、越来越紧迫。

对此，党和国家政府高度重视。《国家基本公共服务体系“十二五”规划》要求，把基本公共服务制度作为公共产品向全体社会成员提供，着力保障城乡居民生存发展基本需求。党的十八大提出，有序推进农业转移人口市民化，努力实现城镇基本公共服务常住人口全覆盖。十八届三中全会进一步强调，建立稳步推进城镇基本公共服务常住人口全覆盖落户农民的保障机制及其与财政转移支付挂钩的机制。中央城镇化工作会议明确要求，把促进有能力在城镇稳定就业和生活的常住人口有序实现市民化作为首要任务。《国务院关于进一步推进户籍制度改革的意见》又具体指出，进一步调整户口迁移政策，统一城乡户口登记制度，全面实施居住证制度，稳步推进城镇基本公共服务覆盖全部常住人口。其总体思路和重点领域逐渐清晰并不断细化。

为落实中央有关精神，实现新型城镇化健康、有序、可持续发展以及提升城镇基本公共服务水平，2014 年 11 月河南省下发了《关于深化户籍制度改革的实施意见》，要求统筹推进工业化、信息化、城镇化和农业现代化同步发展，推动大中小城市和小城镇协调发展、产业和城镇融合发展。统筹户籍制度改革和相关经济社会领域改革，有序推进农业转移人口市民化，为加快中原崛起、河南振兴、富民强省提供坚强支撑。明确取消农业户口与非农业户口性质区分，建立城乡统一的户口登记制度和全面实施居住证制度。并提出到 2020 年，实现 1100 万左右农业转移人口和其他常住人口在城镇落户，全省常住人口城镇化率达到 56%。这一深化户籍改革举措，真正尊重了城乡居民自主定居的意愿，使得有能力并符合迁移条件的居民能够在城乡之间迁移。

一　城镇基本公共服务常住人口全覆盖的内涵

（一）基本公共服务

基本公共服务，是以一定的社会共识为基础，依据经济社会发展的水平和阶段，由政府主导的，为保障全体公民生存需求，实现人的全面发展的基本社会条件。基本公共服务范围有狭义和广义之分。狭义的基本公共服务包括就业、社会保险、社会救助、社会福利和社会救济等民生性服务，以及医疗卫生、计划生育等事业性服务。广义的基本公共服务包括与人民生活紧密相关的交通、通信、环境保护、住房保障等领域的基础性服务，以及保障安全需要的公共安全、消费安全和国防安全等领域的安全性服务。

（二）常住人口

常住人口是与户籍人口相对的概念。政府部门为便于管理和统计人口，将公民长期在其居住地居住并且获得当地户籍作为常住人口的基本条件。目前，对于常住人口的概念尚无明确定义，比较普遍认同的统计口径是：全年经常在家或在家居住 6 个月以上，经济生活与本户连成一体的人口；外出从业人员在外居住 6 个月以上，但经济收入与本户连为一体的人口；在家居住生活和本户连成一体的国家职工、退休人员。

（三）基本公共服务常住人口全覆盖

城镇基本公共服务常住人口全覆盖是一项长期的任务。它并不是常住人口全覆盖的绝对平等，而是允许存在合理的差距，使所有常住人口都能获得一定底线的基本公共服务，并重点保障弱势群体享受基本公共服务的权利。这表现为实现基本公共服务资源在各阶层人群之间的非排他性，每一个城镇常住人口都能够平等得到基本公共服务的机会。其中，政府的职责是在提升基本公共服务水平的同时兼顾公平，将常住人口享受基本公共服务的不平等距离控制在合理范围之内，实现可持续发展。

二　河南省城镇基本公共服务常住人口全覆盖的现状及问题

2013 年，河南省常住人口 9413 万人，其中城镇常住人口 4123 万人，城镇化率为43.8%，比2012 年提高1.37 个百分点。与全国相比，河南省城镇人口比重稳步提高，与全国平均水平差距缩小了 0.21 个百分点。但是，总体上河南省城镇基本公共服务供给滞后于城镇化水平。城镇基本公共服务呈现户籍常住人口保障水平低，非户籍常住人口覆盖面小、保障能力弱的局面。全省城镇基本公共服务总体水平与国家保障标准存在较大差距，尤其体现在城镇基本公共服务能力自身结构失衡、体制机制缺乏创新、提供主体和提供渠道单一、财政保障力度不够等方面。

（一）劳动就业

近年来，河南省就业服务体系不断完善，就业规模逐步扩大，全省从业人员超过6000 万人，城镇登记失业率控制在 3.4% 以下。全省实现了免费为进城落户的农业转移人口办理就业失业登记，进城后未继续升学的初高中毕业生免费参加劳动预备培训，符合就业困难人员认定条件标准的享受公益性岗位安置等援助服务。但是仍然存在市场就业机制不完善、流动人口管理职能缺位和政府财政投入不足等突出问题。加之严峻的就业形势，就业的总量矛盾和结构性矛盾相互交织，相对于城镇居民，农民工等城镇流动人口无法完全享受平等的就业权利。

（二）随迁子女教育

现行的中考和高考制度规定，随迁子女学生必须在户籍所在地参加考试。河南省各级政府已经出台多项政策措施，保障农民工随迁子女都能接受义务教育。但是，由于城镇中小学校教育资源严重短缺，随迁子女进城接受义务教育导致生源大幅增加、“大班额”现象普遍，无法享受与城市孩子完全相同的义务教育。此外，随迁子女在城市既不能参加中考和高考也无法接受中等职业教育，享受学校所在地免学费的政策。

（三）社会保障

计划生育方面，农业转移人口未能完全纳入城镇计划生育服务体系，城镇的计划生育主要针对本地居民。医疗保险方面，只有进城落户农业转移人口在城镇单位就业并有稳定劳动关系的能够参加就业地城镇职工基本医疗保险，其他灵活就业人员参加户籍所在地城镇居民基本医疗保险。养老保险和失业保险方面，农业转移人口可随同单位参加城镇职工养老保险和失业保险，而没有将灵活就业的人员和其未就业家庭成员的养老保险纳入城镇基本公共服务体系。

（四）住房保障

河南省在解决农业转移人口的住房问题方面出台了若干具体政策，但是受财政支持力度所限，城镇保障性住房覆盖率依旧较低，建设进展缓慢，农业转移人口还不能与城镇居民享受同等住房保障政策。河南省“十二五”城镇保障性安居工程规划还未考虑到城镇基本住房保障向常住人口全覆盖。目前，全省城镇常住人口中非城镇户籍人口占到50%以上，住房缺口很大。以公共租赁住房为例，计划建设104.73万套，缺口38.24万套。

三　河南省推进城镇基本公共服务常住人口全覆盖的总体思路

依托户籍制度推进以人为核心的新型城镇化，渐进式改变以户籍人口作为公共服务对象及公共服务供给规划的现实，推进城镇基本公共服务以常住人口为基数的软着陆，逐步实现城镇基本公共服务配置由以户籍人口为基础向以常住人口为基础的转变（见图1）。

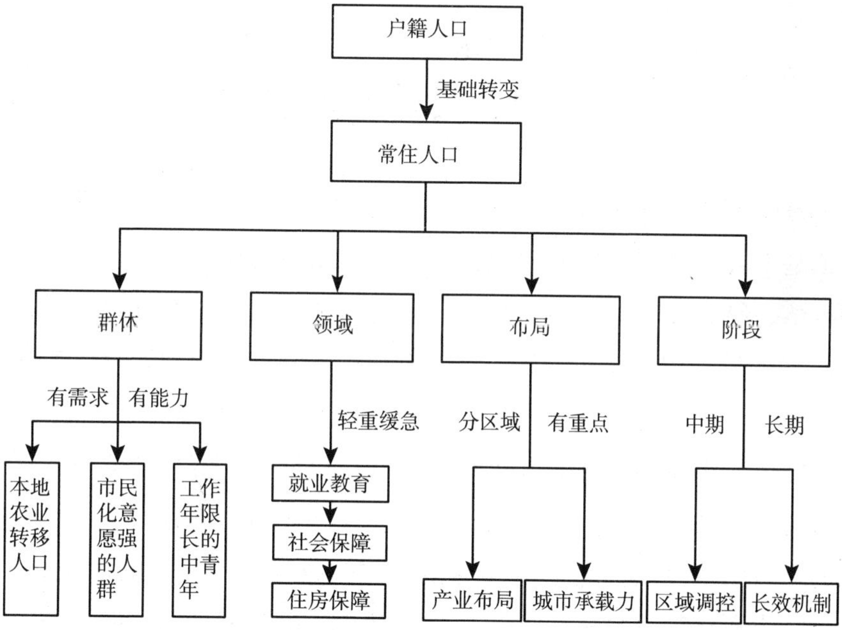

图1　河南省推进城镇基本公共服务常住人口全覆盖的总体思路

立足河南省自身经济实力和财政收入规模，从群体、领域、空间和时间四个维度，突出重点，逐步推进，实现城镇基本公共服务供给向以群体分类、领域分层、布局合理、阶段明确为特征的转变。群体分类。优先推进有需求、有能力的人群市民化。本地农业转移人口市民化意愿强的群体、工作年限长的中青年群体优先，形成示范带动效应，逐步推动更多的常住人口享受基本公共服务。领域分层。分轻重缓急，集中解决关键领域问题，率先完善就业、教育政策，推进社会保障衔接，稳步推进保障性住房覆盖常住人口。布局合理。按照产业布局和城市综合承载能力，促进常住人口在城镇体系的空间梯度迁移，引导常住人口向重点开发地区集中，实现区域均衡发展。阶段明确。到2015年，基本建立城镇基本公共服务常住人口全覆盖的区域调控体系。到2020年，形成完善的城镇基本公共服务常住人口全覆盖的长效机制。

四　河南省推进城镇基本公共服务常住人口全覆盖的路径

目前，河南省人口基数大，财力投入增加量相对有限，完全实现城镇基本公共服务常住人口全覆盖的条件和时机还不成熟，需要将户籍改革、经济发展、公共财政、体制创新和基本公共服务相关联，协同推进，并将基本公共服务与农村土地流转制度、公共管理体制重构等重大改革相结合。实行大城市继续依托城市户籍制度渐进式改革，中小城市和小城镇全面放开落户限制的户籍路径，依托产业发展促进人口流动与就业分层的产业路径，建立常住人口为服务口径的转移支付的财政路径以及构建主体参与多元化的成本分担机制的政策路径。其中，户籍路径是目标，产业路径为基础，财政路径给保障，政策路径求突破。

（一）因地制宜地分类制定城市户籍准入条件

实施差别化落户政策，对不同容量的城镇制定不同的户籍准入条件。对省会郑州市，重点考虑现有人口结构、城区密度及承受能力、城市规划发展、市民福利待遇等，实行积分落户、人才引进落户等灵活的户籍政策，构建以教育程度、工作、住房、社保、纳税等为主的指标体系，推行居住证制度。对其他省辖市等大城市，根据城市综合承载能力，合理确定合法稳定的就业年限、合法稳定的住所（含租赁）、参加城镇社会保险的年限，并将其作为登记常住户口的主要依据。对中小城市和小城镇，积极放宽户籍制度，提升公共服务质量，吸引农村转移人口落户。对于综合承载压力大的城镇，可对合法稳定就业、稳定住所（含租赁）的范围、条件等明确具体规定。对于综合承载压力小的城镇，全面放开落户限制。

（二）依托产业布局促进人口流动与就业分层

坚持产业为基、就业为本的基本原则，以城镇集聚的产业规模和提供的就业岗位数量决定向城镇转移农村人口的进程，把城镇基本公共服务常住人口全覆盖建立在产业发展和就业稳定的基础之上。遵循产业市场分工规律，发展区域优势产业，深化大城市与周边各类城镇之间的产业分工，鼓励不同等级城镇之间形成产业功能分区，促进不同阶层人口向不同区域有序流动，重点将与各地区相匹配的流动人口稳定在流入地，充分发挥大城市的带动作用和中小城市、小城镇的“蓄水池”作用，推动农村转移人口的空间流向由相对集中的大城市转变为协调布局的大中小城市，促进产业与城市融合发展和人口与产业一体化发展。

（三）建立以常住人口为统计口径的财政转移支付制度

要想保证城镇基本公共服务常住人口全覆盖目标的实现，必然要求财政的支持。这要改变财政转移支付分配规模以户籍人口认定的方式，根据常住人口规模重新进行认定，真正实现合理分配公共资源和公共资源与人挂钩，形成激励吸纳外来流动人口的长效机制。首先，建立常住人口身份识别制度和监测体系，按照常住人口配置资源并建立动态调整机制。其次，进一步优化财政支出结构，压缩不必要的公费开支，在保障现有各项基本支出的前提下，新增财政收入重点保障无城镇户籍常住人口的基本公共服务。再次，深化财税体制改革，加大一般性转移支付，逐步建立财力与事权相匹配的财税管理体制，增强城镇基本公共服务的财政保障能力。最后，加大监督力度，提高财政转移支付保障城镇基本公共服务的资金使用效率。

（四）构建主体参与多元化的可持续成本分担机制

不断扩大基本公共服务生产供给的主体，构建政府、企业、个人等多元主体共同参与提供城镇基本公共服务的成本分担机制。一是各级政府制定相关标准和制度规则提供城镇基本公共服务，政府出钱购买服务提供给居民，或者政府通过所属的公共部门直接提供公共服务。二是发挥民间资本的作用，扩大资本的投资渠道。按照供给者受益的原则，鼓励企业、个人等社会力量购买公共服务，用社会资本补充政府财政的不足。实现公共财政支出和社会民间资本共同保障基本公共服务的良好格局。

五　河南省推进城镇基本公共服务常住人口全覆盖的若干建议

（一）深化完善大城市积分制管理措施

建立重点优先的积分评价体系。按照可操作程度先易后难、人群素质先高后低的基本要求，将社会贡献等软性指标纳入积分方案，推动社会管理，更好地把改革红利让给落户者。加快制定郑州市等大城市积分制管理政策，将达到相应分值、条件较成熟的农业转移人口率先纳入城镇居民基本公共服务体系，逐步推进城镇基本公共服务覆盖更多的常住人口。建立省级和市级联动的积分制度。积分评价体系包括省级指标和各市自定指标。省级积分评价体系为基础性评价，省内可流通、可接续；在此基础上各市依据当地就业岗位、公共服务和财政状况等因素，制定差异化的积分细则。同时，研究制定不同城市的积分转换渠道和标准，引导农业转移人口实现在各城市的有序转移。

（二）提高农民工享受城镇基本公共服务的水平

健全农民工就业培训服务的信息网络，解决就业市场信息的不对称。委托具有一定资质的职业培训机构开展农民工培训，并加大公共财政用于农民工培训的比例，将农民工培训全面纳入城镇职工培训体系。推行和完善新型劳务用人机制，规范农民工与企业双向自主选择权，完善企业工资支付监控、欠薪预警和劳动合同管理制度。在农民工流入相对集中的大城市，依托劳动就业社会保障服务平台等现有资源，建立农民工就业综合服务平台，提供“一站式”就业服务。

将符合条件的农民工随迁子女教育纳入城镇教育发展规划，加大公办学校教育经费投入，优化教育资源，核定公办学校教师编制，保障农民工随迁子女接受平等的教育权利。积极创造条件满足农民工随迁子女接受普惠性学前教育的需求，对在普惠性民办幼儿园接受学前教育的，政府采取购买服务等方式落实支持经费，指导提高幼儿园教育质量。加大义务教育资金投入力度，对农民工随迁子女开放公办义务教育学校，与城镇户籍学生混合编班，统一管理。进一步完善和落实符合条件的农民工随迁子女在城镇参加中考、高考的政策。

争取中央财政资金，保证地方财政配套资金，提高财政对农民工住房保障建设的支出。统筹规划城镇常住人口规模和建设用地面积，将解决农民工住房问题纳入城镇住房发展规划，逐步将农民工全面纳入公租房的保障范围。有固定经营场所或稳定收入，住房面积、收入水平符合住房保障标准的进城落户农业转移人口，享受就业所在地住房保障，并逐步将其纳入住房公积金制度实施范围。对自愿退回、转让土地承包经营权、宅基地使用权和集体经济收益分配权的进城落户农业转移人口，同等情况下优先安排解决住房保障。

（三）完善城镇基本公共服务的财政保障体系

在保障现有各项财政基本支出的前提下，提高城镇基本公共服务投入产出效率。一是调整基本公共服务财政投入结构，改变重城镇居民轻流动人口的投入体制，逐步扩大公共财政覆盖的范围和领域，加大对流动人口的财政资金投入和管理力度，逐步均衡公共服务的财政资金投入。例如，设立农业转移人口市民化的专项资金，根据城镇吸纳农民工落户数量，提供城镇基本公共服务设施建设补贴。二是将基本公共服务的财政投入纳入一般性转移支付，逐步提高一般性转移支付在财政总支出中的比重，并重点投入到常住人口直接获益的基本公共服务领域。三是推进财政体制改革，相对平衡事权、财权，增强省级财政对下级财政的指导和协调能力，逐步形成合理的纵向财力与横向财力分布格局。四是创新基本公共服务财政投入保障的可持续机制，探索政府发行基本公共服务债券的可行性以及建立城镇基本公共服务投融资平台。

（四）健全城镇基本公共服务提供及权益保护机制

深化城镇基本公共服务供给制度改革，按照常住人口配置基本公共服务资源，实现城镇基本公共服务覆盖城镇常住人口，并不断提高城市综合承载能力、扩大基本公共服务的范围。对落户的城镇常住人口，实现与城镇居民同城同待遇，将其完全纳入城镇住房保障体系，在农村参加的养老保险和医疗保险规范接入城镇社会保障体系。对尚未落户的城镇常住人口，实施居住证制度，明确可以享受的基本公共服务项目，建立健全与居住年限等条件相挂钩的基本公共服务提供机制。鼓励增进城镇流动人口权益保护的制度创新和权益保护机制。完善工会组织，通过集体谈判的力量平衡劳资关系并确保流动人口权益。建立城镇流动人口的法律援助制度，维护城镇流动人口的合法权益。允许包括各种民间组织、志愿者组织、非营利组织等社会力量参与城镇流动人口权益保障事业。

（五）建立城镇基本公共服务绩效评估和监测监管制度

基本公共服务绩效评估是推进城镇基本公共服务常住人口全覆盖的重要手段。制度结构影响绩效，用规范的制度促进理念的转变。完善的绩效评估制度有助于提高政府部门供给基本公共服务的效率。把城镇基本公共服务供给的质量和数量纳入各级政府和有关部门目标责任制考核体系，将城镇基本公共服务绩效评估与干部选拔任用、内部激励、财政拨款相挂钩；建立城镇基本公共服务问责制度，规范问责程序。促进城镇基本公共服务常住人口全覆盖政策的实施，保证政府的正常运行、遏制权力腐败以及保障公众利益不受损失。建立城镇基本公共服务常住人口全覆盖监测监管制度。加强基本公共服务的统计系统建设，向社会定期发布监测评价的结果，接受社会公众和舆论监督。以人为核心，积极引入多元参与的监管主体，构建包括人大、审计部门、行业协会、媒体和社会民众等在内的城镇基本公共服务监管制度。

参考文献

国家发展改革委员会经济研究所课题组：《城镇基本公共服务常住人口全覆盖与城乡统筹发展：对政府支出责任的影响》，《经济研究参考》2014年第2期。

朱巧玲、甘丹丽：《加强城乡基本公共服务均等化制度建设是农民市民化的关键》，《改革与战略》2014年第1期。

王悦荣：《城市基本公共服务均等化及能力评价》，《城市问题》2010年第8期。

陈佳丽：《河南省促进新型城镇化的财政保障机制研究》，《地域研究与开发》2013年第6期。

程鑫、李国波：《农业转移人口市民化为经济发展提供新动力》，《经济论坛》2014年第5期。

蔡翼飞：《以城镇基本公共服务均等化促进农业转移人口市民化》，《城市观察》2014年第2期。

魏北驹：《基本公共服务迈向常住人口全覆盖》，《中国经济导报》2014年3月29日。

梁倩：《常住人口将纳入保障房保障范围》，《经济参考报》2014年3月31日。

王阳：《居住证制度地方实施现状研究》，《人口研究》2014年第3期。

金三林：《推进农业转移人口市民化的总体思路和战略路径》，《经济要参》2013年第43期。

国务院：《关于进一步推进户籍制度改革的意见》，2014。

河南省人民政府：《河南省人民政府关于深化户籍制度改革的实施意见》，2014。

B.5

以住房保障和优质教育吸引农村人口向城镇转移研究*

崔学华**

摘　要：农民外出务工，住房保障是安居乐业的基础，优质教育是外出打工的动力。当前，城市住房和教育现状难以承载大量的人口转移压力，必须采取有效措施，健全住房供给体系、保障农民工子女平等接受教育、依法规制保障房乱象和破解教育难题，以更好的住房保障、更多的优质教育，提升城市综合承载能力，吸引农村人口向城镇转移。

关键词：河南省　住房保障　优质教育　人口转移

促进农村富余人口向城镇转移，是有效解决农业、农村、农民问题的重要途径，是科学推进新型城镇化的重要内容。实现农村人口向城镇转移，就业保障是最基本的生存需求，住房保障是农民工安居乐业的基础，优质教育是吸引农民工向城镇转移的强大动力。为此，必须重点解决农村转移人口市民化、城中村改造、城市综合承载能力提

* 本文为2014年度河南省哲学社会科学规划项目“河南农民工子女平等接受教育的隐性障碍及治理对策研究”（批准号：2014BSH019）的部分成果。

** 崔学华，河南省社会科学院社会发展研究所，助理研究员。

升等问题，以提供更好的住房保障、更多的优质教育为突破口，吸引更多的农村人口向城镇转移，推进新型城镇化朝着正确方向发展。

一　住房和教育是吸引人口转移的基本动力

近年来，河南省坚持把农村人口转移放在事关经济社会发展全局的突出位置，不断完善工作思路、探索工作方法、研究新型城镇化的发展路子，取得了显著成效。

（一）河南农村人口向城镇转移的现状特点

截至2013年底，全省农村人口向城镇转移的规模、速度、质量有了较大提升，城镇化水平不断提高。2013年全省城镇常住人口为4123万人，比2007年增长22.46%，城镇化率达到43.8%，高于2007年9.5个百分点。中心城市和县城2007～2013年累计新增常住人口、户籍人口分别为650万人和310万人，分别占全省新增城镇常住人口、户籍人口的85.4%和93.9%，是河南省城镇化发展速度最快、质量最高、城乡面貌变化最大的时期。继2013年中原城市群纳入国家新型城镇化规划以来，河南省又设立了10个新型城镇化试点县市。2014年省政府出台了深化户籍制度改革意见，明确将城乡统一登记为居民户口，正式取消农业户口，为实现农村人口向城镇转移、加快新型城镇化步伐打好了坚实基础。

当前，全省农村人口向城镇转移主要呈现以下几个特点。

1. 转移规模持续扩大，城镇常住人口增长速度更快

外出人口占户籍人口的比重呈逐年上升趋势，2013年外出人口更是超过20%，全省城镇化率达到43.8%以上，增速创下历史新高。

2. 转移地点出现回流趋势，省内转移人数明显上升

外出人口在不断增加的前提下，转移到省外就业的人口增速放

缓。省内的流向主要以县城以上为主，中心城市和副中心城市集聚的转移人口数量最多。省外流向主要是广东最多，其次是北京、上海、江苏、浙江、山西和山东等地，外出人员主要是流向经济发达的一线城市和沿海地区。

3. 转移模式更多以举家转移为主

过去，农村人口转移主要以单打独斗的方式，靠一个男人常年在外打拼，以赚钱养家为主，将妻子和孩子留守老家；现在农村人口转移更多以举家转移的方式，夫妻两人共同外出赚钱，协调养家和养孩、赚钱和教育、近期目标和远期目标之间的关系，将农村外出打工和家庭未来发展作为一个整体来规划。这样看来，农民外出打工的理性因素越来越多，有利于转移人口稳定就业，有利于从根本上实现人的城镇化。

4. 转移趋势逐渐以融入转移为主

一是大量农村人口举家转移，夫妻打工赚钱，融入企业；孩子在城镇接受教育，融入学校；全家常年居住在城镇社区，生活融入城市。农村转移人口对城镇社区的归属感越来越强，长久居住和子女教育成为他们最关心的问题。根据对郑州市金水区的部分农民工抽样调查，90%以上的人认为，打工赚钱的目的是供养孩子在城镇上学，让孩子有一个良好教育，考上大学。二是新生代农民工已经适应了城镇生活，脱离了农村劳动，对农村社区失去了归属感。他们打工赚钱的目的就是在城镇买房，娶妻生子，城镇就是他们的家，融入城市、安居乐业是他们最大的愿望。未来一段时期，随着农村转移人口更新换代，年龄、学历、阅历、观念不断变化，人口结构更加趋于合理，融入转移将成为主流趋势。

（二）城市住房和教育是人口转移的基本动力

基于上述分析，我们发现当前农村转移人口的规模、地点、模式、趋势呈现新特点新变化。尤其是随着举家转移和融入转移的愿望越来越强、规模越来越大，农村转移人口享受城镇公共服务的能力也越来越强，需求越来越多。住房保障是农民工安居乐业的基础，优质教育是吸引农民工向城镇转移的强大动力。在保证充分就业的基础上，住房和教育是吸引农村人口向城镇转移的基本动力。

近年来，河南省平舆县依托优质教育推进新型城镇化，取得了可喜成绩，走出了一条具有平舆特色的城镇化道路，为全省的新型城镇化发展提供了有益探索和启示。平舆县是一个拥有近百万人口的农业大县，常年外出务工人员超过30万人，周边县镇外出务工群体也很庞大，导致县城内外留守儿童急剧增多。为了保证留守儿童接受优质教育和良好管理，平舆县审时度势，采取政府投入和社会办学两条腿走路的办法，以发展城镇寄宿学校为突破口，集中力量办好公办教育，同时给予政策优惠，广泛动员社会力量办学，大力发展民办寄宿教育，对民办学校从政策、师资、工资、用地等方面给予倾斜，着力提升办学环境条件，不断提高办学质量，吸引本地农村孩子和大量周边县市学生来平舆县城就读。截至2014年初，平舆县城拥有中小学校53所，其中公办学校23所、民办学校30所；在县城区就读的中小学生达9万余人，其中寄宿制学生将近6万人，占全县义务教育阶段中小学生总数的1/3。在县城区就读的初中生占全县初中生总数的70%，小学生占全县总数的27%。不仅如此，在优先发展城镇教育、吸引农民工子女到县城读书的同时，平舆县还出台了农民在县城购房减免契税，在县城产业集聚区务工经商可申请职工宿舍、廉租住房等一系列住房配套政策，保障农民工及其子女在城镇能够安居乐业、平等接受教育、积极融入城镇生活，真正实现人的城镇化。平舆县以集中办学提高教育质量、以优质教育资源吸引农村人口向城镇转移、以良好的住房保障让农民工安居乐业的生动实践，为全省新型城镇化道路指明了方向。

二　当前城市住房和教育难以承载人口转移压力

当前，农村人口向城镇转移的现实困境仍然很多，转移成本很高，其中住房和教育压力更大。

（一）城市商品房价格太高

《河南省新型城镇化规划（2014～2020年）》明确提出，以住房保障和优质教育作为两个重要抓手，牵动农村人口向城镇有序转移，力争每年向城镇转移农村富余人口100万人左右，带动随迁人口100万人左右。人口转移需要良好的住房保障体系，但是目前全省的大中小城市商品房价格普遍偏高，保障性住房供不应求；城中村改造导致租房也很困难，房租价格不断攀升。过去，农民工租个单间需要300～500元，现在这样的房子几乎没有，随便租个房子就得800～1000元，租房压力难以承受。商品房销售价格更是难以接受，以郑州市为例，2014年前6个月出现连续上涨，每平方米分别为7290元、7425元、7623元、7889元、7938元和8045元。截至2014年11月，郑州市房价每平方米均价上涨到9574元。在全国部分城市量价普遍下滑的形势下，郑州房价仍然稳中有升。郑州郊县的房价也普遍偏高，均价维持在每平方米4000元以上。仅凭当前农民工的实际收入能够在郑州买得起商品房的还是少数，除非有相当大的政策优惠、税费减免、户型较小、地段较偏等特殊附加条件，否则多数农民工只能是望房兴叹，难以从根本上解决住房难的问题。

（二）保障性住房供不应求

自1998年房改启动以来，以“经济适用房”为主的住宅供应体系，经过多年探索与实践，已经初步建立起相对完善的住房保障体系，但是由于根深蒂固的二元结构制度，经济适用房、廉租房以及后来的公租房、两限房等大多数是为城镇户籍人口而设计的，保障对象也只是“低收入的城里人”，外来农民工的住房问题始终没有被纳入保障体系。自2010年开始，河南省出台新规，将有稳定职业并在城市居住较长时间的农民工，纳入城市住房保障体系。2013年12月中央召开经济工作会议，将保障房列为2014年经济工作任务之一。目前，农民工能够获得保障性住房的户数仍然有限，他们的住房条件非常差，卫生、安全隐患多，子女学习环境难以保证。主要原因是保障性住房僧多粥少，供不应求；农民工申报廉租房手续烦琐，条件苛刻。有报道称，广东公租房申请手续吓跑农民工，烦琐耗时的行政审批流程，至少需要7个证件，经过三审三公示，近100天的等待，令大量需要公租房的农民工只能望房兴叹。另外，保障性住房的骗购成本太低，骗购行为屡禁不止，郑州的公租房骗购现象已经出现，市场上不公开租售公租房的客户群体开始蔓延。种种保障房乱象，难以保障农民工住有所居，难以承载大量的农村人口向城镇转移。

（三）城市公办学校资源紧张

1. 城市公办学前教育资源紧张

省直、市直公办幼儿园人满为患，农民工子女根本挤不进去，不是因为学费高，主要是门槛高进不去。普通的公办幼儿园学费也很高，没有城镇户口，也报不上名字，只能到私立幼儿园就读，但是私立幼儿园质量差，学费也不低。

2. 城镇义务教育资源紧张

教育资源紧张表现在大班额、收取借读费上。很多公立学校不敢明目张胆收费，但是人为划定上学年龄，规定6岁半或者7

岁以上的孩子才能进入学校，暂住证、身份证、户籍证明等缺一不可，公立学校严格的入学条件限制了很多农民工子女顺利入学，使得他们不得不转入当地的农民工子弟学校或者等年龄大一点再去上学。

3. 义务教育后的高中教育资源紧张

很多农民工子女学习成绩不佳，初中毕业后考不上高中，基本上就是处于游离社会的状态，很少进入职业学校进行技术学习。这一部分农民工子女辍学在家，素质较低，好逸恶劳，很容易走上犯罪的道路。只有努力增加城市教育资源，保障农民工子女获取充分的优质教育，才能提高农民工子女素质，吸引更多的农村人口向城镇转移。

（四）农民工子弟学校质量较差

1. 教学硬件设施较差

尽管近年来不断加大投入，农民工子弟学校硬件质量获得了较大提高，但是总体条件还是不尽如人意，与公办学校相比，在教学设施、环境质量、器材设备、活动场地等方面均有较大差距。

2. 教师素质相对较低

农民工子弟学校很多是聘用临时老师，有些老师没有教师合格证，教学方法粗暴，管理水平较低，难以激发孩子学习动力，难以调动孩子学习热情，主要传授书本知识，让孩子死记硬背，娱乐性、创造性的学习活动较少。

3. 教学质量较差

一是农民工子女家庭教育跟不上，部分学生素质相对较低。二是学校老师流动性大，没有稳定的工作环境，教学经验也不丰富，教学活动缺乏趣味性，教学效果不好。所以，农民工子弟学校教学质量总体较差。

三　以住房保障和优质教育吸引人口转移的建议

住房是农村人口向城镇转移的刚性需求，教育是农民工子女实现阶层向上流动的基本条件，也是吸引农村人口向城镇转移的内在动力。实现新型城镇化规划，必须千方百计化解当前城镇住房和教育供不应求的困境，降低农民工城镇转移的成本，努力以住房保障和优质教育吸引更多的农村人口向城镇转移。

（一）建立健全满足多层次需求的住房供给体系

当前，城中村拆迁建设使农民工居无定所，房价飙升，房租倍增，必须千方百计拓宽住房渠道，从政策、房源、户型、价位等多方面考虑，为农民工向城镇转移提供多层次的住房保障体系，满足绝大多数农村转移人口的刚性需求。

1. 从政策上鼓励支持农民工家庭购买商品房

要将稳定就业的农民工纳入住房公积金制度覆盖范围，实行在县城购房减免契税、价格优惠，在城镇产业集聚区务工经商可申请保障房等一系列配套政策，不断加大农村转移人口的住房政策优惠力度。鼓励县区农民工购买户型适宜、价格适中的商品住房，鼓励农民工从实际出发，优先选择县城就业、买房和子女就学，降低农民工转移压力，降低农村转移人口城镇化成本，促进新型城镇化体系健康良性发展，满足不同层次、不同需求的农民工住房保障。

2. 积极支持稳定就业的农民工申请公租房

自2013年以来郑州市保障房全面实施“三房合一”，即将经适房、公租房和廉租房并轨，统一称为公租房。目前郑州市按地段划分为五类区域，公租房市场租金每平方米每月最高15元，最低5元，个人最高承担市场租金的70%，其余由政府分级进行补贴。河南省将要深入实施保障性安居工程，2014～2020年全省计划开工建设公共租赁住房70万套，确保稳定就业的农民工家庭能够拥有公租房，防止公租房被少数人垄断，大多数农民工家庭只能望房兴叹。

3. 重点支持农民工较多的企业建设集体宿舍

政府应出台优惠政策，支持农民工数量较多的企业在符合规定标准的用地范围内建设农民工集体宿舍，如富士康产业园区的职工宿舍基本上解决了产业集聚区内稳定就业人员的住房保障问题。

（二）保障农民工随迁子女平等享有受教育的权利

1. 利用整体视角来解决农民工子女教育难题

将留守儿童和流动儿童作为一个整体来对待，只有流动儿童的教育问题解决好了，才能吸引更多的农村人口带着留守儿童向城镇转移，也才能使农民工在城市安心工作，最终实现真正意义上的人的城镇化。根据中国2010年第六次人口普查资料样本数据推算，全国有农村留守儿童6102.55万人，城乡流动儿童3581万人，二者总数接近1亿人，并在逐年增多。河南的农村留守儿童占全国农村留守儿童的10.73%，大约为654.8万人。从长远发展看，要实现以人为核心的新型城镇化，最有效的做法是让更多的留守儿童转变为流动儿童，帮助有条件的外出农民工带着子女举家进城。同时，要将农民工子女教育置于家庭的整体发展之中来规划。目前来讲，超过300万人口的城市已经在有序控制人口增长，郑州城区的常住人口已经超过500万人，属于特大城市。所以，要引导农民工合理有序流动，带着孩子在适宜的省、市、县区就业就学，降低转移成本，尤其是住房和教育压力。

2. 保障农民工随迁子女平等享有受教育的权利

要在人口迁移中倍增城市教育资源，通过实施“优质倍增”

“培优提升”“名优民校”等诸多工程，争取使全省城市优质教育资源覆盖率大幅度提升，保障农民工随迁子女平等享有受教育权利，逐步解决入园难、入学难、大班额、异地高考等重点、难点问题。要将农民工随迁子女义务教育纳入流入地各级政府教育发展规划之中，合理规划学校布局，足额拨付教育经费，保障农民工随迁子女以公办学校为主接受教育，加快建立健全异地高考政策。

3. 动员社会力量办学，提供更多的农民工子女教育资源

学前教育、义务教育、高中教育、职业教育等，都需要民间力量予以资助。将民办教育作为城市公办教育资源不足的有力支撑来运作，可以采用民办公助模式，政府积极为民办学校提供财政支持、土地支持等；也可以采取政府购买服务的方式，对未能在公办学校就读的农民工子女，确保其在普惠性民办学校接受义务教育的权利；也可以采用“新公民学校”的模式，由社会公益基金会出资建校，并依靠社会支持和政府补贴来维持学校良性运转，确保农民工子女平等接受教育。

（三）依法规制保障房乱象和农民工子女教育难题

1. 依法规制保障房分配过程中的乱象，防止社会保障领域的住房不公平

近年来，各地在保障房建设不断提速的大背景下，保障房分配乱象丛生。清华大学福利分房引起争议，被批为“公职人员抢劫公共利益”；河南安阳、郑州、鹤壁等6个城市存在保障房分配违规现象，突出表现在“富豪”骗购保障房、公职人员团购保障房、保障房质量问题多、农民工申购保障房难度大等，严重打击了中低阶层和农民工群体的住房梦。相关部门必须严格执行有关的保障房建设规章制度，防止发生廉租住房闲置率较高、保障房分配违规的现象。2014

年10月1日，河南省出台了《关于促进全省房地产市场平稳健康发展的若干意见》，要求加快保障性住房建设，不断扩大保障面，将外来务工人员的住房问题列入基本保障范围，并加大对保障性住房建设的金融支持。严格依照意见要求，促进保障房分配合理有序，保障不同层次农民工的住房需求。另外，还要尽快制定《中华人民共和国住房保障法》，将住房保障乱象和腐败问题置于法律和制度的笼子里，依法规制住房保障问题，确保房地产市场健康发展，保障农民工在城市"住有所居"。

2. 依法解决农民工子女教育难题，防止城镇化进程中的教育不公平

受教育权作为一项基本人权，应得到宪法和法律的保护。农村人口向城镇转移，子女教育权应依法保证。不断完善进城务工人员子女教育条例，修改一些条件复杂、手续烦琐的入学规定。例如，吉林省明确规定，只要农民工持身份证、暂住证就可以直接给子女报名入学，这种简便入学流程各地都可以借鉴。流入地政府不得以任何名义，向学生家长收取借读费、赞助费等，更不能以年龄、证件等借口拒绝学生入学。各地相互借鉴，尽快制定完善农民工子女平等接受教育的法律法规，简便手续、简化证件，以流入地政府财政保障代替"两为主"政策，建立农民工子女入学提前申报制度和就学档案制度，动态掌握农民工子女就学基本情况，防止义务教育阶段学生辍学，保障农民工子女平等享受学前教育和义务教育后的中考和高考权利。另外，必须从法律法规和政策制度的制定上，把留守儿童和流动儿童作为一个整体来对待，以构建留守儿童减量机制为原则，让更多的留守儿童转变为流动儿童，帮助有条件的外出农民工带着子女举家进城，平等接受教育。要以户籍制度改革作为突破口，将促进住房保障和优质教育作为两个重要抓手，牵动农村人口有序向城镇转移。

参考文献

河南省人民政府：《河南省新型城镇化规划（2014～2020年）》，2014。

邵书龙：《社会分层与农民工子女教育："两为主"政策博弈的教育社会学分析》，《教育发展研究》2010年第11期。

B.6

建立财政转移支付同农业转移人口市民化挂钩机制研究

王建国*

摘　要：加快推进新型城镇化进程，着力提高城镇化质量，关键在于推进农业转移人口市民化。为此，要建立财政转移支付同农业转移人口市民化挂钩机制，并发挥财政四两拨千斤的功能，调动社会力量，加大对农业转移人口市民化的财政支持力度，促进新型城镇化健康持续发展。

关键词：河南　农业转移人口市民化　财政转移支付　挂钩机制

我国城镇化已进入加速发展阶段，城镇化对经济社会持续健康发展的促进作用日益显现，加快推进城镇化也成为我国未来一个时期现代化建设的历史任务。目前，我国城镇化加快发展存在着质量不高的问题，使得城镇化的功能和作用难以充分发挥。为此，中共十八届三中全会指出：要“建立财政转移支付同农业转移人口市民化挂钩机制”，“推进农业转移人口市民化，逐步把符合条件的农业转移人口转为城镇居民”。国务院关于进一步推进户籍制度改革的意见进一

* 王建国，河南省社会科学院城市与环境研究所所长，研究员。

步指出：要“完善促进基本公共服务均等化的公共财政体系，逐步理顺事权关系，建立事权和支出责任相适应的制度，中央和地方按照事权划分相应承担和分担支出责任”。“建立财政转移支付同农业转移人口市民化挂钩机制。”如何建立财政转移支付同农业转移人口市民化挂钩机制，是亟待研究和探讨的问题。

一 建立财政转移支付同农业转移人口市民化挂钩机制的背景分析

城镇化是人口由农村向城市迁移聚集的过程，同时又表现为地域景观的变化、产业结构的转变、生产生活方式的变革，是人口、地域、社会经济组织形式和生产生活方式由传统落后的乡村型社会向现代城市社会转化的多方面内容综合统一的过程，是一个国家或地区经济社会发展进步的主要反映和重要标志。

从18世纪中叶英国工业革命开始，西方国家告别农业社会进入工业社会，城镇化由此算起，距今已有260多年的历史。我国的城镇化走过的是一条复杂曲折的道路。新中国成立后，建立了城乡二元分割的户籍制度，使得城镇化长期处于停滞状态。在1949～1979年间，城镇化率仅提高8.3个百分点，年均增长0.28个百分点，比世界同类发展水平国家偏低20个百分点，30年只实现了1亿人口的初步现代化。

改革开放后，城镇化的发展经历了大小城市之争。进入21世纪后，对城镇化的发展路径有了新认识，城镇化进入加快发展阶段。党的十六大、十七大都对加快推进城镇化作了一系列论述。尤其是2012年的中央经济工作会议精神和党的十八大更是把城镇化作为着力解决制约经济持续健康发展的重大结构性问题的重要抓手，党的十八届三中全会关于加快推进城镇化和推进农业转移人口市民化，提出了一系列深化改革的措施。2013年首次召开了全国城镇化工作会议，2014年国家出台了新型城镇化规划，更是明确提出了“三个一亿人”的目标。这充分说明了加快推进新型城镇化对于保持我国经济社会可持续发展的重要性，城镇化正在成为“新的经济增长点”“扩大内需最大潜力所在”和“发展的最大红利和增长引擎”。那么如何看待城镇化的强大功能和作用呢？

第一，城镇化发展可以带动投资。城镇化对投资具有强大的推动作用，伴随着工业化的发展，城镇化的发展也会相应加快，大量的进城就业和生活的人口，需要大规模的基础设施和公共服务设施予以支撑和配套。随着经济发展程度不断提高，消费结构不断升级，城市居民会不断对公共服务提出更高的期盼，这就要求政府和社会给予相应的提供。一般认为，每增加1个城市人口，将带动10万元以上的综合投资，这一综合投资会随着经济社会发展和居民生活水平的提高而提高；或者说提供同样数量的城市公共产品和基础产品，会随着经济社会发展和居民生活水平的提高而扩大投资数量。

第二，城镇化可以扩大居民消费支出。城镇化可以扩大社会消费，对于扩大内需具有促进作用。由于城乡的差异，如生活环境、收入水平、消费习惯、思想观念的不同，生活在城市的居民和生活在乡村的居民在消费水平上差异较大。一般来讲，城市人口消费是农村人口的3倍，城镇化每提高一个百分点，将拉动最终消费增长约1.6个百分点。

第三，城镇化可以促进经济增长。城镇化通过促进城市建设、转移农业人口，为第二产业和第三产业提供依托载体和劳动力支撑，并推动农业的规模化、产业化、市场化和现代化，从而促进国民经济增长。一般认为城镇化每提高一个百分点，可拉动GDP增长1.5~2个百分点，在新常态背景下对GDP增长的贡献达到1/4左右。

第四，城镇化可以替代出口。城镇化在不同区域、不同时期具有替代出口的特殊作用。例如，在改革开放后相当长的一个时期，我国经济发展以出口导向为主，整个国家的外贸依存度保持在70%以上，一些沿海省份的外贸依存度更是高达150%以上；而内陆地区外贸依存度很低，如河南同期只有全国平均水平的1/10左右，支撑经济增长更多地依靠内需，城镇化的加快发展就功不可没。随着国际金融危机爆发及惯性影响的持续，出口遇到前所未有的障碍，那么我们就可以通过加快城镇化来弥补出口限制的不足。

城镇化具有支撑经济社会发展的强大功能和作用，但这一强大功能和作用的发挥，要基于城镇化的健康发展。也就是说，城镇化数量和质量的统一发展要与工业化、农业现代化的协调发展同步进行。从我国的实际看，进入21世纪以后，城镇化以年均1.3个百分点以上的速度增长，2013年城镇化率达到53.7%。但实际上，城镇化发展绝不仅仅是数量问题，它有着深刻的内涵，还有一个质量的问题。如果人进城了，不能享受与城市居民同等的待遇，生活方式不转变，生活水平不能和城市居民接近，就业不稳定，就很难说这样的城镇化是高质量的，城镇化的功能和作用也就不可能充分发挥出来。

目前，我国流行“半城镇化”“不完全城镇化”“伪城镇化”“城市二元结构”四个词语。这四个词是同义语，是指受中国城乡分割以及户口制度的约束，大量的农村产业工人，虽然居住在城市并被计算为城市常住人口，但并不能同等享受到城市的各类公共服务，其收入水平、消费模式无法等同于一般城市居民，难以真正融入城市，成为城市居民。

据媒体报道，2012年全国城镇化率已达到52.57%，但户籍城镇化率只有35.29%。也就是说，2012年中国人口总量（不包括港澳台）135404万人，实际的城市户籍人口仅47784万人，和按城镇化率计算的城市人口相比少23398万人。换句话说，中国高达52.57%城镇化率，实际上有17.28%的水分，其中的23398万农业转移人口，难以和47784万名城镇居民享有同等的待遇和生活水平。除了这2亿多名的不完全城镇化人口外，中国每年还有1000多万农民成为半城镇化人口。这就是中国不完全城镇化的实际状况，也是中国城镇化质量不高的根源所在。

从上可以看出，城镇化在经济社会发展中具有重要的功能和作用，但从我国目前的情况看，城镇化由于质量不高，功能和作用难以充分发挥出来。因此，要发挥城镇化在我国新常态下支撑经济社会持续发展的功能作用，就必须大幅提高城镇化质量，首先解决农业转移人口市民化问题。要推进农业转移人口市民化，使转移到城镇的农村居民在城市生活下来，真正成为市民，核心在于为这部分人提供相应的、与原城市居民相同的公共服务，那就要增加相应投入，解决“钱从哪里来”的问题。这就要求尽快建立财政转移支付同农业转移人口市民化挂钩机制，加大财政对城镇化的转移支付力度，发挥财政“四两拨千斤”的作用，为加快推进农业转移人口市民化提供强大的资金支撑。

二　构建财政转移支付同农业转移人口市民化挂钩机制的途径

建立政府转移支付同农业转移人口市民化的挂钩机制，实际上就是在推进城镇化的进程中，通过深化改革、创新体制机制来解决资金问题。一方面需要通过完善均衡性转移支付办法，在测算各地区标准财政支出时适当考虑外来人口的因素，把财政转移支付与农业转移人口市民化关联起来，以解决流动人口带来的迁入迁出地公共服务保障规模不相匹配的问题，推动城镇社会保障、医疗卫生、教育、文化等基本公共服务均等化和全覆盖。另一方面，通过政府财政转移支付同农业转移人口市民化挂钩，把支持城镇化进程中农业转移人口市民化的财政资金确定下来，并撬动企业、个人等分别承担各自应承担的成本部分，政府、企业、个人一起把农业转移人口市民化的成本承担起来。例如，企业要为农民工缴纳有关社保费用，以及支付提高技能的部分资金成本；个人要提高自身专业技能、参加社会保障，也要按照有关规定支付一定数量的相关费用；政府也要支付一定的教育培训成本和社会保障成本，还要支付全部的公共成本等。

按照一般规律，每转移一个农业人口为市民，需要 10 万元以上的综合投入。按照目前我国的常住人口城镇化率和户籍人口城镇化率计算，若将现有 1.5863 亿名已在城市居住的农村转移人口市民化，需要 20 万亿元以上的投入；如果将计算范围扩大到现有的 2.6 亿名农村转移人口，则需要 30 万亿元以上的综合投资。研究表明，如果政府以“有活干、有学上、有房住、有保障”为目标，先解决农村转移人口迫切需要的基本公共服务，仅各级财政为此新增支出大概就将分别达到 2 万亿元和 3 万亿元左右。

这么一笔巨额的财政资金该如何合理有效利用，遵循科学高效的原则，应该把握以下两个方面：一方面由于这笔资金额度巨大，应考虑到物价的变动性和资金投入效应的滞后性，以及经济社会发展水平和发展需求的差异等因素，要以一个相对较长的时期来考虑这笔财政资金的规划和运用。从目前我国的实际情况来看，可以把时间点放在 2030 年，作为最终解决这一问题的时间目标，通过精心设计，将财政资金压力摊薄到十几年的时间范围来逐步消化。另一方面，要按照事权财权相统一的原则，妥善处理中央与地方之间、流出地与流入地之间、大中小城市之间的财政平衡关系。这两方面都要求中央政府必须对这笔资金从上到下、从左到右进行顶层设计，同时对相关制度进行必要的调整和完善，构建财政转移支付同农业转移人口市民化的挂钩机制，从而奠定推进农村转移人口市民化的资金基础。

第一，确定资金总量和构成。农业转移人口市民化，实质上就是让转移进城的农民工真正成为市民，和原有城市居民享有同样的市民待遇，享有同样的公共服务。这就要求财政拿出相应的资金提供相应的公共服务产品，把城镇公共服务向农业转移人口全覆盖。这部分公共服务主要包括义务教育、社会保障、就业支持和保障性住房等，这几项服务到底需要多少资金，需要根据经济社会发展实际测算总额。同时，还应确定资金的负担主体构成及相应负担的资金数量。一般来讲，随迁子女的义务教育支出、社会保障补助支出，应当确定为中央政府财政负担事项，主要由中央财政承担相应支出；就业保障和保障性住房，则应该主要由地方财政予以负担。

第二，完善财政转移支付制度。调整完善财政转移支付制度的实质，在于促成地方政府在农村转移人口市民化问题上的财力与事权相匹配。我国幅员辽阔，情况复杂，东中西部经济社会发展水平相差很大，财力自然也不相同。这就要求根据各地财力水平的差异、负担能力的不同，在确定应负担资金总量的前提下，中央财政可通过增加转移支付总额、调整转移支付比例、修订转移支付系数等方式，来调节地区之间、城市之间的实际负担水平，促使地方政府的财力与事权相互匹配；而不能随着农村转移人口的自然分布而将相关的财政支出也自发分布在各地和各城市之间。这样，经过几年的探索、调整和完善，可以基本把财政转移支付制度和基本方法确定下来，形成长效机制，不同时期只需依据当时的实际情况进行微调即可。

第三，优化财政支出结构。在中央财政建立转移支付与农业转移人口市民化的挂钩机制并运行实施后，实际上也就列支了用于农业转移人口市民化的专项资金。各级财政在安排支出时，都必须结合国家新型城镇化的战略部署，充分考虑农业转移人口的情况，按照从农村向城镇的原则和方向，调整优化本地区的财政支出结构，主要包括调整城市义务教育中央与地方的负担比例、财政教育支出中农村与城市的支出比例、城市与农村的社保补助结构等，相应安排农村转移人口市民化的支出。

第四，妥善处理流出地与流入地的关系。建立转移支付同农业转移人口市民化的挂钩机制，说到底要从“钱”和“地”两个方面入手，妥善处理农业转移人口流入地和流出地的关系，使得流入地和流出地的事权和财权相一致，目的在于高效运用这笔资金，真正实现农业转移人口的市民化。根据流出地事权减少的实际情况，流出地应向中央财政上缴相应部分土地收益，作为专项资金由中央财政调控，通过转移支付的方式注入农村转移人口的主要流入地区，专门用于农村转移人口市民化工作。同时，从人地关系出发，按照人地挂钩的原则，构建流出地和流入地之间的土地指标增减挂钩机制，将流出地政府收储的农民转让出来的承包地指标和宅基地指标的一部分转而分配给流入地政府。通过市场机制测算土地指标价值，可以充抵流出地政府向中央财政上缴的相应土地收益，并可以在总体上维持全国土地增减的平衡，以实现全国范围内土地资源的集约节约利用。

三　促进财政转移支付同农业转移人口市民化挂钩机制良好运行的若干建议

中国城镇化正处于加速推进阶段，城镇化发展还有较大空间，推进农业转移人口市民化的任务还很艰巨，需要的资金额度巨大。一方面需要中央政府加强顶层设计、科学运筹，各级财政及政府、企业和个人通力合作、密切配合；另一方面财政转移支付同农业转移人口市民化挂钩机制的良好运行，还需要相应的配套措施。为此，笔者特提出以下建议。

第一，统一政策同步推进。推进农业转移人口市民化，既有地方内部的推进，更多的是跨地方、跨区域推进，因而不是某一区域内部的事，是全国的事。因此，中央要制定统一政策，保证全国范围内农村转移人口市民化工作的均衡起步。在此基础上，再配套进行土地政策的调整、土地指标的适当倾斜以及适当的转移支付政策，积极推进农业转移人口市民化的健康发展。

第二，统筹协调形成最佳合力。充分发挥财政的杠杆作用，积极谋求政府与市场、政府与企业、政府与个人、政府与社会组织的多方合作，共同分担农村转移人口市民化的成本。为了加快推进步伐，提高推进质量，要进一步深化配套改革，积极创造条件，打开企业、民间资金进入通道，引导社会资本积极参与相关公共服务的生产，间接地分担政府责任，减轻财政压力。

第三，赋予地方政府适度举债权限。贯彻落实中共十八届三中全会精神，进一步深化城镇化投融资体制改革，创新投融资机制和模式，依法赋予地方政府适度举债权限，完善现行的地方政府债券制度，探索一般债券与专项债券相结合的地方政府举债融资办法，加大地方政府债券支持城镇化建设的力度，为农业转移人口市民化拓宽融资渠道。同时，要进一步加强地方政府融资平台公司的管理，规范地方政府举债行为，防范和化解财政金融风险。

第四，加强政府与社会的合作。加快城镇化发展，推进农业转移人口市民化，要求加强政府和社会的广泛合作。可借鉴发达国家的经验，积极推广使用政府与社会资本合作的模式，即 PPP 模式。政府通过对城镇化进程中的城镇基础设施进行评估，事先明确收益成本机制，以特许经营权、合理定价、财政补贴等公开透明方式，大力吸引社会资本参与城镇基础设施建设，为农业转移人口市民化打造平台和载体。

第五，切实增加农民收入。农业转移人口市民化，或者说农民进城落户难的核心问题是农民缺乏进城的成本，所以增加农民收入是关键。从目前来看，最直接的方法是尽快落实十八届三中全会精神，统一城乡建设用地市场，大幅提高农民在农村建设用地出让中的收益比例，为农民进城落户成为市民提供保障。

参考文献

冯俏彬：《转移支付如何同农村转移人口市民化挂钩》，《中国证券报》2013年12月23日。

李兰、蒙婷怡：《促进城镇化发展的转移支付政策研究》，《哈尔滨商业大学学报》（社会科学版）2012年第5期。

寇琳琳：《推进我国农村转移人口市民化的财政投入重点》，《财政研究》2014年第5期。

盛技辉：《推进农民工市民化的财政政策研究》，《云南社会主义学院学报》2014年第1期。

B.7

破解河南省城市内部二元结构研究

左　雯*

摘　要：城市内部二元结构的形成一方面是新时期城乡二元结构在城市的延伸，另一方面是企业转型和城市转型过程中形成的低收入阶层，这些城市低收入群体在经济条件与地位、社会保障、公共服务等方面与城市居民存在巨大差距，带来了社会阶层分化、城市贫困加剧和代际化、社会矛盾加剧、城市管理难度增加等问题，影响新型城镇化的推进速度。因此，破解城市内部二元结构要从构建合理的住房体系、保障农民土地收益权利、建立多元化农民工市民化成本分担机制、加快与户籍改革配套的基本公共服务建设等方面着手，降低城镇门槛，实现有质量、可持续的新型城镇化道路。

关键词：河南　城市内部二元结构　城市贫困　新型城镇化

目前，河南省城镇化进入加速发展时期，在城乡二元结构矛盾还突出存在的情况下，新的城市内部二元结构正在形成。2012 年 9 月 25 日，李克强总理在全国资源型城市与独立工矿区可持续发展及

* 左雯，河南省社会科学院助理研究员。

棚户区改造工作座谈会上强调，“着力破解城市内部二元结构难题，带动内需扩大和就业增加，走可持续的新型城镇化道路”。2014 年，李克强总理在第13 届博鳌论坛上发表主旨演讲，提出“落实以人为核心的新型城镇化规划，从破解城乡之间和城市内部二元结构问题入手，有序推进转移人口市民化，政府加大支持力度与运用市场手段相结合，将在今年更大规模改造各类棚户区”，显示了中央对于破解城市内部二元结构的决心。河南省要实现有质量、可持续的新型城镇化道路，必须努力降低城镇门槛，破解城市内部二元结构问题。

一 城市内部二元结构的内涵及形成

（一）城市内部二元结构的内涵

关于城市二元结构的内涵，一般有两种观点。一种观点认为，城市中由于存在户籍身份差别、制度因素和社会因素造成的收入差距加大、社会分化日趋加剧的两大阶层，即城市居民和农民工，两者在收入、就业、住房、公共服务、社会保障等方面存在显著差距，使两大阶层相对固化，有人称之为“狭义的城市二元结构”。另一种观点认为，城市二元结构的两大阶层，除农民工外，还包括企业改制后的下岗职工、从事中低端行业工作的居住在城市棚户区和城中村的低收入居民，如大学毕业生低收入聚居群体“蚁族”，有人称之为“广义的二元结构”。

李克强在《在改革开放进程中深入实施扩大内需战略》一文中明确提出“城镇内部二元结构现象既包括城镇居民与进城农民工及其家属之间在生产生活条件上形成的差异，也包括城镇历史遗留的棚户区困难群众与大多数市民之间在居住条件上的差异”。

本文以第二种城市二元结构内涵和李克强总理的解释为研究重点，对城市内部二元结构展开研究。

（二）城市内部二元结构的形成

1. 城市内部二元结构是城乡二元结构在城市的延伸

从历史角度看，一批具有一定文化水平和专业技术能力的农民，率先走出农村，进入城市就业，他们有能力在城市中找到稳定的适合自己的工作，并通过自己的努力奋斗在城市立足，是最有可能和最有条件率先实现农民工市民化的群体。由于受到城乡二元结构的限制，农民工很难真正融入城市，农民工市民化问题日益凸显。他们虽然工作、居住和生活在城市，实现了职业转化，但由于原来户籍制度的制约，始终处于城市的边缘，被视为外来打工者，依然是农民身份。这种身份上的差异使农民工在政治、经济、社会地位和社会保障、文化教育等方面和市民有着截然不同的待遇，如同工不同酬，工资被拖欠等，农业转移人口没有随着大规模城镇化进程而同步实现市民化，成为有别于城市居民的群体，形成城市二元结构。从这个角度看，城市内部二元结构的形成在很大程度上是城乡二元结构在城市的延伸，是城乡二元结构在城镇化作用下的产物。

2. 企业转型和城市转型过程中形成的低收入阶层

在企业转型和城市转型的过程中，一部分人没有赶上时代发展步伐，逐步被边缘化，沦落为城市贫困阶层。1998 ~ 2003 年，中央提出“三年搞活国有企业”，大量企业被关停，大量的国企职工下岗。在国有企业改制后，原有的国有企业、集体企业职工中，只有极少数符合内部退休条件的职工有生活保障，其他职工全部成为失业人员。很小一部分年龄较小、学历较高、技术水平较高的下岗职工比较容易实现再就业，其他大部分下岗职工，特别是占大多数的 40 ~ 50 岁的人员由于文化程度、年龄、技术水平等原因难以实现再就业，生活比较艰难，收入水平和居住条件都比较差。虽然在现有制度下，这部分下岗职工可以享受到一些帮扶政策，比如就业培训、廉租房、贫困救助补贴，在子女教育等公共服务方面享受到比农民工更好的待遇，但是其家庭负担比较重；他们不仅城市生活成本远远高于农村，还需要自己缴纳不断上涨的养老保险和医疗保险，加上收入来源比较有限、收入水平较低，这些人只能居住在原国企生活区的狭小住房内，如棚户区，形成新的城市低洼地带和贫困人群。

3. 大学生低收入阶层

随着大学毕业生数量的不断增长，2013 年河南省高校毕业生达 51.4 万人，总数再创历史新高，加之经济增长速度放缓，大学生就业更加困难。“麦可思”于 2013 年公布的数据显示，2010 届大学本科毕业生在 18 个城市的收入情况，郑州市以月薪 2306 元排倒数第 1 位，部分大学生收入较低，从事保险推销、电子器材销售、广告营销、餐饮服务等临时性工作，极小部分人处于完全失业状态，远远低于郑州市月薪 2306 元的平均线；他们居住在城中村和城乡结合部，月收入仅能满足生存需要，生活条件较差。这部分人大多数来自农村或城市中低收入家庭，想在大中城市奋斗生活，但是由于高房价、低收入的现实，很难在短期内拥有住房，形成大学毕业生低收入阶层，扩大了城市内部二元结构。

二　河南省城市内部二元结构的表现及影响

城市内部二元结构表现为农民工、企业下岗职工、低收入大学毕业生等城市低收入群体在经济条件与地位、社会生活以及公共服务等方面与城市居民存在巨大差距，带来了社会阶层分化、城市贫困加剧和代际化、城市管理难度增加等问题，也会影响新型城镇化的推进速度。

（一）社会阶层分化

随着收入差距的不断扩大，贫富差距成为当前社会面临的最严重的民生问题。贫富分化和社会资源在不同阶层和社会群体间的分布失衡，加快了社会阶层重新洗牌的速度，加剧了社会分层，使城市人口不断分化为户籍人口和非户籍人口、编制内人员和编制外人员、有住房居民和无住房居民、有社会保障居民和无社会保障居民等高低有别、泾渭分明的不同社会阶层或群体。尤其是一些歧视性政策和制度，使大量流动人口至今无法在城市落户，也无缘享受到城市户口高度绑定的福利待遇、公共服务和社会保障。农民工、下岗工人、低收入大学生和外来人口等大量在资源和财富分配体系中处于末端的城市底层人员，收入仅能维持基本的生存需求，享受不到和其他市民同等待遇，成为城市的边缘阶层，上升通道不畅，阶层不断固化，使社会分化现象趋于严重。

（二）城市贫困加剧和代际化

城市内部二元结构会加剧城市贫困问题并出现贫困代际化。目前，城市中已经出现了贫困群体，其中部分农民工和流动人口处于低收入阶层，是贫困人口的组成部分，但是其在农村还保有耕地和宅基地，一旦生活陷入极度贫困状态，可以回农村务农，具有较强的灵活性。因此，从短期来看，处于城市贫困阶层的主体不是这部分低收入的农民工和外来务工人员，而是国企下岗职工、低收入大学生和无社会保障的老年人口。但是，从长远来看，农民工是城市贫困群体的主体。一方面，随着城镇化进程的不断加快，会有新的农村剩余劳动力向城市转移，就经济社会发展水平而言，城市内部二元结构下农民工的生存状态短期内难以改变，这将形成新的城市贫困人口；另一方面，随着城市规模的不断扩张，将有大量的农村土地被征收，会产生新的失地农民，如果无法得到合理的补偿，又失去了土地保障，在失地、无收入、无保障的情况下，他们将成为新的农村贫困人口。为了维持生计，这部分农民会向近郊或城市流动，在缺乏技能和自身素质不高的情况下很难在激烈的城市竞争中找到工作，即使就业也是在城市最低端，结果只能是农村贫困人口向城市转移，增加城市低收入阶层数量。此外，城市内部二元结构会影响下一代人的发展，造成城市贫困代际化。第二代农民工虽然还是农民身份，但完全没有务农经历，远离农村生活，他们不愿意离开城市。但是，由于家庭原因，部分第二代农民工可能受教育程度不高，在就业市场缺乏竞争力，容易形成新的城市贫困人口，使贫困问题代际化。

（三）社会矛盾加剧

城市农民工和外来人口较低的生活水平、经济地位及不被社会认同的身份，导致社会矛盾加剧，加大城市管理的难度。主要表现在：一是农民工无法融入城市生活和难以得到社会认同的心理可能增加其犯罪倾向。贫富差距的加大、长期被城市边缘化、得不到城市的接纳和认同、在生活中经常受到歧视和排斥、在城市享受不到应有的待遇、合法权益得不到保障等，使农民工在心理上对城市居民产生隔阂，对城市管理者产生对立情绪，对富裕阶层产生仇视心理，积累了大量的矛盾，处理不好会给城市和社会稳定带来较大的隐患，甚至引起社会冲突。二是婚姻家庭问题导致社会不安定。随着流动婚姻的不断增加，长期两地分居导致婚姻危机和家庭破裂，由此造成离异农民工生活更加困难和非法行为的增加，对城市社会稳定形成危害。三是农民工居无定所给城市管理带来了困难。由于他们工作不稳定，导致其住所不固定，城市对其管理难度加大；由于他们自身素质不高，融入城市文明的步伐仍较缓慢。

（四）影响城镇化进程

在城市内部二元结构影响下，农民工阶层会给城镇化的进程带来不稳定因素。一是农民工虽然在城市就业和生活，但其农民的身份没有得到改变，导致其难以真正融入城市生活，包括生存环境差、生活艰难、经济及社会地位较低、公共服务和社会保障等方面受到差别对待、不容易得到城市居民的认同等。城市的高门槛增加了农民工在城市生存和生活的难度，如果他们失去工作或者由于其他原因无法在城市中生活，就可能返回农村。二是现有的制度使许多农民工不愿意放弃农民身份。随着户籍制度和相关配套改革的深入推进，城市户口和农村户口统一为居民户口，户口对农民工的制约和影响越来越小，但农民身份可以保留宅基地和土地承包权，在城市生活不稳定的前提下，大多数农民工不愿意放弃其农民身份，导致户籍城镇化率远远低于土地城镇化率。三是即使农民工的收入足以支撑其在城市生活，但其中一部分农民工对农村和土地仍有着深厚的感情，大多数人怀有回乡养老、落叶归根的思想，意味着这部分农村剩余劳动力并没有真正实现向第二、第三产业和城市转移，从一定程度上影响了城镇化进程。

三　河南省城市内部二元结构的形成原因

（一）贫富差距依旧悬殊

近年来，随着经济社会的快速发展，资产价格快速上涨，使贫富差距现象日趋严重。国家统计局公布的数据显示，2013 年我国的基尼系数为 0. 473，连续 11 年超过 0. 47，按照联合国公布的 2011 年中国基尼系数为 0. 55，已经到了贫富差距悬殊阶段。这一指标虽然不是城市基尼系数，但是在一定程度反映出我国贫富差距较大。此外，收入差距较大是影响城市内部二元结构的一个重要因素。在初次分配中，农民工、下岗职工和大学生的收入主要是工资性收入，这一群体的工资性收入本来就不高；而高收入群体除了拥有较高的工资性收入，还拥有较高的资产性收入，特别是随着房价的快速上涨，其资产性收入也快速增加，使中高收入阶层和低收入阶层的贫富差距加大，城市内部二元结构固化。在再次分配中，本应由政府通过财政支出、税收、社会福利来调节缩小收入差距，但由于体制内外的关系，在住房、养老、医疗等社会福利方面，居民被划分成公务员、事业单位职工、企业工人和农民几个身份类型，隐形的福利被社会富裕阶层享有，而贫困阶层享受的福利较少，加剧了贫富差距和城市二元结构。

（二）土地财政推高房价

近年来，大部分地方政府主要是依托土地收入和土地抵押融资来获取城市基础设施建设资金的。地方政府为了追求 GDP，大量开展征地、拆迁等房地产投资和造城运动，忽视了最基本的公共服务和民生。特别是许多地方政府以推进城镇化的名义大搞圈地运动，用土地财政和土地金融推动土地资源资本化，政府从中获得巨额利润。地方政府对土地财政的依赖推高了土地价格，高地价必然导致高房价，形成地方政府对土地财政和高房价的依赖：为了使土地价值最大化和土地快速变现，地方政府非常愿意看到房价飙升，也愿意为高房价保驾护航，通过种种变通方式使中央调控政策不能落地，导致房价和地价轮番上涨。高昂的房地产价格使部分居民将多年储蓄用于满足改善性住房需求或子女婚房需求，这些刚性需求使其大部分常年积累的财富转移到政府和开发商手中，许多人为此背负了几十年的银行债务，生活压力加大。同时，高房价将农民工、低收入大学生等外来人口排斥在住房市场外，使其难以在城市拥有自己的住房。随着资本价格的不断上涨，买不起房子的低收入群体买房更加困难，城市贫富差距加大，导致城市内部二元结构矛盾更加突出。

（三）制度性因素

现行制度安排是城市内部二元结构形成的重要推手，主要表现在：一是农村土地制度不完善。长期以来，农民的土地使用一直受到严格的限制，禁止农民自行改变土地的性质和用途，由政府垄断控制土地，用于工业化和城镇化发展。而政府征地并不是为了改善农民的生活环境和提高农民的生活水平，不是为了满足农民工进城后的住房需求，换句话说就是征地所获得的大量资金没有用于农民，而是被密集地用于城市基础设施建设和改善城市环境等方面为城市户籍人口所享用，导致农民工的边缘化。二是财税制度的不合理。自分税制改革实行以来，地方政府的财权和事权不匹配，由于城市规模的不断扩大和城镇化进程的加快，大量基础设施建设需要大量的资金，还有巨额的公共服务支出，政府仅依靠财政难以负担，不得不依靠土地财政。大规模的造城运动导致地方政府债台高筑，到了还债高峰期，地方政府只能加快卖地节奏，形成恶性循环。三是户籍制度的长期作用。长期城乡分割的户籍制度导致土地城镇化快于人口城镇化，虽然河南省进行了户籍制度改革，统一为居民户口，但是原有的附加于户口上的种种福利和保障还未发生根本改变，只是形式上的户籍改革。此外，由于大中城市的户籍没有完全放开，中小城市的基础设施和公共服务能力不能满足人们的需要，对人口的吸引力有限，将会形成“大城市进不来，小城市不愿来”的尴尬局面，特别是许多大学生，虽然收入很低，生活艰难，仍愿意留在大城市奋斗，而大城市过高的门槛使其立足困难，极易沦为新的城市贫困群体。

（四）公共服务和社会保障提供不足

在城乡分割的户籍制度长期制约下，城市居民较之农民工、未获得户籍的低收入大学生等群体可以享有相对优质的医疗、教育等公共服务。虽然国企下岗职工能享受一定的公共服务，但大多数人仍居住在由于历史原因形成的棚户区，居住环境差；而公共投资严重不足，配套服务设施不完善，形成低收入阶层与中高收入阶层差距较大的二元公共服务。此外，农民工和部分大学毕业生、下岗再就业职工的合法权益经常得不到保护，如用工单位不与他们签订劳动合同，不为他们购买养老保险、医疗保险，使他们在工作中受到的身体伤害也不能得到合理赔偿。农民工的职业培训费用、劳动保障及其他服务和管理经费也经常是由自己负担。大量的外来人口无法与城市居民享有同等的社会保障，使城市贫困更加严重。

四　破除城市内部二元结构的对策建议

（一）积极推进棚户区建设，构建合理的住房体系

住有所居是城市低收入阶层的基本生存需求，一是要将进城落户的农民工和低收入大学毕业生纳入城镇住房保障体系，积极推进市场配置和政府保障相互结合的住房制度，保障城镇常住人口中低收入阶层合理的住房需求、降低城市低收入阶层在城市的生活成本。二是要大力推进棚户区和城中村改造，避免形成新的大规模贫困人口聚集区，要争取时间尽快改造，减少改造的难度和成本，防止其成为城市不安定区域。三是开发多元化的保障性住房，在农民工集中的产业集聚区建设成单元型或者宿舍性公共租赁房，对低收入的大学毕业生的公共租赁房应注重其公共服务的配套性。

（二）科学分配土地收益，保障农民土地收益权利

探索建立统一的城乡建设用地市场，让城市和农村人口能够更公平地分享城镇化的利益。一是推进征地制度改革，切实保障农民的土地收益权。改变现有土地征用收益分配格局，建立兼顾国家、集体、个人的土地增值收益分配机制，完善对被征地农民合理、规范、多元保障机制，保障被征地农民长远发展生计，使土地增值收益能够充分反哺失地农民，减少地方财政对农村土地增值收益的依赖。探索土地整治腾退建设用地指标有偿调剂、指标收益返还制度，确保土地指标收益真正用于农村和农民。二是深化农村产权制度改革。加快推进农村土地承包经营权、宅基地使用权确权登记颁证工作，建成省级土地信托中心。赋予农民对承包地占有、使用、收益、流转及承包经营权抵押、担保权能，探索农民集体资产股份抵押、担保、继承改革试点。

（三）建立多元化成本分担机制，将部分土地收益用于分担农业转移人口市民化成本

以构建农业转移人口市民化成本分担机制为突破口推进城镇化资金筹措机制改革，逐步减少对土地财政的依赖。农业转移人口市民化在义务教育、公共就业服务、公共医疗卫生、社会保障、保障性住房以及市政设施等方面的公共成本需要各级政府来承担。将部分土地收益用于分担农业转移人口市民化成本，设立省级农业转移人口市民化的专项基金，通过财政转移的方式，加强对郑州、洛阳等农业转移人口集中流入城市的补助。各地市和县级政府在中央财政、省级财政的支持下，承担起完善城市基础设施和公共服务设施，加强义务教育、社会保障、公共医疗、保障性住房等公共服务的责任。企业重点承担农业转移人口的劳动保障成本。农业转移人口“带资进城”分担市民化所需的个人成本。可以通过市场化手段，将农业转移人口在农村

拥有的各种资源转化为资产，推动农业转移人口“带资进城”，冲抵其市民化的高额成本。

（四）加快与户籍改革配套的基本公共服务建设，使“两栖农民”成为真正的城镇居民

推进城乡、区域基本公共服务制度的对接与平等，促使进城农民和市民在基本公共服务和公共产品方面的均等化，实现基本公共服务逐步由户籍人口向常住人口全覆盖。积极推进城镇基本公共服务由主要对本地户籍人口提供向对常住人口提供转变，提高中小城市和小城镇的公共服务水平，打破“大城市户籍不放开，小城镇户籍放开没人来”的局面。完善政府购买公共服务制度，编制和制定《河南省政府购买公共服务指导性目录》，明确政府购买公共服务的内容、种类、性质，并根据客观实际的变化需要及时动态调整，各地加快制定购买公共服务的具体方案。

参考文献

李克强：《破解城市二元结构难题走新型城镇化道路》，《城市规划通讯》2012 年第 19 期。

李克强：《在改革开放进程中深入实施扩大内需战略》，《求是》2012 年第 4 期。

张林江：《“城市二元结构”的危害及其消解》，《中国党政干部论坛》2012 年第 11 期。

张国胜、陈瑛：《社会成本、分摊机制与我国农民工市民化——基于政治经济学的分析框架》，《经济学家》2013 年第 1 期。

孔媛：《城市“新二元结构”从分割到融合的新政治经济学分析》，复旦大学博士学位论文，2011。

城乡一体化篇

Integration of Urban and Rural

B.8

建立城乡统一的建设用地市场研究

白世强　王春璟*

摘　要：土地是最重要的生产要素之一。长期以来，土地要素市场在城乡之间发展不平衡、不统一，集体建设用地产权不明晰、权能不完整，阻碍了城乡统筹发展。党的十八届三中全会提出，要建立城乡统一的建设用地市场。河南是一个农业大省，城镇化正处在快速发展阶段，构建城乡统一的建设用地市场，可以推动农村建设用地规范化流转，对河南新型工业化、新型城镇化和农业现代化发展具有重要的现实意义。本文分析了河南构建城乡统一建设用地市场的必要性及土地市场存在的问题，在此基础上提出了河南建立城乡统一

* 白世强，河南省国土资源厅主任科员；王春璟，安阳市国土资源局土地储备中心经济师。

建设用地市场的路径设计，以期为河南构建城乡统一的建设用地市场这一重要土地制度改革的深化研究和贯彻落实起到参考借鉴作用。

关键词： 河南 城乡 建设用地市场

长期以来，我国实行城乡“二元分割”的土地管理制度。这种制度在保障城镇化用地需求、积累建设资金等方面发挥了积极作用，但也存在诸多弊端，不利于城乡统筹发展和土地资源节约集约利用。党的十八届三中全会通过的《中共中央关于全面深化改革若干重大问题的决定》明确指出：“建立城乡统一的建设用地市场。在符合规划和用途管制前提下，允许农村集体经营性建设用地出让、租赁、入股，实行与国有土地同等入市、同权同价。”这一决策为城乡统一的建设用地市场建设指明了方向。但如何建立完善的建设用地市场，还需要解决诸多问题。

一 现行建设用地市场存在的弊端和问题

（一）不利于城乡统筹协调发展

现行建设用地管理制度要求，任何单位和个人从事建设，必须申请使用国有建设用地。农用地要转变为城市建设用地，首先要通过政府批准转用并征收为国有土地。随着经济社会发展和城镇化进程加快，城镇周边土地的价值快速提高。由于土地管理法确定的征地补偿标准偏低，与土地征为国有后，特别是从事房地产开发的市场价值差距极大。这一制度设计降低了城镇化用地成本，积累了城市建设资金，但执行的结果往往是城乡间利益协调难度大、城乡规划实施困难。实践表明，目前的建设用地制度设计与我国已进入城市反哺农村、工业反哺农业的阶段不相适应，不利于城乡统筹协调发展。

（二）不利于维护和发展农民土地权益

社会主义市场经济体制的逐步完善，越来越要求市场在资源配置中起决定性作用，城乡要素应通过市场平台进行平等交换，而目前的征地制度断绝了农村土地直接进入市场的途径。由于目前的征地范围过宽、征地补偿标准偏低、安置方式单一、社会保障不足、缺乏有效的纠纷调处和裁决机制等问题，农民在土地征收过程中处于劣势，权益得不到有效保护，征地引发的社会矛盾也逐年增多，影响了社会和谐稳定。

（三）不利于土地资源的集约高效利用

近年来，我国“土地城镇化”明显快于人口城镇化，建设用地利用总体粗放低效。城乡土地分割的二元制度是重要制约原因之一，主要表现在两个方面：一是位于城乡结合部的城中村无法纳入城镇体系，缺乏统一规划和基础设施配套，土地使用效率低下。二是征地成本较低，一些地方急于拉大城市框架，过度依赖土地出让收入和土地抵押融资推进城镇建设，城市“摊大饼”式扩张，加剧了土地粗放利用，浪费了大量耕地资源。城市内部工业用地占比过高（一般在20%以上，有些甚至超过30%，远远高于国外15%的水平），既未实现集约利用，又挤占城市宜居空间。

（四）不利于防范土地财政带来的金融风险

现行的征地制度和土地市场制度，不仅保障了工业化、城镇化发展的建设用地需求，土地增值收益还为城乡建设提供了大量资金。但近年来，房地产业在我国经济中所占的份额不断加大，一些地方政府过于依靠土地抵押进行城市建设融资，土地出让金的收入甚至成为地方政府偿债的主要资金来源。据调查，2013～2015年是政府土地抵押贷款的还款高峰期，由于宏观经济波动、增速放缓、地价下降和土地出让减少，将会迅速降低政府偿债能力，加大财政金融风险。

二 河南构建城乡统一的建设用地市场的必要性

构建城乡统一的建设用地市场，对于全面建立土地有偿使用制度、完善现代市场体系、推进农村人口转移、加速城镇化发展进程，发挥市场在资源配置中的决定性作用意义重大。

（一）建立城乡统一的建设用地市场是完善现代市场经济体制的需要

现代市场经济体制是统一开放、公平竞争的经济体制，要求各类要素平等交易，土地是重要的生产要素，自然也要遵循市场经济规律。但长期以来，河南省土地要素市场在城乡之间发展不平衡、不统一。农村集体经营性建设用地作为重要的生产要素，基本被排斥在土地市场之外。按照现行的土地管理制度，土地权属分为国有土地和农村集体土地两类。农村集体建设用地产权为农民集体所有，但使用范围受到土地管理法律严格限制，农村集体所有土地不能直接出让、转让或出租用于非农建设，农村集体建设用地必须先征收为国有土地后才能在市场上流转。对农村集体所有土地限制过多，导致农村集体建设用地财产权利实现渠道受阻。这种城乡分割的土地二元制度制约了农村集体建设用地市场发展，损害了农民土地权益，已经成为统筹城乡发展的制度性障碍。因此，要改革农村集体建设用地使用制度，推动农村经营性集体建设用地与国有建设用地享有平等权益，形成反映市场供求关系、资源稀缺程度、环境损害成本的土地价格形成机制，真正发挥市场配置土地的基础性作用。

（二）建立城乡统一的建设用地市场是破除城乡土地二元制结构的需要

长期以来，城乡土地采取了完全不同的两种所有制制度，由此形成城乡土地二元制结构。城市土地属于国有，地方政府享有建设用地的处置权、出让权和收益权。自 1987 年进行土地使用制度改革以来，河南省城镇国有建设用地市场从无到有、从小到大，制度建设相对已经成熟和规范。但农村集体建设用地市场发展还不规范。随着新型工业化、城镇化的发展，农村集体建设用地的资产价值已经充分地显现出来，农村集体建设用地自发地进入市场流转的现象较为普遍，这在城乡结合部尤为突出。但土地管理部门对农村集体建设用地流转没有明确的法律规定和规范的监管措施，农村集体建设用地流转处于自发、隐形和无序的状态，小产权房屡禁不止，土地利用规划指标也屡遭突破，建设用地供应总量很难有效控制。因此，必须加快建立农村集体经营性建设用地流转制度，将农村集体经营性建设用地交易纳入国有建设用地市场等交易平台，以公开规范的方式转让农村集体建设用地土地使用权，促使城乡建设用地交易市场统一、开放、竞争、有序。

（三）建立城乡统一的建设用地市场是加快推进新型城镇化的需要

城镇化的实质是人口的城镇化，推进以人为核心的新型城镇化是未来较长时期我国经济社会持续发展的着力点和重头戏。河南省作为农业大省，城镇化率低于全国平均水平，2013 年还有农业人口 5958 万人，未来一个时期还需要将大量农业人口转移到城镇。构建城乡统一的建设用地市场，可以使农村建设用地直接进入土地市场进行交易，对于缓解城乡建设用地供需矛盾、优化城乡建设用地格局、提高城乡建设用地利用水平、促进政府职能和发展方式转变具有重要作用，对于缓解土地财政依赖、提高土地利用效率等实际问题也将起到积极作用，是新型城镇化建设的重要推动力。

（四）建立城乡统一的建设用地市场是促进房价逐步趋于理性的需要

当今中国房价居高不下，已经被视为阻碍农业人口转移到城市的一个重要因素，尤其是大城市，农民只能望房兴叹。河南的房价虽然和发达地区相比不算太高，但是近年来，房价上涨的幅度远远超过人们的收入增幅。房价上涨原因很多，其中地价过高是一个重要因素。土地是一种稀缺资源，随着城市人口的不断增多，城市可用于建房的土地也越来越少，土地稀缺就会导致土地价格越来越高，自然房价也水涨船高。建立城乡统一的用地市场，将农村建设用地通过市场流转进入城市建设用地，会大大增加建设用地的供应量，从而逐步消除社会各阶层对建设用地的投机和炒作，驱使房地产价格逐步趋于理性。因此，尽快建立城乡统一的用地市场，必将带来房地产市场的理性发展。

（五）建立城乡统一的建设用地市场是维护农民土地权益的需要

近年来，河南省越来越重视征地过程中农民权益受损的问题，制定了诸多政策规定，要求定期更新地价标准，提高征地补偿水平，完善失地农民多元化保障机制。但由于征地制度没有大的变革，农村建设用地流转仍存在法律法规障碍，征地范围没能得到有效控制，这些政策措施收效不甚明显。为从根本上维护农民土地权益，必须完善相关法律法规，使农村经营性建设用地与国有建设用地同等入市、同权同价，使农民真正分享城镇化建设带来的土地红利，从根本上扭转由城乡土地二元结构所造成的农民权益受损的不利情形。

三 构建城乡统一的建设用地市场的路径设计

（一）坚持顶层设计与地方探索相统一

党的十八届三中全会决定明确提出，要建立城乡统一的建设用地，在符合规划和用途管制的前提下，允许农村集体经营性建设用地出让、租赁、入股，实行与国有土地同等入市、同权同价。这为土地制度改革指明了方向。中央的顶层设计也要和各省的实践探索结合起来，两者方向一致，土地制度改革的步伐才能迈得更快。建立城乡统一的建设用地市场是实现农村集体土地同等入市、同权同价的基础，而同等入市、同权同价则是土地制度改革的最终目的。中央的改革方向明确了，但还需要河南在省级层面做大量工作。一方面中央需要加强顶层设计；另一方面河南省又要摸着石头过河，进行实践和探索，与时俱进修改一些不合时宜的法律法规，及时总结各地实践中的好做法好经验，探索建立适合河南省具体实际的城乡统一的建设用地市场。

（二）加快推进建立统一建设用地市场的相关制度建设

集体建设用地入市需要完善的法律法规和一系列制度建设跟进。在具体操作中，主要应做好三个方面的工作。一是要制定有关行政法规和制度。借鉴国有建设用地管理的经验，研究出台农村集体经营性建设用地流转条例，将农村集体经营性建设用地交易纳入国有建设用地市场等交易平台，促进公开公平公正和规范交易。二是改革完善土地税制，合理调节农村集体建设用地流转收益，协调集体土地和经征收后的国有土地之间的价格关系，促进城乡建设用地市场繁荣发展。三是大力培育和发展城乡统一建设用地市场信息、交易代理、市场咨询、地价评估、土地登记代理、纠纷仲裁等服务机构，为市场建设保驾护航。

（三）完善空间规划体系，全面落实用途管制要求

根据十八届三中全会《决定》，集体经营性建设用地入市必须符合规划和用途管制要求。这既是市场经济国家土地利用和管理的通行规则，也是河南人多地少的省情对严格规范土地管理的必然要求。目前，河南省的空间规划体系有待整合，用途管制也需要更加清晰明确、具体落地。河南政府要以第二次全国土地调查和年度土地利用变更调查数据为基础，以土地利用总体规划为依托，综合各类相关规划，加快整合形成完善的国土空间规划体系，划定城乡生产、生活和生态功能区范围，明确相应的用途管制要求，为建立城乡统一的建设用地市场提供用途管制和规划安排。在这些基础工作做好的情况下，能够进入统一市场交易的集体经营性建设用地将一目了然，易于把握管理。

（四）有序开展改革试点工作，适时全面推开

在修订法律法规、建立相关制度的过程中，可选择符合条件的市、县，先行开展城乡统一建设用地市场试点。初步考虑的措施有五个：一是完善空间规划体系，实现多规融合，明确具体地块的用途管制要求；二是加快完成土地确权登记发证工作，为土地流转扫清障碍；三是界定公益性和经营性用地的范围，明确哪些土地仍需征为国有、哪些土地可不再征为国有而直接入市，逐步缩小征地范围；四是建立集体建设用地流转的收益与国家建设征地补偿协调机制，统筹各

种供地方式之间的利益均衡；五是完善土地租赁、转让、抵押市场，探索建立城乡统一建设用地市场交易平台。通过这些实践探索，不断总结经验、解决问题，从而推进建立城乡统一建设用地市场进程。

参考文献

王峰、郭丽芳：《统一城乡建设用地市场的法律思考》，《法治与社会》2009 年第 9 期。

廉薇、马冬冬：《新一轮土地制度改革与红利》，《21 世纪经济报道》2013 年 11 月 23 日。

姜大明：《建立城乡统一建设用地市场》，《中国国土资源报》2013 年 11 月 22 日。

冯海宁：《城乡建设用地市场该如何统一》，《京华时报》2013 年 11 月 15 日。

杜萌：《着力建立城乡统一建设用地市场》，《农业经济》2014 年第 4 期。

B.9

新型城镇化进程中赋予农民更多财产权利研究

池静静 *

摘　要：新型城镇化进程中赋予农民更多土地财产权利，对于加快农业转移人口市民化、破除城乡二元结构和创新完善土地管理机制体制具有重大意义。本文分析了河南省新型城镇化进程中农民土地财产权的现状和问题，系统总结了制约农民获取更多土地财产权利的影响因素，提出了新型城镇化进程中赋予农民更多土地财产权的政策建议。

关键词：河南　新型城镇化　农民土地财产权

农民土地财产权，是指农民集体经济组织及其承包经营主体对集体所有土地依法占有、使用、收益及流转处分的财产权利，包括农民集体土地所有权、农民承包经营权、土地承包经营入股权、宅基地使用权，以农民集体土地所有权、农民土地承包经营权、土地承包经营入股权以及宅基地使用权为依托的抵押权与担保权等，是农民依法获得财产性收入的权利体系。受中国土地产权制度、城乡发展二元结构等多方面因素影响，农民土地财产权利实现面临多重障碍。近年来，

* 池静静，北京舜土规划顾问有限公司河南分公司副总经理。

在建成全面小康社会、促进城乡统筹发展等发展战略指引下，在新型城镇化发展中赋予农民更多土地财产权利已经成为一种发展共识。党的十八届三中全会提出，“让广大农民平等参与现代化进程、共同分享现代化成果。要加快构建新型农业经营体系，赋予农民更多财产权利，推进城乡要素平等交换和公共资源均衡配置，完善城镇化健康发展体制”；2014 年中央农村工作会议明确指出，“赋予农民对承包地占有、使用、收益、流转及承包经营权抵押、担保权能”；国家和河南省新型城镇化规划均明确提出，要保障农户宅基地用益物权，改革完善农村宅基地制度。随着国家和地方层面对农民土地财产权政策的逐渐明确，如何在新型城镇化进程中赋予农民更多财产性权利，成为一项重要研究课题。

一　河南省新型城镇化进程中农民土地财产权现状及问题分析

改革开放以来，河南省大力落实农村承包经营制度，实行农村承包到户。为了贯彻落实党的十八大和十八届三中全会以及 2013 年“中央一号文件”对强化农村耕地、林地等各类土地承包经营权物权保护的要求，河南省积极开展多项工作，积极实现保护和赋予农民更多土地财产权。一是部署安排农村土地承包经营权确权登记颁证试点工作，加快推进农村产权制度改革、保护农民土地承包合法权益、增加农民财产性收入。二是不断规范土地征收管理，增强征地过程中的听证论证，加强农民权益保护。三是积极逐步引导农村农用地流转，土地流转稳步推进，在解决农村富余劳动力的同时，增强了农民土地流转效益。从整体上看，河南省农民土地财产权保护取得了较大改善。但是，在当前的国家土地制度、发展模式等总体环境的影响下，农民土地财产权领域的共性问题在河南省城镇化发展过程中也不同程度存在，并且在一些方面成为突出问题。

（一）城镇化发展大幅挤占农民土地财产权益

2012年，河南省常住人口城镇化率达到42.4%，比2006年提高8.5个百分点，年均增长1.4个百分点，处于城镇化快速发展的阶段。城镇建设用地规模不断扩大，空间体系逐步完善，城镇综合实力不断增强，城镇形象明显提升。在城镇化发展过程中，一定程度上存在过度挤占农民土地财产权益，以牺牲农民土地财产权益换取城镇化发展的情况，主要体现在两方面。

一是拆村并点、新型农村社区建设等过程中不同程度存在片面追求建设用地指标导致大拆大建、盲目规划农民上楼的情况。一方面，在节约出建设用地指标和发展用地空间的同时，农民生产、生活空间被大幅压缩，导致农民失去土地和精神家园；另一方面，虽然政策规定城乡建设用地增减挂钩、土地综合整治等活动节约建设用地指标等所产生的收益要全部返还农村，用于改善农民生活条件和支持农村集体经济、农民新居和新村建设等工作。然而，在实际工作中，农民旧村拆迁补偿水平相对较低，还需要投入大量资金购买新居，经济利益和土地权益被挤占。

二是城镇化快速发展大量占用农民集体土地，农民未能同步享受城镇化发展的效益。近年来，各地大力开展城市新区、产业集聚区建设，城市框架逐渐拉大。在此过程中，城镇扩张大量占用集体土地，产生失地农民。在完全失去土地的同时，由于补偿标准低、安置不到位、后续生活保障不足等原因，一部分农民土地财产权受到较大程度挤压，未能同步分享城镇化发展的效益。以郑州市郑东新区为例，征地补偿区片价（含征地补偿安置费、社保费用）每亩为7.70万~8.08万元，但该区域国有土地出让价格（以2013年出让位于龙湖商务副中心的 8 宗商务金融用地为例）已经达到每亩 500 万 ~1000 万元，土地增值效益巨大，但农民从中获取的收益却微乎其微。

（二）土地征收中农民土地财产权保障水平有待提升

近年来，河南省加强征地的听证工作，保障农民知情权，不断加强规范征地管理。2011 年，与经济社会发展水平相对接，河南省组织开展了征地补偿区片价的更新调整。这次调整提高了征地补偿标准，土地征收总体上逐步规范，农民土地财产权保障水平逐渐提高，但依然存在一些不足之处。

一是农民在征地过程中总体上仍然处于被动接受地位，话语权小，且征地过程规范性尚需进一步改进。目前各地都加强了征地前的听证工作，但是由于体制机制上的一些问题，很多情况下听证的形式重于实际作用，听证结果难以准确反映大部分被征地农民的真实意见，且相关意见被顺利采纳也存在一定难度。在一些地方，违背农民意愿强制征地的行为仍然时有发生。

二是补偿标准和土地增值收益相比处于较低水平。虽然河南省建立了征地补偿区片价定期更新机制，要求每 2 ~3 年对补偿标准进行更新，以适应经济社会发展的需要。然而，在现实工作中，补偿水平和土地出让增值收益相比仍然处于较低水平，农民难以分享城镇化发展成果，土地权益的城乡二元分割仍然普遍存在。

三是补偿方式有待完善。目前，各地在土地征收中主要采取一次性货币补偿，但也有部分城市及城乡结合部在城镇建设中采用房屋安置的方式进行补偿。然而，由于农民的知识、工作技能水平普遍较低，后续发展能力不足，长远生活保障面临一定困难，亟待进一步丰富和完善补偿方式，切实实现农民权益和长远生计的保障，增强农民家庭经济的长远可持续发展能力。

（三）集体土地流转侵害农民土地财产权

《中华人民共和国土地管理法》（以下简称《土地管理法》）对集体土地，尤其是集体建设用地流转进行了严格限制。随着经济社会的发展，其中限制集体土地流转的要求已与农村和农业发展的现实需求不相适应，国家通过开展试点探索，开始逐渐放开集体土地流转政策。但截至目前，集体土地流转在土地交易方式、价格管理、土地所有者、使用者权利保障等方面的各项制度仍不完善。

就河南省当前情况而言，在一些地方及具体环节上已经展开了有益的探索，取得了一些成功经验。2011 年，河南省农村家庭承包耕地流转面积为 1982 万亩，占家庭承包面积的 20.6%，高于全国平均水平 2.8 个百分点，比 2010 年增长了 50.9%，增速居全国第 2 位。然而，河南省集体土地流转总体上仍处于初步或自发阶段。土地流转中，忽略农民意愿、通过行政手段强制流转的情况在一些地方的基层政府中仍然存在。与此同时，在土地流转尚未形成市场化定价机制和成熟交易平台的情况下，土地流转收益仍然有限。此外，在集体建设用地流转中，由于农村土地市场机制不健全不完善，在当前自发流转的各种形式中交易程序缺少有效的规范和保障，使得普通农民的土地财产权利受到侵害成为突出问题，主要表现在以下几个方面。

一是农民的知情权得不到尊重与保障。在很多情况下，土地流转信息不透明、财务不公开，导致村民缺少合理的渠道表达自己的利益诉求。在一些地方，村组织在集体土地流转过程中以暗箱操作方式进行土地流转，对村民代表一般采取事后通知或补办签名的方式。这种暗箱操作的方式既不能充分反映绝大多数村民的意愿，也不能充分发挥村民的监督作用。

二是集体建设用地流转市场不完善。目前，集体建设用地流转在法律上处于合法和违法之间的尴尬地位。由于缺乏完善的法律法规作为制度保障，农村集体经营性建设用地入市存在多重障碍，市场调节作用不足，其价格远远低于相应的国有土地价格。

三是收益分配机制仍然不合理。虽然在国家层面和地方层面都规定了农村集体组织可以一定比例分享流转的收益，但是实践中仍然存在一些突出问题。一方面农村集体组织与村民个体之间的收益分配体制及操作程序并不明确，导致农民利益受损的现象普遍存在；另一方面集体土地产权虚置，少数村干部往往掌握集体土地的经营管理和处置权、利益分配的决定权，导致利益分配的方式和数额都不能很好地体现农民的利益诉求。

（四）土地承包经营权的不稳定影响农民土地财产权益实现

《土地管理法》规定，用于农业生产的集体土地承包经营期限为30年。然而在实际情况中，一些地方没有严格落实土地承包经营权30年不变的要求，土地调整仍然存在着随意性较强的突出问题。在这种情况下，农民缺乏对所承包土地长期经营的预期，制约其对土地进行持续投资经营，同时使土地流转过程中流转主体、流转时间的不确定性增大，限制土地流转工作有效开展，影响土地财产权益实现。

二　新型城镇化进程中赋予农民更多土地财产权利的重要意义

（一）消除农民进城后顾之忧，加快农业转移人口市民化

在当前城乡二元结构情况下，农民工作技能差、就业能力弱。同时，由于社会保障体系不完善，农民进入城市后往往面临医疗、就

业、教育等多方面难题，难以形成长期稳定的生活状态。

确保进城落户农民土地承包经营权、宅基地使用权、原集体财产权益不变，积极探索农民土地财产权益的实现形式，赋予农民更多土地财产权利，对于消除农民进城的后顾之忧，弥补农民进城个人成本，形成农民进城的保障机制，增强农民向城镇转移的动力具有重大意义。

（二）破除城乡、城市内部二元结构，实现城乡一体化发展

目前，在城乡之间、城市内部城中村和建成区之间，基础设施和公共服务建设与供给方面的二元结构矛盾非常突出。推进城乡统一要素市场、基础设施和公共服务一体化，让广大农民平等参与现代化进程、共同分享现代化成果已经成为各级政府、社会各界的共识，也是新型城镇化建设的关键目标。

在新型城镇化建设过程中加强农民土地财产权保护，赋予农民更多土地财产权，对建立城乡统一要素市场，保障农民公平分享土地增值收益，增加农民财产性收入，增强农村集体和农民个体持续健康发展的能力具有重大意义。

（三）创新土地保障机制，改革和完善城镇发展体制机制

加快新型城镇化建设，需要建立健全农业人口转移促进机制、加快消除城乡二元结构体制机制障碍，以改革完善城镇化发展体制机制。

加快农村集体经营性建设用地入市、建立和完善城乡统一土地市场、加快征地制度改革和保持土地承包经营权稳定等内容是这些改革的重要抓手和切入点，也是土地管理制度改革创新的重要方面，与加强农民土地财产权利保护息息相关，对创新土地保障机制、改革和完善城镇发展体制机制至关重要。

三　制约农民土地财产权利实现的因素分析

随着经济社会的发展，农民土地财产权益的保护和实现已经逐渐成为政府和农民的自觉行为，为赋予农民更多土地财产权打下了坚实的基础。然而，当前仍然存在着诸多不利因素，制约着农民土地财产权利的实现，不利于在新型城镇化进程中赋予农民更多财产性权利。综合考虑我国现行土地管理基本制度和河南省新型城镇化发展过程中农民土地财产权落实的现实情况，当前制约农民土地财产权保护的障碍因素主要表现在三个方面。

（一）法律法规制度缺乏对农民实现土地财产权的支撑

在我国土地管理制度体系下，农民土地财产权的实现存在先天制度缺陷，主要体现在以下方面。

一是产权主体虚化导致土地财产权利难以保障。《中华人民共和国土地管理法》规定，农村集体土地属集体所有，集体所有土地由村集体经济组织或者村民委员会经营、管理。村集体经济组织是一个虚化的集体概念，缺少实体组织形式，在理论和实践中不可避免地造成农村集体土地所有权产权主体不明确。在面对土地遭受非法侵占的时候，由于缺少真正的维权代表，土地权利难以保障。

二是产权不完整导致收益权、处分权缺失。《土地管理法》规定，农民集体所有的土地由本集体经济组织的成员承包经营，农民集体所有土地的使用权不得出让、转让或者出租用于非农业建设，且用于农业生产的集体土地承包经营期限为 30 年。对土地权利范围进行限制，农民个体对集体土地只拥有严格限制下的使用权，收益权和处分权缺失，制约财产权的实现。

三是城乡二元土地市场分割限制土地财产权利实现。《土地管理法》规定，除兴办乡镇企业和村民建设住宅经依法批准使用本集体经济组织农民集体所有的土地，或者乡（镇）村公共设施和公益事业建设经依法批准使用农民集体所有的土地之外，任何单位和个人进行建设，需要使用土地的，必须依法申请使用国有土地。这意味着集体土地若要进入土地市场，必须首先转为国有土地。这种二元分割的市场结构在较大程度上限制了农民集体所有土地正常参与市场流转、出租、抵押等行为，限制了土地财产权的实现。法律规定国家出于公共利益需要，可以对集体土地进行征收；然而，公共利益的界定非常模糊，现实中集体土地面临随时被征收的风险，土地财产权难以保障。

《宪法》《土地管理法》等相关法律法规制度在土地产权制度、农村治理结构等方面的设计存在先天的缺陷，是当前农民土地财产权不完整、落实限制大、容易受到各方强势利益集团侵害的根本和决定性因素。今后深化农村土地改革，增强农民土地财产权益保护的核心，是从法律上赋予农民长期而有保障的土地财产权。因此，相关土地管理基本法律法规制度的调整势在必行。

（二）发展模式理念不利于农民土地财产权实现

改革开放以来的较长一段时间内，我国基本上走的是一条粗放型、重城轻乡的发展路径。在土地财政和投资驱动发展理念的带动下，一些地方盲目建设城市新区、各类开发区和园区。尽管城市基础设施和发展面貌得到不断更新，出现了总体向好的趋势，但是也导致城市框架越拉越大，城市病等问题不断突出，甚至出现一些“鬼城”、空城。

需要值得警惕的是，在这个过程中，一些地方城镇化的快速发展在很大程度上是建立在农民大量失去土地、土地权益受到严重损害的基础之上的，农民非但没有能够从中获取相应的合理权益，反倒承担了大部分发展成本。因此，今后破除城乡二元结构、赋予农民平等国民待遇的新型城镇化发展进程中，要求大力调整发展模式，走城乡统筹、以人为本的发展道路，赋予农民更多土地财产权利。

（三）农村基层治理机制难以有力保障农民土地财产权

农村集体经济组织是集体土地的所有权人，村民委员会或村民代表会议是常规的村民自治组织载体。从当前农村自治现实情况来看，一些地方村委会的民主管理和民主自治能力不尽如人意，民主决策功能发挥不够，农村的民主决策权往往被村委会或村干部所左右，农民难以真正发挥监督作用。在具体工作中，村委会经常体现出强烈的行政化色彩，工作中首先考虑的是对上级政府负责而不是对群众负责。当政府利益和农民利益发生冲突时，村民自治机构难以切实维护农民利益。

因此，如何建立完善相关制度，通过多种途径来探索集体经济的有效实现形式，建立健全普通农民对村干部行使权力的有效制衡机制，建立完善农民享有知情权、参与权和监督权的体制机制，确保普通农民权益不受损害，是加强保护农民土地财产权的实施基础。

四　河南省新型城镇化进程中赋予农民更多土地财产权利的政策建议

在新型城镇化进程中赋予农民更多土地财产权利，是党全面深化改革重大部署的重要组成部分，对于实现城乡统筹发展、加快河南省新型城镇化健康稳定发展具有重大意义。然而，由于体制机制的不合理、不完善，要想真正赋予农民更多土地财产权利，也面临着一些突出难题。为了从根本上解决这些难题，正确把握当前国家城镇化发展、土地管理政策改革方向，顺应河南省新型城镇化发展的实践要求，应加快产权制度改革，加强城乡统一土地市场的建立和完善，加快征地制度改革和农村基层组织管理改革，为赋予农民更多土地财产权利清除各种体制和制度障碍，从而加快城乡一体化发展进程。

（一）加快产权制度改革，为农民土地财产权利体系提供制度保障

从法律上清晰界定集体土地所有权的权利范畴、赋予农民完整的财产权利，取消权利运用的限制，加快推动修订相关法律法规及配套制度，主要包括三个方面的内容：一是在严格落实耕地保护和土地用途管制制度前提下，赋予农村集体土地使用权人的土地用益物权，使其对土地使用权依法享有、使用、收益、流转及抵押、担保等权利。二是明确农村土地承包关系稳定并保持长久不变。三是逐步取消对农村集体建设用地入市的限制，逐渐实现农村集体建设用地和国有建设用地平等入市、同地同价。

在以上改革基础上，形成农民对集体土地占有、处分、收益、流转、抵押、担保等完整的权利体系。在当前城镇化发展进程中，应在完成农村土地承包经营权、集体建设用地使用权确权登记发证基础上，保障进城落户农民的农村土地承包经营权、宅基地用益物权、农村集体经济收益分配权，增加农民在土地出让、流转等过程中增值收益的分享比例。

（二）建立和完善城乡统一土地市场，构建农民土地财产权实现的基础

在破除农民土地财产权实现的制度性障碍基础上，研究建立城乡统一的建设用地交易市场及平台、基础地价体系。明确集体建设用地入市的交易管理和利益分配机制，完善集体建设用地入市交易相关配套制度，形成兼顾国家、集体经济组织、农民的土地增值收益分配机

制和公共利益平衡机制。

通过对城乡统一土地市场平台建立、交易规则、实施管理、利益分配等关键问题的明确，形成集体建设用地和国有建设用地同地同价同权的市场体系，为促使集体建设用地正常参与交易、转让、出租、抵押、担保等经济活动提供基础和保障，构建和完善农民土地财产权实现的基础。

（三）改革征地制度，完善现阶段农民土地财产权益落实保障

农村土地产权制度改革、城乡统一土地市场建立是一个逐步推进的过程，其建立和完善需要全面论证，逐步深入。当前阶段，加快推进征地制度改革，规范征地管理是加强农民土地财产权益保护的当务之急。

征地制度改革需重点关注三个方面。一是明确界定公共利益，切实规范征地行为，逐步缩小征地范围。公共利益应该坚持服务于广大群众利益的原则，避免以公共利益为借口，侵害农民土地权益。二是完善被征地群众的利益补偿机制。建立农民对土地增值收益的分享机制，完善对被征地农民的合理、规范、多元化保障机制，加强被征地农民职业技术培训、长远发展引导扶持，增强被征地农民后续生存能力，研究在城镇建设区内统筹安排留用地，支持农村集体经济持续健康发展，让农民搬得出、稳得住、能致富。三是健全监督机制和争议裁决机制，规范土地征收行为。严格依照法律规范开展土地征收，加强内外部监督，保障被征地农民的知情权、参与权、申诉权、监督权，建立有效的裁决机制，及时合理解决征地矛盾纠纷。

（四）改革组织管理，强化农民土地权益的表达和维护机制

一是探索集体土地所有权人主体落实的具体形式，解决目前法律

制度中农村集体土地所有权“虚化”的现状。二是强化农村集体组织建设，提高农民组织化程度，完善村民民主权利运行机制，建立有效的监督、反馈平台和渠道，使农村自治组织能真正成为农民土地权益的代表，强化对农民土地财产权益的表达和维护。

参考文献

徐汉明：《农民土地财产权利体系保护缺失分析》，《法制日报》2014年7月12日。

罗光宇、欧阳旸：《农村集体建设用地流转与农民土地权益保护》，《邵阳学院学报》（社会科学版）2014年第2期。

苑海震：《全省耕地流转面积1982万亩》，《河南日报》2014年5月26日。

王小映：《全面保护农民的土地财产权益》，《中国农村经济》2003年第10期。

B.10

中原城市群协同发展的制度创新研究

杨兰桥*

摘　要： 制度创新是促进城市群协同发展的根本和保障。当前，中原城市群发展中，还面临着一些制度障碍，影响着中原城市群的协同发展和协调共进。新时期推进中原城市群的协同发展，要积极强化制度创新和制度设计，着力在开展跨行政区战略合作试点、建立组织协调制度、完善现代市场制度、推进财政管理制度改革、建立公共服务共享制度等方面着手和努力。同时要积极强化规划编制、加强政策支持、推进配套改革、创新考评体系和完善法治保障。

关键词： 中原城市群　协同发展　制度创新

制度创新是促进城市群协同发展的根本和保障，也是提升城市群运行效率的核心要素。中原城市群作为国家重点建设和打造的国家级城市群，虽然近年来呈现出持续快速健康发展的新局面、新态势，但仍然面临着一些突出矛盾和问题，特别是在制度改革和创新方面极其滞后，直接影响着中原城市群的发展质量和效益。因此，当前在深入实施新型城镇化宏伟战略的大背景下，在系统推进城市群发展的关键

* 杨兰桥，河南省社会科学院科研处副研究员。

时点上，我们要高度重视中原城市群的制度创新和制度设计工作，着力打破中原城市群协同发展的制度障碍，积极强化中原城市群协同发展的制度设计和制度创新，为促进中原城市群各城市间的战略合作、推进中原城市群持续健康发展，提供制度支撑和制度保障。

一　中原城市群协同发展的制度障碍分析

当前，促进中原城市群协同发展，还面临着一些诸如行政障碍壁垒较为突出、协调制度建设严重滞后、市场分割现象比较显著、财政管理制度有待完善、公共服务制度缺乏衔接等制度障碍，需要引起我们的高度重视。

（一）行政障碍壁垒较为突出

中原城市群[①]是跨省级行政区的城市群，涉及范围大、面积广，包括5省30个省辖市3个县（区），由于分属不同的省份，隶属不同的行政关系，行政壁垒和行政障碍比较突出。尤其是中原城市群以河南省为主体，山西、河北、山东、安徽等4省涉及城市相对较少，这4个省往往认为建设中原城市群是河南一省的事情，在关涉重大利益的时候往往习惯于“搭便车”；在不能给自身带来利益的情况下它们往往缺乏合作“热情”，行政壁垒较为突出，市场分割较为严重，区域障碍比较明显，跨行政区协调难度较大。同时，一些城市基于地方利益和政绩考核的考虑，缺乏大局意识和整体观念，导致在跨界交通设施建设、水资源使用、生态环境治理以及人员流动上以邻为壑，尤其是不存在行政隶属关系的城镇之间，这种现象尤其突出，使得城市

① 本文所研究的中原城市群，是以中原经济区为基础，包括河南、山西、河北、山东、安徽等5省30个省辖市和3个县（区）所涉及的范围。

群各城市政府间的横向合作受到严重阻碍。此外，由于中原城市群存在着等级分明的行政隶属关系，城市群中小城市和小城镇，在资源配置中往往处于“从属”和“弱势”地位，导致中小城市发展受到严重约束。因此，在推进中原城市群协同发展的过程中，如何打破“一亩三分地”的思维定式，破除行政区划的壁垒障碍，成为亟待解决的现实性难题。

（二）协调制度建设严重滞后

建立城市群发展的协调机制与协调制度，是国内外成熟城市群发展的典型经验和主要做法。目前，中原城市群尚未建立起真正的区域协调制度，直接影响着中原城市群协同发展和协调共进。一是区域协调机构缺失。目前，针对中原城市群的发展，无论是国家层面的协调机构，还是河南、山西、河北、山东、安徽等5省间的协调制度，抑或是中原城市群各城市之间的区域协调制度，均没有建立起来。虽然其间为推动城市群的协同发展，中原城市群建立了诸如9市与省直有关部门联席会议、9市市长论坛、9市政协主席联席会议等议事机构和制度，但这种制度一方面仅限于郑州、洛阳、开封、新乡、焦作、许昌、漯河、平顶山、济源9个城市，尚未拓展到中原城市群的所有城市。这种相对松散、缺乏约束力的协调议事制度，很难真正起到解决城市群协同发展问题的作用。二是城市群协调机制尚不健全。尤其是促进中原城市群协同发展中的利益协调机制、利益分享机制、利益补偿机制、激励约束机制、生态环境联防联控机制等机制还有待进一步建立和完善。

（三）市场分割现象比较显著

建立完善的市场制度，发挥市场在资源配置中的决定性作用，是城市群建设的内在要求，也是实现城市持续健康发展的关键所在。目前，中原城市群地区尚未形成统一的市场规则和市场制度，影响商品自由流通、生产要素自由流动的各种规章、制度依然存在，区域内劳动力、资金、土地、产权尚未形成统一市场。生产要素流通渠道不畅，制约着城市群地区生产要素的自由流动和优化配置，影响着城市群的健康可持续发展。以商品的流通和交易为例，目前中原城市群的一些城市为了本地企业的发展和财政收入的增加，人为设定一些限制条件和规章制度，抑制外地商品进入本地市场。因此，如何协调好与山西、河北、山东、安徽等四省间的关系，共同建立统一的市场规则，营造公平的市场竞争环境，构建形成统一开发、竞争有序的现代市场体系，成为当前建设中原城市群和进行制度创新的关键与重点。

（四）财政管理制度有待完善

目前，由于我国实行的是分税制财政管理制度，各城市政府仅考虑本辖区的经济发展、财政收入和税收增长，同时基于本地区经济增长及政绩考核的考虑，在吸引产业、投资、资源、人才等要素的时候，地区间竞争的成分大于合作，有的甚至在土地出让价格、优惠政策制定等方面形成所谓的底线竞争，不仅使产业产能过剩、生态环境遭到破坏，而且导致区域陷入利益博弈的囚徒困境，造成区域整体利益的重大损失。例如，为获取相应的产业发展项目，中原城市群各城市乃至各城市内部各城区之间竞相压低地价和出台优惠的财政税收政策，有的区域甚至是以零成本或负成本来出让土地，个别城镇甚至以牺牲农民的利益来换取项目，造成城市间的恶性竞争和地方利益的损失，影响城市群整体效益的发挥和最大化。因此，如何推进财政制度改革，有效降低中原城市群各城市间的非理性竞争，实现中原城市群各城市间的互动、联动和共赢发展，成为中原城市群发展过程中需要着重关注的重大战略性问题。

（五）公共服务制度缺乏衔接

当前，由于受现行公共服务制度的影响，中原城市群各城市公共服务体系建设自成系统，服务对象原则上是本行政区居民，难以适应城市群协同发展的需要和城乡居民对公共服务的跨区域需求。一方面目前中原城市群各城市的户籍制度、住房制度、就业制度、医疗制度、教育制度、社会保障制度等是针对本辖区居民的，外来居民和人口难以享受，如在住房管理制度方面，中原城市群的一些城市保障性住房建设，是针对本市居民的，或者设定一些严格的限制条件，一些外来人口难以享受。另一方面由于中原城市群各城市经济实力差距较大，所提供的公共服务设施层次不清，公共服务能力和保障水平差异较大，进行跨区域的接续和流转存在较大困难。同时，现行公共服务制度所决定的公共服务和公共资源利用的排他性，还成为城市之间进行地方保护、谋取地方或者部门利益、分割市场的依据。[①] 因此，探索建立公共服务的城市群共享制度，使城市群居民享受一样的公共服务，成为当前中原城市群制度创新的重点难点问题。

二　中原城市群协同发展制度创新的着力点

当前，强化中原城市群协同发展的制度创新和制度设计，要突出重点，把握关键，积极在开展跨行政区战略合作试点、建立城市群组织协调制度、完善现代市场制度、推进财政管理制度改革、建立公共服务共享制度等方面着手与努力。

---

① 覃成林：《基于协调与共享发展的中原城市群建设制度创新》，《地域研究与开发》2008 年第 6 期。

（一）着力开展跨行政区战略合作试点

在现行的行政区管理制度下，打破中原城市群协同发展的行政区划壁垒，要按照先易后难、循序渐进、务求实效的方针，突出重点领域，把握关键环节，积极推进城市群城市间的跨区域战略合作，培育和打造一批跨区域战略合作试点示范区。一是推进战略合作示范区建设。以共建承接产业转移示范区为抓手，积极推进晋陕豫“黄河金三角”区域合作示范区建设。积极推进南阳、驻马店、襄阳、十堰、渭南等城市的战略合作，打造豫、鄂、陕区域合作发展示范区；积极推动商丘、菏泽、亳州、阜阳、周口等城市的跨区域合作，打造豫、鲁、皖区域合作发展示范区；积极加强安阳、长治、邯郸、聊城等城市的战略合作，打造冀、鲁、豫合作发展示范区；积极强化济源、焦作、晋城、运城、长治等城市的战略合作，打造豫、晋区域合作发展示范区。二是开展重点领域区域合作改革试点。比如围绕中原城市群的产业发展，积极推进产业分工合作和链式整合，共同打造一批产业集群，共同建设一批产业集聚区和产业园区；围绕提升城市群交通支撑能力，积极开展交通设施的共建共享试点，打造一批试点示范工程；围绕城市群生态环境问题，探索建立生态环境保护协作机制，共同推进生态环境建设和污染治理等。

（二）积极建立城市群组织协调制度

鉴于目前中原城市群缺乏相应的协调机构和协调制度，建议建立一系列组织协调机构和协调制度，以保障中原城市群建设的顺利推进和实施。一是建议由国家发改委牵头，成立中原城市群战略推进工作委员会，成员主要包括河南、河北、山东、山西、安徽以及相关国家部委，主要负责中原城市群发展政策制定、重大问题协商、跨区域基础设施建设协调等工作。二是建议成立由河南、河北、山东、山西、安徽等5省省级政府组成的中原城市群协调发展机构，下设办公室，具体负责中原城市群规划编制、基础设施建设等区域重大问题沟通协调工作。三是建议建立中原城市群各城市党政领导联席会议制度，探索建立由中原城市群各城市政府主要领导参与的区域协调机制，定期不定期举行和召开区域协调发展会议，共商城市群协调发展问题，同时在基础设施建设、生态环境保护、规划对接等方面，展开务实合作。四是建议成立由中原城市群各城市主要职能部门（如发改委、交通局等）参与的部门联席会议制度，负责中原城市群城市间具体问题的沟通与衔接工作。五是建议成立中原城市群专家委员会，对城市群发展的重大理论、重大战略等问题进行专题研究。

（三）加快建立完善现代市场制度

着力完善现代市场制度，积极构建现代市场体系，为中原城市群发展提供重要支撑。积极强化制度创新，完善市场准入制度，启动实施负面清单管理制度，全面实施工商登记制度改革，探索对外商投资实行准入前国民待遇加负面清单的管理模式。着力清理和废除阻碍中原城市群城市间要素和商品自由流动的规章制度，统一市场标准，打破行政壁垒，逐步建立健全区域性市场体系。要按照突出共同利益的原则，在中原城市群地区重点选择交通、商贸、金融、信息、旅游、人力资源等领域进行市场互动，构建城市群发展的市场网络体系。要突出重点，加强土地、资本、劳动力、信息等要素市场合作，尝试共建一批区域性的资本市场、土地市场、技术市场、劳动力市场、产权市场等市场，建立与国际接轨的市场运作机制，统一市场准入和市场退出机制，促进生产要素的自由有序流动。要抓住关键，依托郑州、洛阳等城市，打造和建设一批商品交易市场、资本市场、土地市场、产权市场、人力资源市场、中介服务市场等市场。要把握建设共同市场的关键环节，逐步建立起市场准入的资质、标准、认证等中原城市群城市间的互认制度，实现认证（卡）区域通，无障碍。

（四）稳妥推进财政管理制度改革

按照国家的统一战略部署，积极推进财政管理制度改革，为中原城市群的协同发展和战略合作提供重要保障。一是加快推进财税管理体制改革，清理规范重点支出同财政收支增幅或生产总值挂钩事项，清理规范中原城市群各城市财税优惠政策；完善税收制度，积极推进税制改革，加强地方税收体系建设，培育地方主体税种；建立事权和支出责任相适应的制度，明晰省市县事权，按照事权划分相应承担和分担的支出责任；完善转移支付制度，促进省与市县事权和支出责任相适应。二是探索建立中原城市群各城市间税收分享制度，对城市群城市间的产业转移、招商项目、科技成果等项目，进行税收分享和产值分计。比如在税收方面，中原城市群各城市可以按照对产业的边际贡献系数比例，在城市间产业转移时，实行横向分税制；对于共建园区和合作项目带来的新增增值税、所得税等地方留成部分，可按一定比例，在合作城市之间进行分成。三是尝试建立城市群内各城市间进行联合投资的税收征缴制度，鼓励各城市之间发挥要素、资源和基础条件的比较优势，在共同承担重大项目建设、联合开发重要资源、本地大型企业跨区域扩张、联合发展优势产业等方面开展合作。

（五）探索建立公共服务共享制度

积极建立中原城市群公共服务共享制度，探索建立公共服务一体化的体制机制，着力完善区域公共服务体系，积极促进基本公共服务均等化，着力提高城市群公共服务水平。建立城市群内统一的就业制度，完善人才评价体系和就业管理服务网络，彻底取消一些城市制定的对非本地户籍就业人员的歧视性、限制性政策，健全统一规范的劳动用工制度和就业信息跨区域共享的人力资源市场体系，实现各市互认培训和鉴定结果，促进人力资源跨区域流动。统筹推进中原城市群教育事业发展，统筹重点实验室、工程技术研究中心、实训基地的开发、利用，允许各类基础教育学校跨城市招生，允许有条件的学生跨城市就读和升学，逐步实现教育设施的共建共享。统筹区域公共卫生事业发展，研究建立医疗机构互助机制，完善中原城市群居民的转诊机制，支持医疗界合作、合资设立医院及医疗保健机构，探索推进医院病情查验结果互认和就医医疗费用联网结算，推动卫生资源共享和医疗服务标准化。协议建立卫生防疫协作机制，完善传染病疫情信息通报和联防联控机制，协同疫病防控组织工作，加强突发公共卫生事件应急管理合作，提高区域内突发公共卫生事件应急处置的信息共享水平和措施联动能力。统筹推进区域社会保障，探索建立中原城市群社保互通模式，推进社会保障信息共享，适时推进中原城市群社保“一卡通”，促进区域社会保障政策制度制定、信息平台建设、具体业务经办的统一规范和协作共享。

三　中原城市群协同发展制度创新的保障措施

强化中原城市群协同发展的制度创新，要在注重制度设计和制度改革的基础上，积极强化规划编制，积极加强政策支持，积极推进配套改革，积极创新考评体系，积极完善法治保障，为中原城市群协同发展提供重要保障。

（一）积极强化规划编制

抓住中原城市群被纳入国家级城市群的重大机遇，加快编制中原城市群发展规划，以科学规划引领城市群的协同发展和协调共进。一是配合国家统筹制定实施中原城市群发展规划，切实明确中原城市群的发展目标、空间结构和开发方向，明确各城市的功能定位和区域分工，统筹推进重大基础设施和公共服务设施布局。二是积极开展和启动中原城市群城镇建设、产业发展、土地利用、综合交通、基础设施、生态环保等专项规划的编制工作，统筹推进城市群地区的城镇发展、产业融合、资源开发、市场开拓、生态治理、基础设施建设、公共服务设施共建共享等重大事项。三是要坚持把中原城市群发展规划作为中原城市群各城市编制城市发展规划、产业发展规划、基础设施规划等规划的基础和依据，指导中原城市群各城市的相关规划编制工作。

（二）积极加强政策支持

加大支持力度，强化政策体系支撑，为中原城市群协同发展的制度创新提供重要保障。一是寻求国家政策支持。积极加强与国家发改委、财政部、国土资源部等相关部委的沟通协调，争取在中原城市群开展制度创新试点工作，其核心议题就是通过制度改革创新试点，来化解中原城市群区域分割、行政壁垒、市场障碍、功能同构、法规掣肘等现象与问题。同时，积极争取国家在产业发展、城镇建设、生态治理等方面的政策支持。二是完善综合配套政策。配合中原城市群的制度创新工作，积极从财政、产业、土地、人口、环境、投融资等方面，建立政策支撑体系，引导城市群协同发展和制度创新。三是建立共同发展基金。建立中原城市群协同发展制度创新的专项资金，对中原城市群城市间的制度创新工作、产业分工合作、区域联合招商、跨区域投资活动、产业升级重大项目、重大基础设施建设、公共服务设施配套、生态环境治理与改善等重点领域，给予重点支持。

（三）积极推进配套改革

围绕中原城市群协同发展的制度创新，积极推进人口管理制度、土地管理制度、生态环境保护制度等配套制度改革。实施人口管理制度专项改革。创新人口管理制度，健全农业转移人口落户制度，坚持农民自愿的原则，逐步把符合条件的农业转移人口转为城镇居民。还原户籍的人口登记管理功能，全面推行居住证制度，建立以居住证为依据的基本公共服务提供机制，形成户籍制度和居住证制度有效衔接的人口管理制度。实施土地保障机制专项改革。稳妥开展城乡建设用地增减挂钩和工矿废弃地复垦利用试点，加快实施人地挂钩试点政策，充分挖掘城乡建设用地潜力。建立城乡统一的建设用地市场，按照国家统一部署，在符合规划和用途管制前提下，允许农村集体经营性建设用地出让、租赁、入股，实行与国有土地同等入市、同权同价，保障农民土地增值收益。实施生态环境保护制度专项改革。建立生态文明考核评价机制，完善资源有偿使用和环境产权交易机制，支持建设排污权、碳排放交易中心，探索建立排污权有偿使用和排污权、碳排放交易机制。

（四）积极创新考评体系

根据城市群协同发展的科学内涵和制度创新的基本要求，积极建立中原城市群协同发展的考核评价体系，定期对中原城市群各城市的协同发展和制度创新情况进行评估，并把其作为考核城市发展成效和领导干部施政绩效的重要依据。中原城市群发展考核评价体系指标的制定，既要包括经济发展指标，也要涵盖社会事业、人口转移、生态环境、资源利用等方面的指标；既包括单个城市的经济社会发展情况指标，也要涵盖中原城市群协同发展的相关指标，比如制度对接情况、区域产业分工、跨区域基础设施建设、区域间协商合作等方面的指标，以便更科学系统地反映各城市共同促进城市群发展的真实状况。同时，要积极建立城市群协同发展的约束机制，明确中原城市群协同发展的规则制度，对于影响、抑制城市群协同发展的城市和领导干部进行有效约束和制约。

（五）积极完善法治保障

以贯彻落实党的十八届四中全会《中共中央关于全面推进依法治国若干重大问题的决定》为契机，加快推进中原城市群协同发展的立法工作，为城市群协同发展和制度创新工作提供法治保障。一是联合河北、山东、山西、安徽等周边4省，协商出台《中原城市群区域规划条例》等法规规章，为促进中原城市群各城市间产业分工合作、基础设施共建共享、生态环境联防联控等提供法规保障，为协调解决中原城市群协同发展中的矛盾与问题提供法律依据。二是积极加强与山西、河北、安徽、山东4省份法律法规制度的衔接工作，及时清理并修改与中原城市群协同发展不相适应的地方性法规、规章、规范性文件，积极制定中原城市群各城市共同遵守的行动准则，建立相应的管理契约。三是探索设立中原城市群跨行政区划的人民法院和人民检察院，受理跨行政区的法律纠纷并办理跨地区案件。

参考文献

谷建全等：《河南城市发展报告（2014）》，社会科学文献出版社，2014。

王恩泽、吴开：《中原城市群建设的制度创新研究——基于区域协调发展视角》，《中国集体经济》2009年第4期（下）。

B.11

河南省推进城乡要素平等交换和公共资源均衡配置研究

郭志远*

摘　要： 当前，河南处于城镇化加速发展阶段，城乡要素不平等交换和公共资源非均衡配置问题愈发突显。推进城乡要素平等交换和公共资源均衡配置是健全城乡一体化体制机制的迫切要求，是完善社会主义市场经济体制的战略举措，是全面建成小康社会的重要内容，是推进新型城镇化战略的本质要求。今后，河南推进城乡要素平等交换和公共资源均衡配置的战略重点是推进城乡统一的要素市场建设；健全农业支持保护体系，改革农业补贴制度，完善粮食主产区利益补偿机制；鼓励社会资本投向农村建设和农业发展；推进城乡规划、基础设施和公共服务一体化。

关键词： 河南　要素平等交换　公共资源均衡配置

随着我国经济社会的发展和城镇化进程的加快，城乡要素不平等交换和公共资源配置失衡问题越来越为全社会、政府和学者所关

* 郭志远，河南省社会科学院助理研究员。

注，党的十八届三中全会《中共中央关于全面深化改革若干重大问题的决定》提出了推进城乡要素平等交换和公共资源均衡配置，随后出台的《国家新型城镇化规划（2014～2020年）》用专门的篇幅阐述了加快消除城乡二元结构的体制机制障碍，推进城乡要素平等交换和公共资源均衡配置，让广大农民平等参与现代化进程、共同分享现代化成果。河南作为全国第一的人口大省和产粮大省，在推进城乡要素平等交换和公共资源均衡配置上已经做了一些探索性的尝试和努力，但总体来看效果并不突出，全省实现城乡一体化任重而道远。

一　推进城乡要素平等交换和公共资源均衡配置的重要意义

（一）是健全城乡发展一体化体制机制的迫切要求

城乡分割的二元结构是阻碍城乡一体化发展的最大障碍。新中国成立以后的相当长一段时期里，我国实施“农业支持工业、农村支持城市”的发展战略，通过工农业产品价格剪刀差、农产品统购统销等政策，为我国工业和城市的发展奠定了基础，但同时也造成农产品价格扭曲，农业劳动力的劳动价值得不到体现，导致城乡居民收入差距拉大和城乡不平衡发展的后果。改革开放后，城乡分割的二元结构受到强烈冲击，但并没有从根本上消除，城乡之间土地、劳动与资本等要素不能自由流动，从农村流入城镇难，从城镇流入农村更不容易。十六大以来，随着统筹城乡发展和新农村建设等国家战略的实施，农村基础设施和公共服务投入不断加大，包括新型农村合作医疗和养老保险制度等在内的社会保障体系覆盖范围不断扩大。但由于历史欠账较多，城乡要素交换不平等、农业和农村发展资源不足、农村基础设施投资不足、城乡公共服务非均衡配置的状况没有得到根本扭转，已成为制约我国城乡发展一体化的最大瓶颈因素。

（二）是完善社会主义市场经济体制的战略举措

党的十八届三中全会指出："建设统一开放、竞争有序的市场体系，是使市场在资源配置中起决定性作用的基础。必须加快形成……商品和要素自由流动、平等交换的现代市场体系。"自从1992年党的十四大提出建立社会主义市场经济体制以来，经过20多年的努力和发展，有中国特色的社会主义市场经济体制不断完善、作用不断加大、地位不断巩固。但是，城乡之间的二元经济体制仍然顽固地存在，城乡之间要素不平等交换和城乡之间公共资源配置不平等问题仍然是改革的难点和重点。这就要求我们必须遵循市场规律，加快推进城乡要素平等交换，要求我们必须按照市场规则配置资源，早日实现城乡公共资源均衡配置。

（三）是全面建成小康社会的重要内容

党的十七大对全面建成小康社会做了进一步的阐释，提出了更高的要求，其中经济建设方面包括"城乡、区域互动发展机制和主体功能区布局基本形成"，社会建设方面包括"覆盖城乡居民的社会保障体系基本建立，人人享有基本生活保障"。仅有城镇居民实现小康不是真正的、全面的小康，对于作为农业大省、人口大省和粮食大省的河南来说尤其如此。目前，河南还有超过半数的人生活在农村，只有城乡居民一起实现了小康才是真正的全面建成小康社会。当前，河南城乡之间产品市场已经基本实现统一，但是劳动力、土地和资本市场的统一和平等交换还远未实现，城乡之间基础设施和社会保障等公共资源配置失衡现象普遍存在。所以，阻碍河南广大农村居民奔小康的最大障碍就是城乡之间要素交换的不平等和城乡之间公共资源配置的失衡。

（四）是推进新型城镇化战略的本质要求

新型城镇化的内涵和本质是以人为本、公平共享。城镇化不仅要转移大量的农民进入城镇，而且意味着人们对住房、教育、医疗、社会保障等公共资源需求的增加，更体现着农村居民对实现要素平等交换和公共资源均衡配置的殷切希望。河南城镇化率长期以来低于全国平均水平，近年来虽然进程有所加快，2013 年城镇化率达到 43.8%，但仍低于全国平均水平 9.9 个百分点。按照 70% 的城镇化率目标，未来一段时间，河南将有近 3000 万名农村人口转化为城镇居民。只有通过推进城乡要素平等交换和公共资源均衡配置，才能使广大农村居民和进城务工定居常住人口享受基本的公共服务，才能保证新型城镇化的质量，新型城镇化才有继续向前推进的动力，“以人为本、四化同步、优化布局、生态文明、文化传承”的新型城镇化道路才能更为平坦。

二　河南城乡要素交换和公共资源配置的现状和问题

（一）城乡要素不平等交换

1. 城乡劳动力市场割裂严重

城乡二元的户籍制度，造成劳动力在城乡之间的流动受到诸多限制，而且流动成本很高。城乡之间劳动要素的不平等交换主要表现在两个方面：一是城乡之间劳动力市场的分割，主要是指劳动力市场分割为城市和农村两个市场，在现实中城乡之间劳动力市场缺乏有效和直接的沟通，劳动力在城市和农村两个市场自由流动的难度和成本很高。二是城市内农业转移人口市场与城市正式劳动者市场之间的分割，主要是指进入城市劳动力市场的农民工，多从事建筑、装修、运输、环卫等城市居民不愿意从事的工作，难以进入以政府部门、事业单位和国有企业等为代表的城市正式人力资源市场，而且在劳动报酬、社会保障等方面与城镇就业人员存在较大差距。有研究表明，农业转移人口劳动力比城镇劳动力平均报酬要低 28.9%。劳动要素不平等交换的直接后果体现在城乡居民收入差距长期存在，并且绝对值呈扩大趋势。近年来，河南城乡居民家庭收入差距的绝对值在逐渐拉大，2005 年城乡居民收入差距为 6776.4 元，2010 年扩大到 12248.05 元，2013 年达到 16770.3 元（见图 1）。

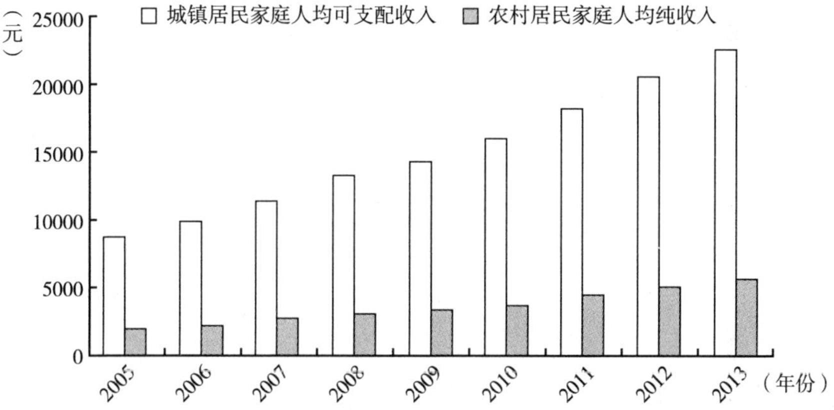

图 1　河南省 2005～2013 年城乡居民收入情况

资料来源：《河南统计年鉴》。

2. 城乡土地要素单向流动

河南土地要素的不平等交换，主要体现在土地作为一种稀缺性的资源，在城乡之间只能单向流动。表现为以下几个方面：一是农业用地和农村建设用地向城市土地市场的单向转移；二是建设用地一级市场是由国家垄断，城乡之间建设用地市场并不统一，农村集体土地不能直接进入土地市场；三是农村土地产权不明晰、流转难度大，租地是土地流转的主要形式。根据国务院发展研究中心的一份调查：征地之后土地增值部分的收益分配，开发商拿走了40%～50%，政府拿走20%～30%，村级组织留下25%～30%，农民拿到的补偿款只占整个土地增值收益的5%～10%。以郑州市郑东新区为例，征地补偿区片价（含征地补偿安置费、社保费用）为每亩7.70万～8.08万元，但该区域国有土地出让价格（以2013年出让位于龙湖商务副中心的8宗商务金融用地为例）已经达到每亩500万～1000万元，土地增值效益巨大，但农民从中获取的收益却微乎其微。

3. 资本市场要素配置不均衡

河南城乡之间资本市场配置失衡主要表现为长期以来农村资金大量流向城市。资本天性逐利，受农村投资渠道窄和农业投资收益弱的影响，农村大量剩余资金通过储蓄等形式流入金融机构，再通过金融机构转移到城市。信贷资金流入农村的数量要远低于农村资金流出的数量，金融资本对农业和农村发展的支持十分有限。此外，受农业经营规模小以及小农经营模式对资本的需求较小的影响，农村金融市场发展缓慢。河南农村金融机构存贷差日益扩大，以农村信用社存贷款情况为例，2005年农村信用社存贷款差额为464.97亿元，2010年扩大到901.71亿元，2013年达到2157.42亿元（见图2）。

（二）城乡公共资源配置不均衡

1. 城乡基础设施配置非均衡

从现实情况来看，包括水、电、路、暖、气、通信等在内的城乡基础设施的差异表现得最为直观和明显。虽然随着河南基础设施整体投入的增加，城乡基础设施发展很快，但受制于城乡二元的公共资源供给制度，公共财政支出更多的是投入到城市，尤其是郑州、洛阳等大城市，中小城镇和农村地区基础设施投入明显不足，这就造成河南城乡基础设施配置严重不均衡。集中表现在河南城乡及三次产业固定

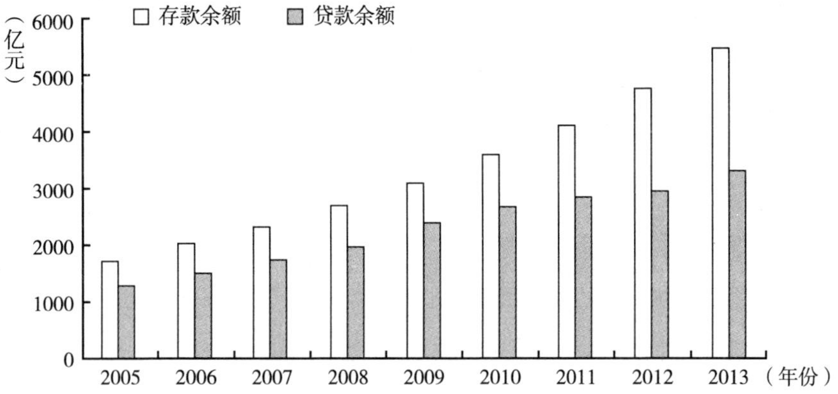

图 2　河南省 2005～2013 年农村信用社存贷款情况

资料来源：《河南统计年鉴》。

资产投资严重失衡。2013 年全省全社会固定资产投资总额为 26087.45 亿元，农户投资为 899.39 亿元，仅占全社会固定资产投资的 3.45%；第一产业投资为 962.02 亿元，仅占全社会固定资产投资的 3.69%。在道路建设上，县乡公路多为四级公路和等外路，多数乡村地区道路不仅质量差，而且已经建成的道路由于养护资金不到位，大部分村道和部分县道基本没有养护，处于年久失修的状态。此外，在供水、供电、供气等方面城乡差距也很明显。

2. 城乡教育资源配置非均衡

我国从 2006 年起农村义务教育实现全免费，2008 年起城市义务教育实现全免费。义务教育免费的政策一方面减轻了城乡居民教育负担，另一方面有利于缩小城乡义务教育的差距。目前，义务教育普及率方面城乡差距不大，城乡教育资源非均衡配置主要表现在教育经费投入、师资水平、办学条件等方面。一直以来，国家教育经费投入以城镇为主，农村地区教育由于经费短缺发展远远滞后于城镇地区；教育经费投入上的巨大差距导致城乡教育办学条件存在较大差异；此外，城乡之间师资力量对比上差距更为明显，从现实情况来看，由于城乡之间各种资源和个人发展空间差异等因素的影响，高学历教师更愿意到城市地区任教，导致城市高学历教师比例要远远高于农村地区。

3. 城乡社会保障资源配置非均衡

长期以来，我国的社会保障的制度建设和资金投入都是以城市为中心。虽然近年来河南不断加大农村社会保障资金投入，农村社会保障水平已经有了明显提高，覆盖范围也明显扩大，但是，河南城乡社会保障资源仍然存在着较为明显的城乡失衡，非常不利于城乡一体化的构建。从低保水平来看，2013 年河南城乡居民最低保障红线为：城市低保月标准原则上不低于 300 元，农村低保年标准原则上不低于 1880 元，城市居民最低保障标准为农村居民的 1.9 倍。从养老保险和医疗保险水平来看，由于城乡截然不同的两套筹资渠道和保障模式，城乡保障水平也存在较为明显的差距。

4. 城乡医疗卫生资源配置非均衡

近年来，河南医疗卫生服务体系建设成就巨大，尤其是随着新农村合作医疗的推广，占河南省人口过半的农村居民能享受的公共卫生和医疗服务水平明显提高，但是与城市相比，差距仍很明显。2013 年，河南全省共拥有卫生技术人员 469126 人，乡村医生和卫生员人数为 121349 人，仅占全省卫生人员总数的 25.87%。从城乡对比来看，全省医疗卫生资源绝大部分分布在城市，只有少部分在农村，而且大多数乡村医院医疗设备陈旧，诊疗方式落后，医生主要靠经验诊治病人。加上政府公共卫生投入向城市倾斜的趋势并没有改变，城乡医疗卫生差距仍将继续扩大。

三 河南推进城乡要素平等交换和公共资源均衡配置的原则

（一）以人为本，社会公平

公共资源均衡配置要惠及城乡全体居民，而不是某一部分群体。

要改变过去向城镇特别是大城市倾斜的制度设计，今后一段时间资源投入的重点应当放在相对弱势的农村居民身上，不断缩小公共资源享有的城乡差距。将教育、医疗卫生、养老保险等和民生密切相关的社会公共服务均等化问题放在重要位置优先解决。市场体系建设过程中，要加快城乡统一的人力资源市场、土地市场和资本市场建设，确保城乡同工同酬、同地同酬和金融资本服务于“三农”，加快实现城乡社会公平。

（二）政府主导，社会参与

政府作为基本公共服务的供给主体和责任主体，在推进城乡要素平等交换和公共资源均衡配置的过程中要责无旁贷，起到主导作用。同时要充分发挥市场和社会力量的作用，打破行业垄断，按照“非禁即入”的原则，在保证社会公平正义的前提下，允许和鼓励社会资本和多方力量共同参与城乡公共服务事业发展，形成政府主导、市场和社会参与的多层次公共资源供给体制。

（三）规划引领，有序推进

推进城乡要素平等交换和公共资源均衡配置是一项长期而艰巨的任务，尤其对于像河南这样一个人口超过 1 亿的大省，任务更加艰巨，要做好长远规划和细致安排，分步骤分阶段有序推进。在充分调研摸清河南城乡要素和公共资源家底的基础上，在户籍制度、土地制度、资本市场、公共服务制度设计等关键领域找准推进城乡一体化的突破口和切入点，分阶段实施，稳步推进。

（四）统筹安排，重点突破

推进城乡要素平等交换和公共资源均衡配置关系 1 亿中原人民的

福祉，需要多方合作、各种政策互相配合。在推进过程中，牵涉多方利益，需要统筹安排，同时又要突出重点，寻求突破。找准阻碍城乡劳动力、土地和资本自由流动的主要障碍，找准阻碍城乡公共资源均衡配置的瓶颈，力争在这些关键领域和环节取得突破，尽快实现全省城乡要素平等交换和公共资源的均衡配置。

四　河南推进城乡要素平等交换和公共资源均衡配置的战略重点

（一）推进城乡统一的要素市场建设

通过户籍制度改革、建设用地市场改革以及财政金融体制改革等措施，加快建立城乡统一的人力资源市场，加快建立城乡统一的建设用地市场，创新面向“三农”的金融服务。切实维护农村居民在劳动、土地、资金等要素交换上获得与城镇居民相同的权益，这是推进城乡要素平等交换的战略重点。主要包括三个方面：一是加快城乡统一的人力资源市场建设，改变城乡不平等的就业和劳动报酬制度，促进城乡劳动力市场的充分自由流通，使农业转移人口同城镇居民享受同等的就业机会和劳动报酬权益，切实保证农民工与城镇居民同工同酬。二是加快建设用地市场改革，建立城乡统一的建设用地市场，建立兼顾国家、集体、农户三方的土地增值收益分配机制，有效提高农民在土地增值收益中的分配比例，保障农民公平共享土地增值收益。打破国家对土地一级市场的垄断，允许集体经营性建设用地通过出让、租赁、入股等多种方式进入土地流转市场，与国有土地同地同权、同地同价。三是加快财政金融体制改革，创新面向“三农”的金融服务，鼓励金融机构创新，丰富金融市场产品和层次，在农村地区大力发展合作金融和普惠金融，切实保障农村金融信贷资金服务于“三农”发展。

（二）健全农业支持保护体系，改革农业补贴制度，完善粮食主产区利益补偿机制

河南作为全国第一的产粮大省，承担着保证国家粮食生产和保障国家粮食安全的重任，因此健全农业支持保护体系，加大对农村产粮补贴，具有特别重要的战略意义。农业与其他行业相比，其产品特别是粮食，市场需求弹性和收入弹性严重不足，缺乏价格竞争优势，行业利润率远低于其他行业，同等数量的生产要素投入到农业获得的收益要远远低于其他行业。但粮食作为国家战略物资，其地位不容动摇。河南作为国家粮食主产区，农业大县就有60多个，随着河南城镇化进程的加快，农业人口锐减，耕地红线岌岌可危。因此，必须加大对农业生产体系的支持和保护力度，目前可以通过以下三个方面来采取措施。一是健全农业支持保护体系，主要是从加大农业基础设施建设、资金投入、农产品价格支持等几个方面着手，加大对农业的支持和保护，形成有利于农业发展的长效机制。二是改革农业补贴制度，主要是指通过补贴方式的调整和补贴力度的加大，充分发挥农业补贴对提高农业生产能力的促进作用。改变过去按照耕地面积发放补贴的政策，通过粮食生产直接补贴、良种补贴、农机具购置补贴等多种方式促进补贴资金向种粮农民集中，特别是新增补贴资金要向粮食主产区、种粮大户、农业合作社等倾斜，真正发挥农业补贴对粮食生产的支持作用。三是完善粮食主产区利益补偿机制，通过财政转移支付和生态补偿机制等方式，加大对河南粮食生产核心区的支持力度，不断提高小麦、玉米等粮食最低收购价格，有效弥补粮食等农产品在市场上的竞争弱势。通过加大转移支付，增强粮食主产区财政实力提高农民收入水平，弥补产粮大县在经济社会发展资金上的不足，确保

粮食种植户在经济上“不吃亏”，从根本上保证河南粮食生产能力和产量的稳步提高。

（三）鼓励社会资本投向农村建设和农业发展

河南农业和农村发展长期以来一直受到资金短缺的制约，为破解这一困境，要积极响应中央政策号召，制定地方优惠政策，鼓励社会资本、产业资本进入农村，充分利用当地农业资源，带动农民增收致富，这是推进城乡要素平等交换的重要途径。社会资本投向农村建设，能够有效弥补农村劳动力资源、土地资源和资本外流对农村发展的影响，能够有效缓解城乡公共资源配置失衡对农村发展的负面影响。要鼓励社会资本通过投资、捐助、筹资、参股、联合等方式在农村兴办医疗卫生机构、教育机构、生态农业、旅游等各类有利于农村发展的社会事业，鼓励社会资本以多种方式投资于农村生产生活设施建设，积极支持农村和农业发展。

（四）推进城乡规划、基础设施和公共服务的一体化

城乡规划、基础设施的一体化是城乡一体化的基础，只有城乡规划和基础设施一体化，才能真正实现城乡统筹发展，从而实现城乡一体化。这也是推进城乡要素平等交换和公共资源均衡配置的重要目标。通过统筹城乡规划和基础设施建设，加大农村地区基础设施建设力度，不断加大财政对农村基础设施建设的支持力度。在总结试点经验的基础上，河南省已经正式出台了《关于加快建立城乡居民基本养老保险制度的实施意见》，到 2020 年全面建成覆盖城乡居民的基本养老保险制度指日可待。要不断加快公共财政对农村最低生活保障制度的支持，推进城乡统一的低保制度建设，努力缩小城乡差距。

参考文献

袁金星：《河南城乡资源要素优化配置的原则和路径》，《城乡建设》2013 年第 5 期。

曾业松：《推进城乡要素平等交换和公共资源均衡配置》，《哈尔滨市委党校学报》2014 年第 1 期。

B.12

城乡一体化示范区建设研究

柏程豫*

摘　要：城乡一体化示范区建设将通过在优化城乡空间布局、促进三次产业协调发展、推进公共服务均等化、加强生态文明建设以及创新体制机制等方面积极开展试点，为河南省如何走新型城镇化道路提供示范和引领。目前示范区建设已形成一定的基础，但也还面临着不少问题，应当通过科学规划、多方筹措资金、积极繁荣产业发展、建立先行先试的工作机制、有效规范政府行为等多方面努力保障示范区建设扎实推进。

关键词：城乡一体化　示范区　河南

城乡一体化示范区是由河南省委、省政府在中央城镇化工作会议精神的指导下批准设立的复合型功能性区域，以16个省辖市[①]复合型城市新区为基础，城乡一体、产业融合、统筹发展是其要遵循的发展准则。建设城乡一体化示范区是河南科学有效推进新型城镇化的重要抓手。

---

* 柏程豫，河南省社会科学院城市与环境研究所副研究员。

① 16个省辖市分别为郑州、开封、洛阳、平原、许昌、焦作、南阳、鹤壁、商丘、漯河、安阳、平顶山、濮阳、三门峡、驻马店、周口。

一　城乡一体化示范区建设的总体构想

新型城镇化有别于传统城镇化，它以促进人的全面发展与经济、社会、环境和谐为核心，全面融入生态文明理念和原则，强调城镇化的推进应与区域经济发展和产业布局紧密衔接、与资源环境承载能力相适应，应站在统筹城乡发展的战略高度，着力打破二元体制，最终实现城乡融合。也就是说，城乡一体、产城互动、集约节约、绿色生态、和谐共赢是新型城镇化的应有之义。城乡一体化示范区是城市新开发的地区，作为河南推进新型城镇化的重要载体之一，其建设将遵循新型城镇化的思路展开，即《河南省新型城镇化规划（2014～2020年）》所提出的“坚持一、二、三次产业复合和经济、生态、人居功能复合的理念，充分发挥区域综合优势，积极开展城乡一体化试验探索”，从而为河南如何走新型城镇化道路提供示范和引领。

（一）空间布局

以复合型发展理念为指导，通过进一步完善总体规划，统筹推进城市功能区、产业功能区、生态功能区和新农村建设，加快基础设施一体化步伐，打造共同繁荣的城乡一体化开发格局。

（二）产业发展

坚持把产业培育作为城乡一体化发展的基础，着力壮大第二、第三产业集聚规模，调整优化产业结构，促进第二、第三产业沿着集聚化、高端化方向发展，同时积极推动现代农业发展，在示范区内高水平规划建设产业集聚区、商务中心区和现代农业示范区，打造产业发展载体，形成一、二、三次产业互促共进、协同发展的良好局面。

（三）公共服务均等化

以城带乡，统一布局规划、统筹项目安排，均衡配置城乡公共资源，推进城镇基础设施向农村延伸、基本公共服务向城乡居民覆盖，实现城乡公共设施互联互通、共建共享，构建设施完善、功能齐全、城乡一体的公共服务体系。

（四）生态文明建设

加强区域生态建设和环境整治，构建城乡一体化的生态网络体系，探索循环、绿色、低碳的生产生活方式，建立健全城乡环境管理长效机制，形成人与自然和谐共处的生态文明新格局。

（五）体制机制创新

全面深化改革，突出关键环节和重点领域，着力破除制约城乡发展一体化的主要障碍，进而建立相应制度体系，理顺体制机制，为全省范围内统筹城乡发展积累经验、提供示范、打造良好的制度环境。

二　城乡一体化示范区建设的现有基础

河南城乡一体化示范区是在16个省辖市复合型城市新区的基础上衍生而来，其空间范围、功能定位、建设用地规模和布局与各新区原总体规划一致。目前，各新区在规划编制、设施建设、产业支撑、城乡一体化探索以及体制机制创新等方面已取得一定进展，为示范区未来建设与发展奠定了基础。

（一）规划编制

目前，16个省辖市城市新区的总体规划已经编制完成，在此基础上各新区正逐步开展产业发展、综合交通以及生态水系等专项规划和控制性详细规划，城市规划体系雏形初现，为示范区建设的稳步推进提供了指导。

（二）设施建设

在规划指导下，城市新区一直在大力推进道路、供排水、供电、供热、供气、污水和垃圾处理等基础设施与医疗、教育等公共服务设施建设，加快开发产业集聚区、特色工业园区、商务中心区、特色商业区和居住区等功能片区，并完成如意河滨河景观、七里河滨河景观、东风渠滨河公园、运粮河湿地、平原新区水系等一批水系景观建设以及绿地项目。产业、居住、生态等不同功能的完善与相互匹配，使得示范区对产业和人口的承载能力得到明显提升。

（三）产业支撑

城市新区在规划建设上标准较高，硬件设施良好，此外往往还有较为优惠的投资政策，有利于招商引资促进产业的发展。例如，起步最早的郑东新区，围绕主导产业定位，积极招商引资，产业项目建设进展较快，目前已有2400多家企业在这里注册，华电集团、中国电力、华能国际、大唐集团、河南煤化集团、河南中烟等国内外500强企业纷纷进驻，大商、苏宁、丹尼斯等知名商家以及喜来登、万豪等国际酒店一线品牌也相继进驻，各类金融机构达到137家，成为企业总部集聚区、中部金融集聚区和现代服务业集聚区。除了郑东新区，一些起步较早的城市新区也都初步形成装备制造、食品加工、纺织服装、现代商贸、新材料、生物医药等特色产业集群。

（四）城乡一体化探索

16个省辖市的城市新区在规划之初都有一个共同的功能定位，

就是要将新区建设成为城乡一体化发展的先行区，因此各新区都开始启动统筹城乡综合配套改革，在土地流转、迁村并点、公共服务均等化、农业转移人口市民化、城乡社会管理等方面进行了许多有益尝试。例如，郑州以“迁村并城”、土地整理为切入点，逐步深入推进新农村建设工作。开封采取“政府征地，农民自拆自建”的模式，实施“迁村并居”工程，建设了一批新型社区。焦作则尝试改革户籍制度，推行农业用地和建设用地使用权有偿有期限流转制度，推进新区公共服务和社会保障均等化。还有一些新区在保留农民宅基地、承包耕地的基础上，对转移到城市的农民给予就业、住房、子女入学、医疗等社会保障，从而加快了农业转移人口市民化的步伐。

（五）体制机制创新

城市新区规划选址在城市郊区，具有城市与乡村的双重属性，要实现城乡统筹发展，建设标准要求高、难度大、任务繁重。为更有效地开展工作，各新区积极推进体制机制创新。行政管理方面，设立管委会作为执行机构全面负责新区的经济发展、城市建设和社会事务管理，这种体制将行政管理改革与区域经济发展有机结合，有利于政府职能转变，提高行政效率。投融资方面，除了政策资金和银行贷款，还采用 BT、BOT 建设模式参与新区各项基础设施建设。项目建设方面，建立了重大项目推进机制、施工秩序维护机制、督查工作机制以及较为完善的统计机制等。理顺体制机制将助力河南城乡一体化示范区建设。

三　城乡一体化示范区建设面临的问题

尽管有了前期城市新区的发展基础，但在当前新形势下，城乡一体化示范区建设仍然面临着不少问题。

（一）产业发展问题

经济是城市的命脉，产业是经济发展的基础。虽然一些起步较早的示范区发展到目前已经具备了一定的产业基础，但是其产业规模还有待进一步扩大，产业发展质量还有待进一步提升，那些起步较晚的示范区产业基础还相当薄弱，难以吸纳农业转移人口稳定就业。没有足够的产业支撑，过分依赖基础设施建设和房地产带动，示范区就会沦为空城，更遑论城乡一体化目标的实现。因此，城乡一体化示范区的建设，筑牢经济基础是重中之重。然而国际金融危机爆发以来，世界经济复苏进程曲折艰难，我国经济也难以独善其身，出口受阻、消费不振，在投资回报递减规律的作用下，以往通过投资拉动经济增长的模式也难以为继，不但效果不再显著，同时刺激过程中形成的高杠杆等问题也有可能发展成为系统性风险；实体经济陷入低迷，特别是能够吸纳大量就业人口的中小企业盈利能力更不容乐观。在这样一种不甚乐观的形势下，无论是招商引资借助外力还是着力激发区域经济增长的内生动力，实现产业规模扩张和转型升级，较之以往都会更为困难。

（二）资金筹措问题

建设示范区，推进城乡一体化，除了基础设施建设，还要补足农村公共服务的短板，这需要庞大的资金投入。当前，随着宏观经济的疲软，地方政府财政增收困难，而另一项重要收入来源——土地出让金，由于房地产市场的降温，增长空间也越来越小，各级地方政府正面临着收入下滑的压力。在地方债务危机的大背景下，依靠过去那种大规模举债投资基础设施建设的旧模式显然也已经行不通。再加上2014年以来房地产市场遇冷，资本的逐利性使得吸引社会资本参与公益与配套项目的难度也是越来越大。“钱从哪里来”将是示范区建设过程中的一大难题。

（三）规划的制定与落实问题

科学规划是建设好示范区的前提，而有了科学规划，还要确保规划的贯彻落实。在现实中存在着规划在前期编制和后期具体操作过程中，受多种因素的影响变动过多。比如，有些规划缺乏对区域具体情况的透彻研究，仅依据领导意图编制，这种规划本身的科学性就存在问题，从而在实施过程中需要不断修编。又比如有些规划是为政绩需要或争取政策支持，迎合国家或省的新理念、新政策而编制，一旦新的政策争取下来，这些规划的任务也就完成了，之后的实施就会受新的利益诉求的影响多次进行修改。此外，因为领导的更替导致原有规划被弃之不用的情况也时有发生。规划的随意修改，必然大大影响规划效能的发挥，造成严重的资源浪费甚至贻误发展机遇。因此，应高度重视示范区建设规划的科学制定与高质量落实完成的问题。

（四）政府与市场的关系问题

新型城镇化强调城镇化有其自然的规律，是一个渐进的过程，离不开经济基础与技术进步的支撑，一个地方城镇化的结果应是地方经济社会发展的反映，与地方资源环境结构特征和经济发展的阶段相匹配。城乡一体化示范区建设作为推进新型城镇化的重要抓手，也必须遵循规律，按照经济发展阶段的市场规律来实施，防止政府过度干预。所以说，示范区建设还面临着如何理顺政府和市场的关系问题，只有确保市场在资源配置中起决定性作用，同时又充分地发挥政府作用，才能真正实现示范区建设所要达到的城乡一体化发展的既定目标。

四　城乡一体化示范区建设的对策建议

城乡一体化示范区建设应当在遵循市场规律的前提下，通过科学规划、多方筹措资金、积极繁荣产业发展、建立先行先试的工作机制、有效规范政府行为等多方面努力扎实推进。

（一）完善示范区规划体系

城乡一体化示范区虽然是在城市新区的基础上衍生而来，其空间范围、功能定位、建设用地规模和布局与原有的城市新区总体规划一致，但其内涵及发展侧重点与城市新区还是有一定区别的，需要在新区原规划的基础上对示范区的规划进一步调整，形成符合示范区发展要求的完善的规划体系。着眼于城乡一体化的目标，从城乡空间布局、产业发展、公共服务均等化、生态建设等方面完善城乡统一的规划体系，包括总体规划的调整以及相应的土地利用、基础设施与公共服务设施、综合交通、景观生态、新农村社区等专项规划，还有更为深入细致的控制性详细规划和修建性详细规划。强化各项规划之间的统筹与协调，一方面是确保产业发展、土地利用、公共服务、交通布局、生态建设等各项规划与总体规划的衔接；另一方面是协调好示范区与老城区在交通衔接、产业分工、人口疏散等方面的统筹规划，形成二者互补协作的良好格局。将规划最终以地方法规的形式确定下来，并探索建立确保各级地方政府严格执行规划的长效机制，从而真正树立起规划的权威，保障规划的有效落实。

（二）建立多元化资金保障机制

城乡基础设施建设和公共服务全覆盖需要大量的资金投入，仅靠财政投入远远不够，必须建立起多元化的资金筹措机制，拓宽融资渠道。在做好地方政府性债务管理的基础上，合理划分政府和市场发挥作用的领域范围，发挥政府资金的引领作用，规范地方政府投融资平台，提高其信息透明度，严格管理地方政府的担保行为，保障符合条件的融资平台能够正常运转。积极争取国家政策性银行、商业性银行、国际金融组织和外国政府贷款等多种形式的信贷资金来源。着力启动市场化投资，依据资本市场规律，创造良好的环境和氛围，并辅以一定的优惠政策，鼓励民间资本进入示范区基础设施和社会民生事业建设领域。

（三）筑牢示范区产业支撑

产业是示范区发展的基础支撑，而要实现城乡一体化的目标，不能只注重城市产业发展，还必须促进乡村经济的繁荣，因此示范区建设的关键是要推进一、二、三次产业协同发展。强化产业发展载体建设，重点推进承载先进制造业的产业集聚区、承载现代服务业的商务中心区和特色商业区以及承载都市生态农业的现代农业示范区，完善基础设施，加强生产性服务设施配套功能，为产业发展创造良好的硬件条件。优化产业发展软环境，通过提供土地、财税、融资等优惠政策，发挥示范区先行先试的有利条件，改进政府服务，营造宽松的发展环境。对内外资企业、国企民企一视同仁，鼓励创业，积极扶持小微企业发展，激发经济增长的内生活力。重视向农业和乡村地区提供经验、智力、资金等多方位支持，以集约高效、生态绿色为发展方向，发展农业的产业、观赏、生态等多种功能，以都市生态农业和面向农业的生产性服务业为重点，繁荣乡村经济，增强乡村地区自我发展能力，从而实现真正意义上的城乡经济同步协调。

（四）建立先行先试的工作机制

城乡一体化发展是全面调整经济结构和社会结构的过程，没有现成的经验和模式可以照搬，其根本出路在于改革和创新。在符合发展规律和改革方向的原则下，通过各地方的先行先试实现点的突破，利用实践中积累的经验逐步完善改革方案，进而带动全局发展。支持各示范区在农业转移人口市民化、基本公共服务均等化、土地集约节约利用、农业转型升级、农民持续增收、城乡生态治理等重点领域结合自身实际各有侧重地展开先行探索。凡是法规政策调整滞后的，或者是法律法规及政策没有规定的，都要尊重和鼓励基层进行创新实践。对涉及社会稳定和人民群众切身利益等的重大决策事项要进行风险评估，制定出风险预案，建立起系统完善的风险评估机制。对于重大改革事项，要按程序向上级报批之后再予以实施。对示范区的建设工作进行定期的汇总分析和绩效评估，总结经验，完善政策措施，最后加以推广。

（五）有效规范政府行为

城乡一体化示范区建设应当遵循规律，既要积极进取，又要稳妥扎实，应当注重对市场规律的把握，发挥市场对资源配置的决定性作用，这需要有效规范政府行为，防止政府在示范区建设过程中出现缺位、越位或者是错位的现象。全面推进依法行政，确保政府部门严格按照法定权限与程序履行职责、行使权力。完善决策机制，推行公共决策的社会公示、公众听证和专家咨询论证制度，确保决策民主、程序正当、结果公开，提高决策的科学性。强化监督，把示范区建设的相关规划与实施作为人大监督的重要内容，严格依法规划、依法建设、依法管理。合理制定考核评价办法，围绕城乡一体化发展的总体要求和目标任务，突出工作重点，根据各示范区的基础条件、发展阶段和功能定位等，兼顾质量与速度，建立科学合理的指标体系和评价办法，防止各政府部门因受制于不合理的考核评价方法而实施有违市场规律的行为。

参考文献

李宏伟、喻新安：《河南科学推进新型城镇化辅导读本》，河南人民出版社，2014。

喻新安、吴海峰：《新三化协调论》，人民出版社，2012。

B.13 河南省“三山一滩”扶贫搬迁研究

韩 鹏*

摘 要： 实施“三山一滩”扶贫搬迁，是河南省为解决扶贫开发工作重点和难点问题、实现与全国同步建成全面小康社会的重大战略抉择。通过对“三山一滩”地区经济社会发展的深入分析，本文探索了这一区域扶贫搬迁的主要任务和工作重点。在把握“三山一滩”扶贫搬迁进展及其面临的突出问题的基础上，提出了“三山一滩”扶贫搬迁基本思路、主要模式和体制机制创新的对策建议，以为政府决策提供科学服务。

关键词： 三山一滩 扶贫搬迁 河南

大别山、伏牛山、太行山深山地区和黄河滩区是河南省自然环境条件特别困难、区位条件相对较差或者生态系统功能特殊重要的地区，统称为河南省“三山一滩”地区。在这些自然和社会条件特别艰苦的地区，经济社会发展和群众脱贫致富遭遇特殊困难，扶贫开发工作成为推动区域经济社会全面发展、带动群众脱贫致富的重要任务。在新的历史条件下，河南省提出了因地制宜地实施“三山一滩”扶贫搬迁的扶贫开发工程，通过改变这些地区经济社会和群众发展条

---

* 韩鹏，博士，河南省社会科学院城市与环境研究所助理研究员。

件，加快特困地区发展、稳定扶贫成果、促进民生改善和缩小发展差距。“三山一滩”扶贫搬迁的提出，突出了河南省新历史阶段扶贫开发的重点和难点，体现出河南省攻坚克难、推动全面发展的决心，有利于通过凝聚全省力量实现重点突破、彻底解决特殊困难地区扶贫难题，带动这些区域通过快速发展缩小区域差距，实现同步建成全面小康社会，对于全省乃至全国实现同步建成全面小康社会具有重要意义。迄今为止，经过初步试点和系统谋划，“三山一滩”扶贫搬迁已经取得一定进展，但仍然面临着一系列问题，需要通过系统研究加以解决，以为政府决策提供科学依据。

一　实施“三山一滩”扶贫搬迁的历史背景与现实意义

河南省“三山一滩”扶贫开发工程的提出和实施，是在新的历史形势、发展机遇和发展目标下，在河南省扶贫开发工作取得巨大历史突破和国家扶贫开发进入新的历史阶段情况下，为了突出扶贫开发重点、突破难点提出来的，具有重要的现实意义。

（一）“三山一滩”扶贫搬迁的提出是适应扶贫战略任务转变的必然选择

2011年以来，中国扶贫工作进入新的历史阶段，提出了新的要求。随着中国经济社会的快速发展以及《国家八七扶贫攻坚计划（1994～2000年）》和《中国农村扶贫开发纲要（2001～2010年）》的实施，中国农村地区贫困人口大幅减少，人民收入水平稳步提高，贫困地区的基础设施得到明显改善，社会事业取得不断进步，城乡居民最低生活保障制度全面建立，农村居民生存和温饱问题已经基本解决。中国扶贫工作已经从解决温饱为主要任务进入一个新的历史阶段，面临着巩固温饱成果、加快脱贫致富、改善生态环境、提高发展能力、缩小发展差距的艰巨挑战。其中贫困程度比较深、相对连片的特困地区作为扶贫工作的重点和难点，已经成为中国扶贫开发的主战场，成为中国区域发展最为突出的问题之一。

目前，河南省经济社会正处于快速城镇化和工业化发展时期，为扶贫工作发展带来了新的历史机遇。截至2013年，全省国内生产总值和地方公共财政预算收入分别达到3.22万亿元和2413.06亿元。按照《河南省科学推进新型城镇化三年行动计划》，至2016年河南省将努力实现促进每年200万名农村劳动力和随迁家属向城镇转移的目标。城镇化和工业化的快速发展，为实施贫困地区群众扶贫搬迁奠定了坚实的经济和社会基础。在良好的发展机遇下，河南省扶贫开发取得了十分明显的成效。2011～2013年，共有2902个贫困村整体脱贫，334万名贫困群众稳定脱贫；贫困地区人均纯收入由4640.69元提高到7130.90元，贫困发生率由18.1%下降到7.9%。其中，仅2013年中央就对河南省投入财政扶贫发展资金14.84亿元，全省实现新完成1116个贫困村整村推进建设任务、5.2万名山区贫困人口搬出深山和117万名农村贫困人口稳定脱贫。在国家和全省支持下，53个贫困县农民人均纯收入增幅均高于全省平均水平。

尽管河南省扶贫开发工作已经取得积极成效，但所面对的问题仍然十分复杂，挑战仍然十分严峻。2011年，河南省贫困人口数量超过全省总人口10%，贫困人口相对集中的村占全省行政村总数的20%左右，贫困县数量占到全省县域数量将近一半。据初步测算，截至2013年年底，河南省仍有贫困人口703万人，贫困村9000个左右。

在河南省扶贫开发工作中，尤其以自然条件特别困难、区位条件特别差、经济和社会发展基础特别薄弱以及生态系统功能特别重要的大别山、伏牛山、太行山和黄河滩区情况最为复杂、问题最为突出。

其中，伏牛山区作为秦巴山区的一部分，与大别山区一起，属于国家集中连片特困地区，也是全省经济欠发达地区；黄河滩区作为黄河下游河道的重要组成部分，具有特殊的生态功能，同时也是国家和省扶贫开发的重点地区；太行山区经济社会发展水平总体较高，但其深山区贫困乡村贫困程度仍然较深，具有一定的特殊性。

“三山一滩”地区集贫困发生的集中性、复杂性、特殊性和顽固性于一体，是河南省扶贫开发的突出重点和难点。实施“三山一滩”扶贫搬迁，在尊重个人意愿的基础上，实现对自然条件差和经济社会基础薄弱地区的异地扶贫，成为河南省解决当前扶贫开发突出问题和突出矛盾的必然选择。

（二）实施“三山一滩”扶贫搬迁是对连片特困地区农业农村发展、群众脱贫致富的必要支持

在“三山一滩”地区，由于自然条件、经济社会条件、区位条件和特殊生态功能需要的限制，农业和农村发展面临的问题突出。在伏牛山区，部分地区由于位置偏远、基础设施薄弱、干旱少雨、土地贫瘠，再加上居住分散，一些农民甚至连基本的水、电、路等基础设施以及子女教育和就医等基本公共服务问题都难以得到解决，发展基础条件差、发展难度大。在大别山区，贫困发生面广、人口多、区域经济基础薄弱、县域财政能力不足、产业发展单一，是扶贫工作面临的突出问题。在太行山区，尽管区域发展总体水平较高，但是深山区由于自然条件恶劣、区位条件差、贫困程度深，成为区域扶贫的突出难题。在黄河滩区，由于滩区对于黄河长久安澜的重要性，自身防洪和经济社会发展受到严格限制，成为致贫的根本原因。

在这些复杂因素的综合作用下，“三山一滩”地区农业和农村地区发展既面临外部自然条件和经济社会条件的重重制约，自身又

缺乏长期有效的积累，具有复杂和特殊的脆弱性。实施“三山一滩”扶贫搬迁，对一些面临特殊发展困境的群众在切实尊重其意愿的基础上实施异地扶贫，对于集中有限的扶贫资源解决突出难题、改善区域发展条件和增强群众自我发展能力具有十分重要的意义和价值，也是对连片特困地区农业农村发展、群众脱贫致富的必要支持。

（三）实施“三山一滩”扶贫搬迁是实现与全国同步建成全面小康社会的必由之路

党的十八大提出了建成全面小康社会的奋斗目标，为新阶段的扶贫工作赋予新的意义、提出了新的要求。习近平指出：“全面建成小康社会，最艰巨最繁重的任务在农村，特别是在贫困地区。没有农村的小康，特别是没有贫困地区的小康，就没有全面建成小康社会。”

河南省清楚地意识到，贫困地区的发展已经成为决定与全国同步实现小康社会的关键。河南省提出加大扶贫开发力度，必须突出“转”，引导贫困地区人口向非农产业、向城镇转移、向市民转变；必须突出“特”，充分发挥当地特殊资源优势，做好特色农牧林和旅游产品开发，努力实现在本地脱贫；必须突出“迁”，对难以就近转移就业又没有条件发展特色产业的，进行整体搬迁。

“三山一滩”地区是河南省特殊和复杂的贫困集中发生地区，也是河南省扶贫开发的突出难点和重点。其中，“三山”地区总人口占全省41%左右，而贫困人口占全省贫困人口61%左右，需要搬迁安置的山区贫困群众多达6.35万户、25.42万人；在黄河滩区，滩内居住人口125万人，贫困人口达34万人，贫困发生率极高，理想搬迁对象多达80万人。按照河南省工作部署，将着力抓好“三山一滩”地区的扶贫开发，实施“三山一滩”扶贫搬迁工程作为扶贫开发的重点，将难以就近转移就业又没有发展特色产业的乡村进行整体搬迁，对于河南省圆满完成新时期扶贫开发任务具有重要的决定意义，也成为实现与全国同步建成全面小康社会的必由之路。

二　“三山一滩”地区经济社会发展和扶贫搬迁现状

河南省“三山一滩”地区面积大、贫困发生率高、致贫因素复杂。根据“三山一滩”地区贫困发生的特点，明确移民搬迁的主要任务和工作重点，对于顺利实施移民搬迁具有重要意义。目前，河南省三山一滩地区移民搬迁已经在试点示范、机制创新和方案设计等方面取得了很大进展，为进一步顺利地全面实施扶贫搬迁打下了良好的基础。

（一）河南省“三山一滩”区域范围与经济社会发展现状和贫困特点

根据地域和扶贫开发特征，河南省“三山一滩”扶贫开发按照山区和滩区分别实施规划，共涉及54个山区县（市）和17个滩区县（市）。在山区县域中，大别山区有28个县，涉及光山县、新县、商城县、固始县、潢川县、淮滨县、新蔡县、沈丘县、商水县、郸城县、淮阳县、太康县、柘城县、宁陵县、民权县和兰考县16个国家连片特困地区重点县，桐柏县、确山县、平舆县、上蔡县和睢县5个国家扶贫开发重点县，以及泌阳县、罗山县、息县、正阳县、汝南县、西华县和扶沟县7个省定扶贫开发工作重点县；伏牛山区有18个县，涉及栾川县、嵩县、洛宁县、汝阳县、鲁山县、卢氏县、南召县、镇平县、内乡县和淅川县10个连片特困地区重点县，宜阳县和社旗县2个国家扶贫开发重点县，以及方城县、伊川县、叶县和舞阳县4个省定扶贫开发工作重点县；太行山区不涉及贫困县，但是区域地形地貌复杂，深山区自然条件恶劣、区位较差、物质积累较少，农村农业发展基础差、群众脱贫致富障碍大；在黄河滩区所分布的县（市、区）中，有1个国家连片特困地区重点县兰考县、3个国家扶贫开发重点县（封丘县、范县、台前县）和2个省级贫困县（原阳县、濮阳县）。

“三山一滩”地区经济和社会发展存在明显的差异。大别山区是河南省经济社会发展程度最低的连片特困区域，尽管位于南北气候过渡地带，自然景观丰富多样、物产相对较为丰富，但是总体经济社会发展水平低、工业化程度不足、城镇化水平严重滞后于其他区域，区内县市财政支撑能力不足，在很多县域，第一产业在国内生产总值中占据较大比例。伏牛山区是河南省最大的连片特困区域，尽管与省内郑州、洛阳、许昌、漯河、平顶山和南阳等经济和社会发展水平相对较高的城市毗邻，但是由于位于东西地貌和南北气候过渡地带，地形复杂、区域面积大，一些地方生态环境脆弱性明显，许多乡村区位条件和自然条件差、发展基础薄弱。太行山区总体经济社会发展程度较高，区域内济源、林州、辉县等县市经济社会发展水平在河南省位居前列，但是由于太行山特殊复杂的地形地貌特点，偏远乡村发展条件差，贫困村农民人均纯收入甚至低于其他区域，面临着严重的脱贫障碍。黄河滩区在河南省中东部呈带状分布，区域经济社会发展水平自上而下随黄河洪水风险而呈现出明显的递降趋势。从洛阳市孟津县自上而下至郑州市中牟县、新乡原阳县，县域经济社会发展水平相对较高。进入开封河段以后，由于黄河洪水风险的增大，区域区位条件相对变差，区域经济社会发展水平降低，滩区国家连片特困地区重点县和扶贫开发重点县以及一个省级贫困县濮阳县均位于此区域。

“三山一滩”地区贫困发生和扶贫搬迁既存在明显的自然和区位条件差，经济社会发展积累不足的共同特征，又在深层次上存在鲜明的地域特征。在大别山区，贫困发生率高达17%，贫困面广、贫困人口较多，基础设施落后、公共服务不足，三次产业中比较效益较低的第一产业所占比例偏高、产业单一，缺乏大型项目带动，经济发展总体水平偏低、财政收入较低、发展后劲不足，区域内部支撑贫困乡村和群体发展的能力不足。在伏牛山区，主要面临着人均耕地资源少、质量差、居住分散、基础设施和基本公共服务延伸不足，以及南水北调中线工程水源保护、生物多样性保护、水源涵养和水土保持等重要生态系统服务保护功能，开发发展受国家政策影响较大等突出问题。在太行山区，主要面临的是区域内部相对较差的自然条件的制约，当地地表起伏度大、峡谷丛生、水资源普遍匮乏，造成深山区贫困地区区位条件差、道路等基础设施建设成本高、土壤贫瘠，缺乏自我发展的自然和经济社会条件。在黄河滩区，主要面临着黄河洪水风险的威胁，滩区发展与国家黄河治理的任务也形成难以调和的冲突，滩内经济社会发展和群众致富面临突出的瓶颈问题。

（二）河南省“三山一滩”地区扶贫搬迁任务与重点

按照有关部门调查统计，在“三山”地区，需要进行搬迁扶贫的贫困人口约为25万人；在河南省黄河滩区，综合考虑黄河治理、洪水风险等成本，适宜搬迁的人口规模约为82万人。河南省“三山一滩”地区扶贫搬迁的主要任务就是解决这些贫困人口异地安置和异地开发问题。按照扶贫搬迁的一般规律，“三山一滩”扶贫搬迁的工作重点主要在四个方面。

一是因地制宜、分类指导、科学安置。移民搬迁需要在尊重群众现实条件、搬迁意愿和搬迁选择基础上，因地制宜、分类指导。在当前，很多贫困地区的现状是青年劳动力大量外出务工，留下的人口主要是老年人、妇女、儿童和其他一些难以离开本地到异地谋求生活的人员。此外，由于长期收入水平低、缺乏有效的经济积累，贫困群体往往存在着明显的经济支付能力较低的问题。因此，搬迁安置必须从贫困地区经济社会发展现状和贫困家庭现状出发，结合当地资源和经济特点，尊重个体搬迁意愿和选择，建立起灵活的扶贫搬迁安置机制，将贫困人口通过城镇安置、集中安置和现金资助方式，对安置对象的移民搬迁进行有效扶持。

二是挖掘潜力、发挥优势、发展产业。通过发挥当地资源优势，挖掘潜力，发展特色产业，构建当地持续发展的造血式扶贫模式，是中国长期扶贫的重要经验。对于实施就近集中安置进行移民搬迁和在乡（镇）进行安置的贫困人口而言，构建特色产业是扶贫搬迁的重中之重。耕地面积少、土地贫瘠、自然条件限制性明显、区位条件较差是很多需要搬迁的贫困地区贫困发生的重要原因。因此，“三山一滩”扶贫搬迁必须从贫困地区和安置地的资源和经济社会条件出发，充分发挥当地特色中医药、自然与人文景观、生态环境和林下经济等资源优势，发展特色旅游、生态旅游、休闲、养老和非粮农业及其加工业等特色产业，吸纳被安置农民就地就近就业创业，形成自我发展能力，实现稳定脱贫致富。

三是加强科技教育扶贫力度，加快基础设施建设和公共服务体系的完善。科技扶贫和教育扶贫，是中国长期扶贫经验的重要组成部分；对于贫困地区和贫困群体而言，通过科技支撑，改造当地特色产品生产技术、提升生产水平、充分提升当地资源利用水平和收益水平具有重要意义；加强对贫困地区青少年素质教育，为其提供接受职业技术和普通高等教育的机会，以及加强对该地区劳动技能培训、提高其创业就业能力，这些都是增强贫困群体自我发展能力的重要途径。加快基础设施建设和公共服务体系的完善，改善贫困地区区位条件，提高贫困人口应对风险的能力，防止因病因灾致贫返贫，对于改善被安置居民的生产、生活条件和发展环境具有重要的积极意义。

四是创新体制机制，做好试点示范。面对新形势下扶贫开发的要求，创新体制机制，提高扶贫搬迁的针对性和扶贫质量，扶真贫、真扶贫，是“三山一滩”扶贫搬迁的重要任务。为了加强扶贫搬迁的针对性，“三山一滩”扶贫搬迁首先需要对扶贫对象进行科学严格的甄别、建档入库，并且按照先易后难、先急后缓的顺序，对条件成熟、要求迫切的搬迁对象按照部门分工，积极动员社会力量因地制宜进行分类试点。在试点过程中，要深入细致地研究搬迁对象特点、致贫因素和脱贫途径，在科学研究、认真规划的基础上，坚持质量优先，扎实开展搬迁试点工作，做到实施一批、帮扶一批，为规模推进打下良好的组织基础和做好典型示范。

（三）河南省“三山一滩”地区扶贫搬迁工作进展

河南省“三山一滩”地区扶贫搬迁工程受到社会普遍重视，成为当前河南省全面深化改革开放、顺利推进新型城镇化发展和实现城乡统筹、城乡一体化发展，实现与全国同步建成全面小康社会的重要组成部分。河南省积极探索扶贫搬迁新的体制机制，认真进行相关方案设计，为进一步顺利地全面实施扶贫搬迁打下了良好的基础。

“三山一滩”扶贫搬迁受到各级政府和社会的普遍关注。2013年，河南省委关于推进新型城镇化指导意见提出，要“抓好城乡一体化示范区建设和大别山、伏牛山、太行深山区及黄河滩区三山一滩扶贫搬迁，有效带动农村人口向城镇转移”。2014 年 1 月省委农村工作会议和扶贫工作会议召开，将“三山一滩”扶贫开发作为“三农”工作的四项重点工程写入工作重点，要求着力加大扶贫力度。同年，“三山一滩”扶贫开发作为一个整体，正式写入河南省政府工作报告，并成为河南省学习贯彻党的十八届三中全会精神的重要内容。2014 年习近平总书记在考察河南省期间指出，“要着力做好‘三山一滩’扶贫开发工程，努力缩小城乡发展差距”；根据习总书记讲话精神，河南省委、省政府将“三山一滩”扶贫开发工程作为党的群众路线教育实践活动的重要组成部分，突出了其在全省工作中的重要地位。2014 年 8 月 1 日，国务院正式批准将每年的 10 月 17 日设立为我国“扶贫日”，《河南日报》连续刊发“三山一滩”扶贫工作报道，并在扶贫日当日刊发评论员文章，呼吁全社会关注和支持“三山一滩”扶贫开发。

加大投入，切实推进扶贫搬迁。为了顺利推进“三山一滩”扶贫搬迁，河南省加大了投入力度。2014 年，河南省计划对 5 万名深石山区贫困群众和具备条件的黄河滩区贫困群众实施扶贫搬迁。截至 7 月，结合“三山一滩”脱贫工程规划，已经在 19 个国家扶贫开发重点县安排易地扶贫搬迁总投资 1.58 亿元，安置易地搬迁贫困群众 4843 户 2 万人。其中，除了向中央争取到的预算内投资 1.2 亿元外，市县投资 0.38 亿元。

创新体制机制，完善制度，做好扶贫规划。根据《中国农村扶贫开发纲要（2011～2020 年）》，国家对连片特困地区扶贫开发进行了科学规划。2013 年年底，中央印发《关于创新机制扎实推进农村扶贫开发工作的意见》，要求创新扶贫开发工作机制，扎实解决突出问题，切实推动扶贫开发各项工作顺利开展。2014 年 4 月，河南省印发《关于创新机制扎实推进农村扶贫开发工作的实施意见》，从规划引领、精准扶贫、干部驻村帮扶、财政专项扶贫资金管理、金融服务、社会参与、贫困县考核、主体责任机制等角度，提出了创新工作机制的要求；从基础设施保障、危房改造、产业发展和教科文卫以及信息化等角度提出了解决突出问题的具体要求；从工作职责、管理体制、基层组织、队伍建设和环境营造等角度提出了政府领导机制改革任务。为了贯彻省委省政府扶贫开发工作安排，系统推进“三山一滩”扶贫开发工作，河南省研究制定了扶贫资金管理办法，并且对贫困户进行建档立卡，以做到精准扶贫，还研究制定了《河南省大别山、伏牛山、太行山贫困地区群众脱贫工程规划（2014～2020

年)》和《河南省黄河滩区群众脱贫工程总体方案》等专项规划，对扶贫搬迁工作进行了系统规划。

三 “三山一滩”扶贫搬迁实施中所面临的突出问题

经过试点和探索，河南省“三山一滩”扶贫搬迁已经取得一定突破，但是仍然面临一系列的问题亟待解决。在这些问题中，资金问题、产业发展问题、土地问题和土地流转问题成为最为突出的问题，亟待通过体制机制创新实现破局。

（一）资金问题

在“三山一滩”扶贫搬迁中，资金问题是困扰扶贫搬迁工作的首要和常见问题，主要表现在三个方面。一是国家和省直接补助金额明显不足。按照国家投资1.2亿元完成搬迁2万人计算，人均获得补助金额为6000元左右。根据第六次全国人口普查公布情况来看，家庭户均人口已经不足3.5人，这意味着户均获得资助金额仅为2.1万元左右，解决农户住房建造问题已经远远不够，更不用说相关基础设施配套建设所需费用。二是市县配套能力较差、政策棚架现象明显。除了郑州、新乡和洛阳财政能力相对较强外，“三山一滩”涉及的市县大多财政能力薄弱，所需资金缺口大多需要通过专项资金或者其他涉农资金填补；一旦相关资金不能到位，很容易出现政策棚架现象。三是村民个人支付能力和意愿不强。“三山一滩”扶贫搬迁对象大多数是留守的老年人和妇女群体，就业能力差、收入水平低，并且往往面临着疾病和养育孙辈的经济压力，支付能力较差；外出打工群体在城镇安居意愿较强，因而支付意愿有限。

资金问题的存在，使得移民搬迁往往面临较大的障碍和风险。在资金问题的压力下，曾经存在着明显的被扶持对象经济压力大、基础设施和公共服务设施配套不足问题，深刻地影响着扶贫搬迁的成效。在既往扶贫搬迁工程中，因搬迁而背负较大经济压力和债务压力的情况屡有发生，基础设施和公共服务设施配套不足问题也经常成为搬迁户饱受困扰的问题。这些问题的存在，使许多群众对搬迁存在一定质疑，亟须加快理顺相关体制机制，破解相关难题。

（二）产业发展问题

对于利用集中安置方式实施移民搬迁的项目来说，安置地产业发展得顺利与否往往决定了项目的成败。除了实施城市和县城安置外，仍然有大量贫困人口会通过小城镇、新型农村社区和中心村在小城镇和乡村地区定居。相对于城市和县城而言，这些地方的突出问题在于区位条件差、基础设施薄弱、公共服务不完善，因而对社会投资缺乏必要的吸引力。

事实上，在很多“三山一滩”地区都不乏特色的本土资源，如特殊的自然和人文景观，特殊水土和气候条件下形成的特色林果、中医药材、茶叶以及其他林草产业，这些都构成当地特殊的优势资源。然而，由于上述问题的存在，再加上一些传统的技术和管理模式的不足，亟待在资金、管理、技术和基础设施建设上给予积极扶持，以破除产业发展瓶颈。

（三）建设用地指标紧张问题

建设用地指标紧张问题在扶贫搬迁中普遍存在，但突出表现在黄河滩区移民搬迁工程中。由于扶贫搬迁往往是将贫困群众从土地质量较差的坡地或者山地集中搬迁到条件相对较好的平地，需要占用一定的建设用地指标，如果安置地选择不能避开基本农田，问题将变得尤其复杂。由于滩外大多为基本农田，这个问题在黄河滩区移民搬迁中表现得尤其突出。例如，兰考县谷营乡堤南可使用土地仅剩2500余亩，并且全是基本农田，还涉及六个堤南村庄1500余户、6000多人口，不成方连片，清障难度大。再如，封丘县李庄镇黄河滩区居民迁建需要建设用地6021亩，但目前可申报的建设用地指标远远不能满足滩区迁建的需要。另外，由于申报的建设用地指标属于土地综合整治项目，规模小、环节多、周期长、程序严、审批困难，也严重影响迁建进度、延长迁建周期。

（四）土地流转问题

土地流转问题涉及农民土地权益，在扶贫搬迁中较为敏感。扶贫搬迁实施后，一部分搬迁对象只能通过土地流转获得流转收益来实现自己的土地权益。然而，由于农业经营本身存在明显的低收益、高风险特征，土地流转的稳定性和农民在流转过程中能否获得平等互利的地位，成为许多搬迁对象特别关注的话题。

四　积极稳妥推进“三山一滩”扶贫搬迁的对策与建议

（一）创新扶贫搬迁基本思路

“三山一滩”地区扶贫搬迁，是在中国扶贫形势进入新的扶贫阶段后，在河南省进入快速城镇化和工业化有利机遇下进行的。扶贫搬迁工作既要满足当地发展、改善民生的基本扶贫目标，还应该充分发挥快速城镇化阶段农村人口向城镇转移的总体趋势，并且避免搬迁对象因搬迁返贫、因搬迁降低生活质量和实际收入水平。为了达到这个目标，扶贫搬迁应该坚持以工业化、信息化、城镇化和农业现代化发展促进搬迁对象生产生活方式转变的基本思路，积极实现贫困地区农业劳动力和农村人口在经过系统培训的基础上向非农产业和城镇转移，统筹做好搬迁安置和产业发展，并且按照谁受益谁补偿的原则，构建起受益地区吸纳黄河滩区、南水北调水源地和其他具有特殊重要生态功能地区人口的机制，最终形成集中安置、就近就业为主，产业移民、城镇移民为辅的多元移民安置体系。

（二）探索扶贫搬迁新模式

基于“三山一滩”扶贫搬迁的新思路，结合河南省新型城镇化发展规划和新型城镇化发展三年行动计划的目标要求，可以尝试探索三种基本扶贫搬迁模式。第一类是城镇和产业集聚区分散安置模式，即通过特殊政策支持，向大中小城市和小城镇及其产业集聚区和各类专业园区转移安置具有一定就业创业能力的农村劳动力及其家属。政府可以根据当地发展能力和实际需要，设定一定的基本条件，如稳定就业年限、劳动技能要求和受教育水平等，给予达到条件的转移人口特殊的住房等政策，积极接纳贫困地区人口转移。第二类是新建安置小区集中安置模式，即以本乡（镇）、本县区就近就地安置为主，依托县城、小城镇、中心村、产业集聚区、农业产业化集群等建设安置区，实行整村集中搬迁。第三类是中心村安置方式，即在若干个聚落点选择一个区位和基础设施条件相对较好的居住点，做好村庄规划和基础设施建设，对于搬迁至该地的贫困人口给予适当经济补贴，改善其生活和发展条件。

（三）创新和完善扶贫搬迁体制机制

为了统筹做好“三山一滩”扶贫工作，河南省需要在扶贫体制机制上做好进一步创新，以适应扶贫搬迁需要。

一是推进移民安置的体制机制创新，建立起以中央和省级政府为扶贫搬迁的资金投入主体、以相关市县为扶贫搬迁主要责任主体的责任体系，构建多元化扶贫搬迁安置体系。

二是建立健全“三山一滩”地区发展的长效运行机制。一方面需要探索适宜贫困地区发展的土地利用模式和产业目录，构建以新型农业经营主体为主体的土地流转机制；另一方面要制定合理的财政和税收支持政策，支持搬迁安置区城镇和产业长远发展。此外，还应做好移民安置区城镇和产业发展规划与支持计划，将安置地社会稳定和经济发展作为考核重点列入当地政府考核体系，推动安置地持续稳定发展。

三是切实强化移民搬迁的制度支撑。首先是做好相应机构建设，在省和相关设区市两级设置以主要领导为组长的“三山一滩”扶贫搬迁协调机构，在相关县和乡镇设置以党政负责人为组长的扶贫搬迁领导小组。其次是完善相关规划，在市县两级做好相关规划的实施办法，细化具体政策措施。最后是争取中央支持，将黄河滩区列入特殊扶贫区域，将太行山深山区特困村列入国家支持范围。

参考文献

卢松：《我省新阶段扶贫开发成效明显》，《河南日报》2014 年 10 月 17 日。

郭宇：《河南省委扶贫开发工作会议召开卢展工等讲话》，《河南日报》2011 年 12 月 26 日。

杨万东：《何为“三山一滩”》，《河南日报》2014 年 8 月 6 日。

张骏逸、竺三子、刘鹏凌：《大别山连片贫困区农业经济增长影响因素分析——基于 Panel Data 模型分析》，《山西农业大学学报》（社会科学版）

2014 年第 5 期。

丁伟、丁一文：《大别山区发展模式研究》，《中国国情国力》2014 年第 5 期。

李瑞、黄慧玲、刘竞：《山岳旅游景区旅游扶贫模式探析——基于对伏牛山重渡沟景区田野调查的思考》，《地域研究与开发》2012 年第 1 期。

苏晓红：《河南黄河滩区脱贫致富的思考》，《河南师范大学学报》（哲学社会科学版）1998 年第 3 期。

阎文学、李冬：《黄河低滩区的扶贫对策》，《文明与宣传》1997 年第 9 期。

河南省人民政府：《河南省大别山伏牛山太行山贫困地区群众脱贫工程规划（2014～2020 年）》，2014。

新型城市建设篇

New City Construction

BLUE BOOK

B.14

河南省节约型城市建设研究

韩 鹏*

摘 要：建设节约型城市，是河南省根据新型城镇化建设的新要求提出的重大城市发展战略目标。从节约型城市的内涵和内容出发，本文对河南省建设节约型城市的现状和面临的主要问题进行了深入分析，进而系统地提出了加强节约型城市建设的对策建议，从而为河南省建设节约型城市决策提供科学服务。

关键词：河南 节约型城市 新型城镇化

* 韩鹏，博士，河南省社会科学院城市与环境研究所助理研究员。

城市是现代生产生活的主要空间载体。河南省正处于城镇化和工业化快速发展时期，城镇已经越来越成为河南省经济社会发展的主要载体空间。构建合理体制机制、推动城市结构优化调整、促进城市发展集约节约利用资源、建设节约型城市，对河南省实现“两不三新”“四化同步”发展具有重要意义。《中共河南省委关于科学推进新型城镇化的指导意见》提出了建设节约型城市的目标，要求建立节约考核奖励机制，大力发展节地节能节水型产业、节地节能型绿色建筑和紧凑型城市，对河南省建设节约型城市提出了新的要求，指明了新的发展方向。从节约型城市内涵及其主要内容出发，探讨了河南省节约型城市的建设现状和问题，对河南省建设节约型城市的未来发展提出了相应的对策建议。

一　节约型城市内涵及其主要内容

（一）节约型城市内涵

“节约”一词有多重含义。从本质上来讲，它既包括量上的节约，要求在经济运行中减少对资源的浪费；又包括质上的提升，要求在发展中提高对资源的利用效率；同时还要求理顺体制机制，通过改革创新降低制度安排方面的机会成本。

从“节约”一词的基本意义出发，资源节约型城市建设包括三个层面意思。一是通过综合的体制机制创新，加快制度改革，降低城市运行的综合成本。二是通过在生产、流通、分配和消费等领域构建和完善一定的管理制度和引导政策，在保障城市社会经济正常、有序运行的前提下，通过一系列综合性措施，通过集约节约利用资源、发展循环经济，提升城市运行和发展过程中资源利用水平，降低对资源的消耗。三是引导城市产业和城市建设通过结构调整，提升城市建设和产业发展水平，提高城市运行综合质量和产业发展的综合效益。

综上所述，建设节约型城市，是对城市建设和城市发展的一个综合要求，要求以提高资源利用效率为核心，以能源、水资源和土地资源等主要资源的集约节约利用为主，以加强资源综合利用和发展循环经济为重点，以促进资源高效使用和循环利用、降低资源消耗和环境污染为根本目的，最大化资源利用的经济效益，以实现新型城镇化过程中经济和社会的可持续发展。

（二）节约型城市建设的主要内容

按照这一要求，围绕节约型城市发展的中心目标，河南省在科学推进新型城镇化指导意见里提出了在城市发展、水资源利用、能源利用、产业发展和城市建筑等方面建设节约型城市的系统发展目标和主要建设内容。

城市发展方面，主要是对土地资源利用效率提出了严格的要求。指导意见提出要合理确定城市用地规模，优化城市用地布局，加强土地资源节约利用水平。要求提高建设用地开发强度、投资强度和环境效益，提高土地资源集约利用水平。要求统筹地上地下空间，积极开发利用地下空间，提升土地资源综合利用效率。

水资源是当前中国城市发展的重要制约因素。河南省提出了推进节水型城市建设的要求，要求在全省实行最严格的水资源管理制度，加强水资源利用管理，推广普及先进适用的节水工艺、技术和器具，加强水资源效率的提升。要求鼓励中水回用，提升水资源循环利用水平。

在全球变暖背景下，能源利用不仅是事关城市建设和城市发展的重大问题，也成为资源集约节约利用的关键指标。河南省提出了在工业、建筑、交通、公共机构等重点领域加强节能管理的目标，以从根本上提升能源利用效率。在结构上，河南省提出了优化能源利用结构的要求，鼓励发展太阳能、地热能、风能、生物质能等可再生能源，以增强经济社会发展的可持续性。

产业发展方面，提出要求大力发展循环经济，其中重点是要突出抓好产业集聚区循环化改造，以从根本上达到减少资源消耗、降低废物排放的目标，提高资源利用率。

城市建筑是城市建设和发展过程中资源消耗的重要方面，河南省特别针对城市建筑提出了资源节约利用的总体要求。一是加强既有建筑节能改造，降低建筑运行能耗。二是大力发展绿色建材，提高建筑材料资源利用效率。三是大力推进建筑工业化，通过规模化、标准化生产提高建设环节工作效率、降低资源损耗。

二　河南省节约型城市建设现状

（一）河南省建设节约型城市政策回顾

2004 年 3 月，胡锦涛提出了建设资源节约型城市的要求，拉开了中国节约型城市建设的序幕。国务院于 2004 年 4 月发出了《关于开展资源节约活动的通知》，并先后出台相关文件，党的十六届五中全会又做出具体部署，使节约型城市建设进入实质性实施阶段。

进入城镇化快速发展阶段以来，历届省委省政府十分重视河南节约型城市建设。2005 年，河南省在《关于改进和加强城市规划编制与审批工作的意见》中就提出，要合理和节约利用资源，建设资源节约型城市，明确要求确立节约型城市的发展目标，制定节能节水节地节材和资源综合利用措施，严格执行国家规定的城市规划用地标准，提高城市建设用地利用效率。2006 年河南省国民经济和社会发展“十一五”规划纲要提出了建设节约型城市的要求；同年发布的河南省城镇化“十一五”规划按照集约节约利用土地和抓好节能节水节材两个类别，专门提出了建设节约型城市的要求。2010 年，河南省发布了《河南省人民政府关于推进城乡建设加快城镇化进程的指导意见》，从土地利用、城市地下空间开发利用、建筑节能、建筑材料、城市水资源利用管理和循环经济试点等方面，对节约型城市建设提出了具体要求。

党的十八大提出，要把生态文明建设放在突出地位，融入经济建设、政治建设、文化建设、社会建设各方面和全过程，提出了全面促进资源节约，建设资源节约、环境友好型社会。党的十八届三中全会进一步提出了健全能源、水、土地节约集约使用制度改革目标和部署。在《国家新型城镇化规划（2014～2020 年）》中，明确提出将生态文明理念全面融入城市发展，构建绿色生产方式、生活方式和消费模式，加快绿色城市建设的要求。河南省推进新型城镇化发展指导意见提出建设节约型城市，是根据党的十八大和十八届三中全会精神，依据当前河南处于城镇化快速发展这一具体经济社会发展阶段提出的。结合这一要求和国家新型城镇化发展精神要求，河南省分别提出了一个近期计划和一个长远的规划，即《河南省科学推进新型城镇化三年行动计划》和《河南省新型城镇化规划（2014～2020 年）》，对节约型城市建设分别进行了近期和长远部署。

（二）河南省节约型城市建设的主要目标任务

在《河南省科学推进新型城镇化三年行动计划》和《河南省新型城镇化规划（2014～2020 年）》中，特别是在河南省新型城镇化规划中，要求城镇化发展必须节约集约利用土地、水和能源等资源，促进资源循环利用，建立科学合理的资源节约和综合利用长效机制。按照性质的不同，这两个规划对河南省节约型城市建设的近期和远期主要目标任务分别进行了定性和定量的规定。

1. 加强土地资源集约节约利用

河南省新型城镇化规划要求调整优化城市用地布局，提高建设用地开发强度和投资强度。到 2020 年，河南省城市土地资源利用水平必须使人均用地基本达到国家规定标准。

2. 加强水资源集约节约利用

一是要继续加快推广普及先进适用的节水工艺、技术和器具，到 2020 年城镇生活节水器具普及率达到 95% 以上，从技术上加强水资源集约节约利用。二是要建立和健全阶梯水价制度，通过合理的经济机制提高水资源集约节约利用水平。三是加强水资源循环利用，要求加强中水回用和雨水再利用，实施中水回用和雨水再利用工程，使城镇再生水综合利用率到 2016 年能够达到 30%（3 年），城镇再生水利用率 2020 年达到污水处理量的 35%。四是严格城区自备井管理，要求公共供水管网覆盖范围内不得新建自备井，逐步关停原有自备井。五是要求开展节水型城市、园区、企业（单位）创建活动，做好试点示范，创建一批国家和省级节水型城市，使 50% 的设市城市达到省级节水型城市标准。

3. 加快推进节能降耗

一是调整产业发展结构，加快工业节能改造。严格控制高耗能、高排放行业发展，实施工业节能综合改造和重大节能技术装备产业化示范项目，到 2020 年，万元生产总值能耗控制在国家下达的指标内。二是调整能源利用结构，大力发展城市集中供热、热电联产，推动分布式能源应用，提高新能源和可再生能源利用比例，到 2020 年使非化石能源占能源消耗总量的比重达到 8% 以上。三是推广高效节能惠民产品。

4. 推广绿色建筑

实施绿色建筑行动计划，严格绿色建筑标准，推广应用绿色建材，积极推进建筑工业化。加快既有建筑节能改造，建设一批绿色建筑示范项目，推动公共结构节能改造，推进建筑工业化。绿色建筑到2016年占城镇新建建筑比例达到20%以上，2020年达到50%以上。

5. 加强资源综合利用

推动工业固体废弃物资源化利用。以大宗工业废弃物综合利用为重点，开展大宗固体废弃物、生活垃圾、建筑垃圾、污泥等综合利用技术的开发和示范，开展国家级城市矿产示范基地创建活动。工业固体废弃物综合利用率2016年达到75%以上，2020年达到80%以上；城市建筑垃圾资源化利用率2016年达到55%以上。

大力发展循环经济。实施产业集聚区循环化改造，实现能量梯级利用、资源综合利用、废水循环利用和污染物集中处理，创建一批国家和省循环经济示范城市、园区和企业。到2020年，工业固体废弃物综合利用率达到80%以上，国家级经济技术开发区、高新技术开发区和50%以上的省级产业集聚区建成循环型园区。

（三）河南省节约型城市建设情况

经过十年左右的经济结构调整和节约型城市建设，河南省在能源消耗和资源可持续利用方面取得了明显的成就，节约型城市建设效益十分明显。

从资源利用效率和能耗变化来看，河南省资源利用效率有了明显提升，经济活动单位能耗明显呈下降趋势，能源消费结构取得明显变化。在资源利用效率方面，全省工业固体废弃物综合利用率从2005年的66.41%提高到2010年的77.1%，2013年一般工业固体废弃物综合利用率为76.1%；城市工业用水重复利用率从2007年的86.93%提高到2011年的92.8%，城市用水重复利用率从2008年的79.81%提高到2011年的84.8%。在能耗方面，2005~2013年，河南省单位GDP能耗从1.380吨标准煤/万元降低到0.198吨标准煤/

万元（2010 年不变价），其间单位 GDP 能耗年均下降比例在 3. 5% 以上，个别年份达到 5%、6%，甚至 7%；相应的，单位工业增加值能耗则从 4. 02 吨/万元下降到 1. 112 吨/万元，年降幅多在 10%，个别年份达到 14%。这两项指标的下降幅度都很快。此外，全省能源消费结构也发生了明显的变化，煤炭在能源消耗总量中的比重从 2005 年的 87. 2% 下降到 2013 年的 80. 8%，燃气普及率从 2008 年的 66. 9% 提高到 2013 年的 82. 0%，天然气消耗呈现逐年递增趋势，水电占比总体上也呈现增加趋势。

在产业结构调整和循环经济发展方面，河南省大力推动城市产业结构调整，发展循环经济，从企业、园区和城市三个层面推动节约型城市建设。2009 年 12 月 31 日，国家发展改革委批复了《河南省循环经济试点实施方案》，原则同意该实施方案，河南省循环经济发展开始进入全面试点阶段。在河南省，鹤壁市早在 2004 年就开始起步发展循环经济，并于 2005 年成为河南省唯一的国家循环经济试点地区。2010 年，鹤壁循环经济覆盖率达 97%，培训率及贯彻执行率达 100%，形成初具规模的循环经济产业，于 11 月高分通过国标委考核验收，同年成为全国循环经济标准化试点市。三门峡市积极培育的生态型循环经济模式，主要形成四大循环经济产业、五大基地建设，打造了九大产业链，形成较为完备的循环经济发展体系，基本实现了资源在区域内梯度增值转化。平顶山市则把发展经济与节约资源、保护环境有机结合起来，建立循环经济工作推进机制，制定和出台了一系列涉及循环经济制度和措施的规范性文件；把产业集聚区作为发展循环经济的重要载体，努力实现企业间资源的循环利用与园区内废物的零排放；全面推进工业“三废”和废旧资源再生利用，突出抓好煤矸石、粉煤灰等工业固体废弃物的综合利用，发展新型建材。平顶山市还在培育生态型企业方面进行了积极的探索，涌现出了包括中平能化集团、天瑞集团、河南有色汇源铝业有限公司、河南中鸿集团煤化有限公司等企业在内的一批循环经济典型企业在同行业中发挥了很好的示范引领作用。焦作在转型发展的路子上走得更远，通过文化、山水、城市三项旅游的精准糅合，努力打造生态旅游，强力打造了“太极故里”“山水焦作”两个世界级旅游品牌。

三 河南省节约型城市建设中面临的问题

（一）经济社会发展平均水平偏低，发展压力大、节约型城市建设支撑力不足

总体上来看，河南省经济社会发展平均水平仍然严重偏低。2013年，河南省国内生产总值达到32155.86亿元，人口城镇化率达43.8%，城市化水平严重偏低，甚至低于全国2006年的总体水平。河南省国内生产总值体量大，连续多年居全国第5位，但由于人口基数大，人均国内生产总值仅为34174元，在全国仅排在第23位，相当于全国2011年平均水平（未考虑物价因素）；按照当年价格数值简单比较，2007~2011年，全国已经分别有6个、7个、10个、10个和13个省份达到或者超过这个水平（如果考虑到物价因素，达到或超过这个水平的省份数量将更多）。

在经济社会发展水平较低的情况下，发展压力大、支撑能力不足成为节约型城市建设的突出问题。为了能够实现与全国同步建成全面小康社会的目标，河南省经济增长速度不能低于全国平均水平，城镇化发展速度要适当高于全国平均水平，今后几年面临着平均每年转移200万名农村劳动力及其随迁家属的巨大压力，发展任务十分艰巨。此外，2013年河南省城镇居民人均可支配收入和农民人均纯收入分别居全国第21位和第16位，人均地方财政一般预算收入2012年仅为2169.18元，仅高于甘肃省人均水平。居民收

入和财政收入水平低，使得节约型城市建设也面临着支撑力不足的突出问题。

（二）经济结构偏重，资源依赖性强、利用结构不合理、环境压力大

河南省经济结构中第二产业仍然占据主导地位，工业中重工业和高载能行业企业占据较大比重。2013 年，河南省第一、第二和第三产业比重为 12.6∶55.4∶32，省辖市市区第二产业和第三产业增加值分别为 5162.81 亿元和 4506.58 亿元，第二产业仍然明显占据主导地位，远远高出全国平均水平。在规模以上工业增加值中，河南省重工业占 67.14%、高载能行业企业占 37.4%，重工业和高载能行业在工业经济中的占比偏高。城市基础设施建设滞后，特别是交通道路和环境保护基础设施建设和管理滞后。

河南省经济结构现状导致其经济社会发展对资源消耗的依赖性仍然过强，并且在资源利用中特别是能源资源利用中存在明显的不合理，煤炭比重过大，以水电、风能和太阳能为代表的可再生能源、新能源比例过低。河南省 2013 年的能源结构里，以原煤、原油和天然气为主的化石能源占能源生产的比重为 95.5%，占能源消耗的 96.4%。节约型经济体系发展不足，资源过度消耗、煤炭比重高，再加上基础设施和环境保护建设的严重滞后，导致河南省经济社会发展环境压力凸显，节约型城市建设将面临日益突出的环境压力。

（三）区域差异明显，发展不平衡、协调难度大

河南省经济社会发展的区域性差异主要表现在三个方面，一是省内各个经济区之间的明显差异，二是地区中心城市城区与县城及以下小城镇之间的差异，三是城镇基础设施建设方面在上述两个维度之间的差异。在河南省，以郑州、洛阳、新乡、焦作、平顶山、鹤壁和许

昌等为首的中原经济区核心圈层城市发展迅速，城镇化、工业化水平较高，建设节约型城市条件相对较好；而在以黄淮海平原和南阳盆地为主的传统农区，经济社会发展水平仍然相对偏低，建设节约型城市仍然面临着经济和社会发展的压力。由于可以获取资源条件的限制，各省辖市市区经济社会发展水平仍然远远超出县城及其以下小城镇，存在着行政层级上的区域差异。此外，尽管河南省城镇基础设施建设水平近年来有了很大提升，但由于区域之间经济基础和城市发展的差异，城市之间基础设施建设和管理水平也存在着明显差异，节约型城市建设的物质积累既存在整体上不足，又存在区域间巨大的差异。

在河南省城市之间发展不平衡明显存在的情况下，城市之间在节约型城市建设协调上难度很大。首先，由于发展水平差异明显，难以用相同的要求来规范节约型城市建设。其次，在不同发展水平城市之间、相同发展水平城市之间，产业同构现象仍然十分明显，粗放型发展、不合理竞争仍然严重存在。最后，由于基础设施建设和管理水平之间的差异，节约型城市建设、监测和监督存在着较大难度。

（四）节约型城市建设体制机制尚未全面形成，发展仍较粗放、节约意识不强

河南省历届省委、省政府高度重视，河南省节约型城市建设被提到一定高度，取得了长足发展。特别是一些发展循环经济、建设节约型社会法律法规和政策措施的提出，对构建和完善节约型城市体制机制起到了重要作用。然而，需要清醒地认识到的是，河南省节约型城市建设的体制机制还未全面形成，经济社会发展模式仍然较为粗放，全民节约意识还没有完全形成，全省节约型城市建设资源投入较为分散，缺乏系统部署和统筹安排。

在机制上，当前很多资源性产品生产和消费缺乏必要的约束和政策与经济上的激励，特别是生产经营方依赖于产品生产经营来完成

业务扩张和效益提升，而对节约型器材和新能源产品推广积极性不足。在发展模式上，由于城市发展严重依赖土地财政，土地扩张明显，边际效益正在逐步降低。特别是随着地区中心城市、县城和小城镇开始规模发展，土地利用总体效率呈现明显降低趋势，发展模式总体上仍然较为粗放。在节约意识培育上，由于民生需求的限制，包括能源、水资源在内的很多资源价格并没有反映出真实成本和稀缺性，特别是长期可持续发展的机会成本，再加上改造的一次性投入相对较高，民众对节水、节约能源器具的接受程度低，节约意识仍然较为淡薄。

四 河南省建设节约型城市的对策和建议

（一）加强政府引导，创新体制机制，构建和完善节约型城市建设政策体系

建设节约型城市首先要充分发挥政府的引导作用，通过规划、建设、管理和财政税收等经济和行政管理手段，加快资源节约型城市建设体制机制创新，构建和完善节约型城市建设政策体系。

河南省需要强化职能，做好规划引导、基础设施建设和财政税收引导，加强行政管理和行政监督能力建设。在规划方面，加强产业规划和土地规划、城乡建设规划及其专项规划的科学性和合理性，促进水资源和能源的循环利用，提高土地资源集约节约利用水平。在建设和管理方面，加快资源集约节约利用和环境保护基础设施建设，加强城市道路交通和污染排放管理，提高城市公共资源利用效率，降低污染排放强度。在财政税收方面，将财政投入向资源节约利用产品倾斜，向能够促进资源集约节约利用的公共交通等基础设施和公共服务产品合理倾斜，根据中央部署适时合理开征资源税。在行政管理和行政监督方面，进一步简政放权，加强政府发展战略、

规划、政策、标准等制定和实施，加强社会服务的能力、队伍和制度的建设。

（二）发挥市场决定作用，推动转型发展，构建和完善资源节约型经济体系

建设节约型城市的关键是充分利用市场机制，发挥市场在资源配置中的决定性作用，推动经济和社会转型发展，以构建和完善资源节约型产业体系、经济机制，形成资源节约型经济体系。

首先，按照党的十八届三中全会的部署，适时推动自然资源及其产品价格改革，建立起全面反映市场供求、资源稀缺程度、生态环境损害成本和修复效益的资源价格形成机制。其次，建立环境有偿使用和市场调节机制，发展环境保护市场，推行节能降耗、碳排放权、排污权、水权交易制度，建立吸引社会资本投入生态环境保护的市场化机制。最后，在资源价格和环境使用机制构建和完善的过程中，推动经济结构和社会资源消费结构转变。大力推动传统优势产业转型升级和新型战略成长性产业发展，大力发展第三产业特别是生产性服务业，推动产业结构调整，形成资源集约节约利用产业体系，降低经济增长对资源消耗的依赖性。加快社会转型，推动城镇化快速发展，通过人口适度有序集聚和消费结构转变，促进资源集约节约利用和服务业健康稳定快速发展，降低消费需求对资源环境的压力。

（三）加强制度建设，完善教育体系，创建节约型社会环境

建设节约型城市要靠制度保障，并且依赖于全社会节约意识的全面提高，创建节约型社会环境。河南省还需要在当前基础上，进一步修订和完善资源集约节约利用的法律法规，建立起相应的技术标准和工作规范，加强节约型城市建设的动态监测和行政监督。在制度完善的基础上，进一步加强节约教育，在学校、企事业单位和社区扎实开

展节水、节电、垃圾分类回收以及其他绿色生产、绿色生活教育，形成全社会自觉节约利用资源、关注生态环境保护的社会氛围。

（四）加强技术创新，强化载体建设，构建节约型城市建设载体平台

建设节约型社会需要依靠科技创新推动，依赖各类社会平台的载体建设。河南省应该建立起以专门科研机构、高等院校和企业研发中心为主体的多样化资源节约技术创新和理论研究平台，通过进一步深入开展节约型园区、节约型企业（单位）、节约型社区建设，加强节约型城市技术研发队伍和社会服务队伍两支队伍建设，进一步完善节约型城市技术创新平台和创建载体建设平台，构建和完善节约型城市建设的载体平台。

参考文献

奚建武、徐丙奎：《节约型城市》，中国时代经济出版社，2005。

姚峰：《建设资源节约型城市的战略思考》，《生态经济》（学术版）2010 年第 1 期。

杜建军、沙治慧：《略论资源节约型城市——贵州建设资源节约型城市的案例分析》，《生产力研究》2008 年第 5 期。

李芸：《建设节约型城市的战略切入点》，《学海》2007 年第 6 期。

毛卉、王春兰、邓良才：《资源节约型城市节约程度评价》，《城市问题》2007 年第 2 期。

郭霞、刘中文、张克：《资源节约型城市建设问题与思考》，《特区经济》2007 年第 9 期。

刘端、李晖：《节约型城市建设评价体系建立及其应用》，《生态经济》（学术版）2008 年第 1 期。

何卫东、李水生：《生态文明社会的法律建构：从建设节约型城市的地

方立法谈起》，《环境保护》2009 年第 13 期。

李晖：《节约型城市建设评价指标体系设计》，《求索》2006 年第 12 期。

毛卉：《资源节约型城市的评价及影响因素研究》，重庆大学硕士学位论文，2007。

国家统计局、国环境保护总局：《中国环境统计年鉴（2006）》，中国统计出版社，2006。

国家统计局、国环境保护总局：《中国环境统计年鉴（2011）》，中国统计出版社，2011。

河南省统计局：《河南统计年鉴（2014）》，中国统计出版社，2014。

住房和城乡建设部：《中国城市建设统计年鉴（2007）》，中国计划出版社，2008。

国家统计局、国环境保护总局：《中国环境统计年鉴（2012）》，中国统计出版社，2012。

国家统计局、国环境保护总局：《中国环境统计年鉴（2013）》，中国统计出版社，2013。

三门峡市统计局：《三门峡低碳经济发展模式研究（2013）》，河南省统计局网站。

平顶山市统计局：《平顶山发展循环经济的现状及对策研究（2013）》，河南省统计局网站。

王诗淇：《焦作：煤城的国际化旅游城市梦想》，《经济视点报》2012 年 4 月 19 日。

李中海、张薇：《鹤壁："循环经济"梦想起航》，《经济视点报》2012 年 4 月 19 日。

B.15
河南省生态宜居城市建设研究

彭俊杰*

摘　要：生态宜居城市建设对推进新型城镇化、实现经济社会的可持续发展意义重大。河南省在生态宜居城市建设方面已有一些成功的实践与探索，但在城镇化发展水平、城镇体系结构、能源与环境的现实压力等方面仍然存在许多问题。为此本文提出河南应从强化产业支撑、完善城市功能、构建区域生态网络、加大科技投入、创新资金保障等五个方面建设生态宜居城市，实现城市的可持续发展。

关键词：河南　生态宜居城市　新型城镇化

引　言

城市是人口集聚的场所，是社会文明进步的象征，是社会经济发展的载体。党的十八大报告提出，要把生态文明建设放在突出地位，融入经济建设、政治建设、文化建设、社会建设各方面和全过程，努力建设美丽中国，实现中华民族永续发展。生态宜居城市是支撑区域经济社会系统高效运行的基本条件，是城市发展的最终目标，对科学

* 彭俊杰，河南省社会科学院科研处助理研究员。

推进新型城镇化、实现社会的可持续发展具有十分重要的理论和现实意义。目前，我国正经历着快速的城镇化过程，城镇化率从1978年的17.92%上升到2013年的53.73%。随着工业化、城镇化进程的加快，城市人口过度膨胀、环境污染、自然资源短缺、能源过度消耗等一系列的城市问题接踵而至，城市生态系统失去了平衡，不仅给城市的发展造成巨大压力，也严重影响了城市居民的生活质量、身体健康和生产活动。如何协调经济社会发展与生态环境的关系，通过物质、能量、信息的高效利用，实现城市生态的良性循环和人居环境的持续改善，达到人与自然的和谐相处，是当前我国城市建设亟待解决的关键问题。

党的十八届三中全会强调："紧紧围绕建设美丽中国深化生态文明体制改革，加快建立生态文明制度，健全国土空间开发、资源节约利用、生态环境保护的体制机制，推动形成人与自然和谐发展现代化建设新格局。"河南作为拥有1亿多人口的发展中省份，已经进入全面建成小康社会的决定性阶段，正处于加快实现中原崛起河南振兴富民强省的关键时期，也处于城镇化深入推进的重要时期，仍面临着城市发展与生态环境矛盾尖锐、城市规划布局不合理、交通拥堵、城市环境污染尤其是大气和水源污染等严重问题。因此，客观认识和了解河南省生态宜居城市建设的现实基础和现状，深入剖析生态宜居城市建设存在的问题，有针对性地提出加快河南生态宜居城市建设的政策建议，对于缓解城市发展和资源环境间的尖锐矛盾，促进河南省及其周边地区的可持续发展，对建立健全我国生态文明制度和推进城镇化健康发展意义重大。

一 生态宜居城市的内涵

生态城市的概念最早于1971年由联合国教科文组织发起的"人与生物圈"计划提出，即"借鉴生态系统的运行方式，加强城市系统内部的循环与优化，实现物质与能量的高效利用，从而尽可能地节约资源与能源，减少对自然界的侵害。同时，充分利用与城市相依的自然力，创造可持续发展的、社会和谐的、经济高效的、生态良性循环的人类居住区形式，形成自然、城市与人融为有机整体的互惠共生的结构”。可见，生态城市是一个经济高度发达、社会繁荣昌盛、人民安居乐业、生态良性循环四者保持高度和谐，城市环境及人居环境清洁、优美、舒适、安全，失业率低、社会保障体系完善，高新技术占主导地位、技术与自然达到充分融合，最大限度地发挥人的创造力和生产力，有利于提高城市文明程度的稳定、协调、持续发展的人工复合生态系统。

宜居是具有良好的居住和空间环境、人文社会环境、生态与自然环境和清洁高效的生产环境的居住地。1996 年联合国第二次人居大会提出了城市应当是适宜居住的人类居住地的概念，此概念成为 21 世纪新的城市观。中国在 2005 年国务院批复的《北京城市总体规划》中首次提到“宜居城市”。当前社会普遍认为“宜居城市”应在社会文明度、经济富裕度、环境优美度、资源承载度、生活便宜度、公共安全度等方面具有较高的宜居指数。城市综合宜居指数在 80 以上且没有否定条件的城市称为“宜居城市”；城市综合宜居指数在 60 以上、80 以下的城市，称为“较宜居城市”；城市综合宜居指数在 60 以下的城市，称为“宜居预警城市”。因此，生态城市和宜居城市从内涵上讲应该是相互交融的，生态的才是宜居的，或者说宜居的城市必然是生态良好的城市。

无论是国际还是国内，都已经把绿色、低碳、可持续发展作为城市发展的目标和方向。国外对生态宜居城市的探索起步较早，他们十分注重在城市规划中融入生态和宜居的理念，使城市建设与生态建设同步加强，如墨尔本、新加坡等都是生态宜居城市建设的典范。在国内，自党的十八大提出建设“美丽中国”的目标以来，全国各地已经有越来越多的城市加入到创建行列中来。各地把建设资源节约型、环境友好型社会作为努力方向，努力打造人民满意的宜居城市，如青岛、苏州、杭州、深圳、信阳等地连续多年跻身全国“十大生态宜居城市”。

二 河南省生态宜居城市建设的现实基础

（一）较强的经济实力

从经济发展态势看，2009～2013 年河南省经济呈逐年全面上升的趋势。从经济规模看，河南省 GDP 总量一直排在中部六省的第 1 位，到 2013 年 GDP 总量为 32155.86 亿元（见图 1），仅次于广东、江苏、山东、浙江，居全国第 5 位。从 GDP 增长速度看，中部六省增长速度快慢不一，主要受 2008 年金融危机的冲击，整体增速放缓。2013 年河南省的经济增长速度为 8.64%，增速较为平缓，低于中部地区的安徽、江西、湖南和湖北（见图 2），但高于全国平均水平（7.7%）0.94 个百分点。从产业结构调整来看，2013 年，河南省三次产业结构调整为 12.6∶55.4∶32，相比 2012 年，第二产业降低了 0.9 个百分点，第三产业提升了 1 个百分点。在农业基础地位得到加强的同时，服务业的地位逐步上升。2013 年，河南省 18 个中心城市的产业结构有 10 个城市的第三产业占生产总值的比重超过了全省的平均水平（见图 3）。日趋合理的产业结构成为推动城市经济发展、提升城市职能、优化城市空间布局的重要力量，为生态宜居城市建设创造了良好的条件，奠定了坚实的基础。

（二）稳定的社会环境

河南省在加快发展经济的同时，千方百计始终把惠民生作为一切

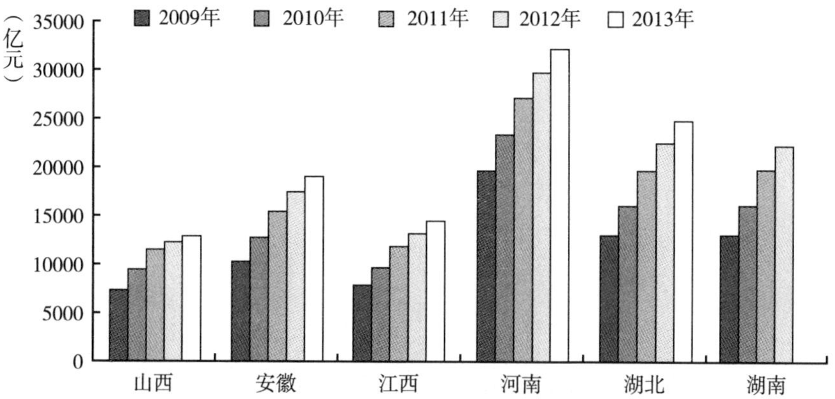

图 1　2009～2013 年中部六省经济总量

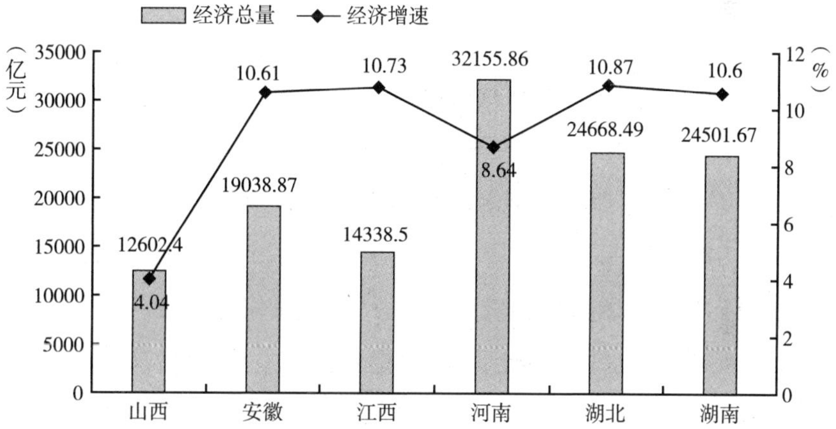

图 2　2013 年中部六省经济总量及其增速

工作的出发点和落脚点，千方百计把更多财政资金投向民生领域，保障民生工程扎实推进，使河南民生总体水平得到大幅提升。2013 年，全省财政支出 5578.2 亿元。其中民生支出 4049 亿元，占总支出的 72.6%，比 2012 年增长 11.9%。在民生支出中，社会保障和就业支出 727.6 亿元，教育支出 1173.4 亿元，医疗卫生支出 492.7 亿元，住房保障支出 191.6 亿元。2013 年河南省继续将人民群众最关心、

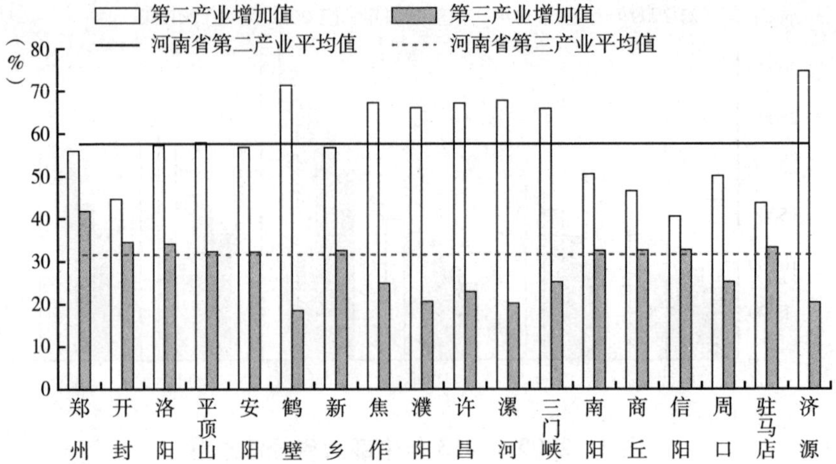

图3　2013年河南省中心城市第二、第三产业结构比重

最直接、最现实的利益问题如就业再就业、社会保障、住房保障、教育、医疗卫生、文化、支农惠农、环境治理、社会管理、食品药品安全等列为十项重点民生工程全力推进落实。就业形势总体稳定，教育事业得到均衡发展，社会保障进一步扩面提标，覆盖城乡居民的基本公共服务体系进一步完善，农业转移人口市民化进程加快，户籍制度改革取得新突破，“平安河南”建设稳步推进，社会治理能力显著提高。这些都为河南省生态宜居城市建设打下坚实的社会基础。

（三）良好的生态条件

河南属暖温带—亚热带、湿润—半湿润季风气候。夏季炎热雨水丰沛，秋季晴和日照充足。全省年平均气温一般在12℃～16℃，1月为－3℃～3℃，7月为24℃～29℃，大体为东高西低，南高北低，山地与平原间差异比较明显。全年无霜期从北往南为180～240天。≥10℃的有效积温4000℃～5000℃，年降水量为532.5～1380.6mm，主要集中在6～8月，占全年降水量的50%～60%。过渡性的气候特点、复杂多样的地形地貌孕育了河南省南北兼容、丰富多样的植被和森林资源。以伏牛山主脉—淮河干流为界，南部属北亚热带常绿落叶阔叶林带，北部属暖温带落叶阔叶林带。全省分布有高等植物198科、3979种及变种，占全国植物种及变种总数的12.2%。有陆生野生脊椎动物90科、522种，占全国总种数的23.9%。在河南分布有国家重点保护野生植物27种，其中列为国家一级重点保护的3种，二级重点保护的24种；列为国家重点保护野生动物94种，其中列入国家一级保护的15种，二级保护的79种。

河南省水资源总量丰富，分属黄河、淮河、海河、长江四大水系。其中，黄河水系流域面积3.62万平方公里，占全省面积的21.7%；淮河水系流域面积8.83万平方公里，占全省面积的53.0%；长江水系流域面积2.72万平方公里，占全省面积的16.3%；海河水系流域面积1.53万平方公里，占全省面积的9.0%。境内1500多条河流纵横交织，流域面积100平方公里以上的河流有493条。全省水资源总量405亿立方米，居全国第19位。全省湿地总面积110万公顷（含水稻田44万公顷），占全省国土总面积的6.6%；已建立湿地类型自然保护区17处，其中国家级自然保护区3处；湿地保护区总面积26.81万公顷，占全省湿地总面积（不含水稻田）的40.62%；建立国家级湿地公园17个，面积40358.67公顷。

三　河南省生态宜居城市建设的现状分析

（一）循环经济建设稳步推进

近年来，为提高资源利用率、实现经济效益与生态环境效益的双赢，河南省积极探索以资源合理开发、节约综合利用为重点的循环经济发展模式，并取得初步成效。2005年，河南省开始循环经济试点建设，以推进资源节约、综合利用和推行清洁生产为重点，选择部分市县和企业进行试点，鼓励发展循环经济。引导全社会树立节约能源、节约资源、保护环境的意识，努力建设节约型社会。继续加大对高耗能、重污染企业和落后生产能力的淘汰力度，大力推进工业节能、节水、降耗、资源综合利用技术改造，鼓励生产和使用节能节水型、可再生型、绿色环保型产品。组织实施强制性清洁生产审核，推动企业清洁生产，最大限度减少废弃物排放，鼓励开发应用污染物处理和综合利用先进技术，实行严格的行业标准和环境补偿政策，限制重污染产业发展。资源集约利用方面，加强煤炭、铝土矿、金矿、非金属矿产等重要资源整合，提高资源开发利用的规模化、集约化水平，加强水资源、土地资源保护，提高综合利用效率。

（二）生态环保能力逐渐加强

全省生态环境工作以“三保一高”（即保护改善生态环境，保障促进科学发展，保障群众环境权益，提高生态环境质量水平）为工作方针，以深化污染治理为核心，以推进总量减排为重点，以改善环境质量为目标，优化环评管理，严格执法监管，创新机制体制，夯实基础能力，着力解决影响科学发展和群众健康的突出环境问题，着力做到在保护中发展、在发展中保护，不断提高环境管理科学化水平，全面推动经济社会绿色发展、循环发展、低碳发展。

2013年，河南省共争取到国家各类生态环保资金18.46亿元，重点用于污染防治、农村环境综合整治、省环境监控中心项目建设。其中农村环境综合整治安排资金7亿元，涉及300个乡（镇）1543个行政村的350个项目；大力推进100个地表水自动监测能力建设项目。全省重点监控企业共建设基站1405个，全部完成全省59家上网电厂和158家城镇污水处理厂工况监控系统建设。实施环境监测预警响应机制，监控数据全面应用于总量减排、总量核定、生态补偿、排污费征收、脱硫脱硝电价核算、环境执法等环境管理与环境决策，并制定下发《河南省建设项目环境影响评价文件分级审批目录（2014年）》，下放9大类行业31种项目的环评审批权。进一步加强环境监管，出台《河南省环保系统目标责任考核办法》《河南省环境监测预警响应规定》《环境信息公开管理办法》《河南省企业环境信用行为信息公开办法》《关于深化主要污染物总量预算管理的意见》《规范行政审批工作暂行规定》等17个文件，以完善环境保护工作考核评价体系，创新考核评价方式，强化激励约束机制，确保各项环保目标任务完成。

（三）城市污染防治不断深化

省环保厅制定《河南省蓝天工程行动计划》，提前两年完成PM2.5监测体系建设，实现国家、省、市三级联网。淘汰或改造省辖市建成区天然气和供热管网覆盖范围内10蒸吨及以下燃煤锅炉858台；加快推进治污工程项目建设，列入《河南省流域水污染防治规划（2011～2015年）》的769个项目，已完工和在建的494个，占总数的64.24%；全面实施《河南省重金属污染综合防治“十二五”规划》，完成重金属重点治理项目80个；划定全省83个县148个集中式饮用水水源地保护区，开展饮用水水源地环境状况评估；全省300家企业开展清洁生产审核。截至2013年底，全省正式投入运营的城市污水处理厂共计160座，建成规模为日处理污水723.75万吨，全年累计处理水量23.44亿立方米，安全处置城镇污水处理厂污泥155万吨（含水率80%计）；全省建成运行的城市生活垃圾处理场125座，建设规模为日处理生活垃圾3.47万吨，全年处理城市生活垃圾972.66万吨，全省垃圾填埋场均达到了无害化等级评定Ⅱ级以上标准。城市污染物总量减排稳步推进。全省空气四项主要污染物减排目标为：化学需氧量、氨氮、二氧化硫和氮氧化物排放量分别控制在135.45万吨、14.54万吨、125.68万吨和160.12万吨，与上年相比，分别下降2.8%、2.9%、1.5%和1.5%。其中，漯河、濮阳、济源等城市分别在氮氧化物、二氧化硫、氨氮和化学需氧量排放量控制上达到全省最低（漯河氮氧化物排放量2.25万吨，濮阳二氧化硫排放量2.116万吨，济源氨氮排放量0.31万吨、化学需氧量排放量1.43万吨）（见图4）。

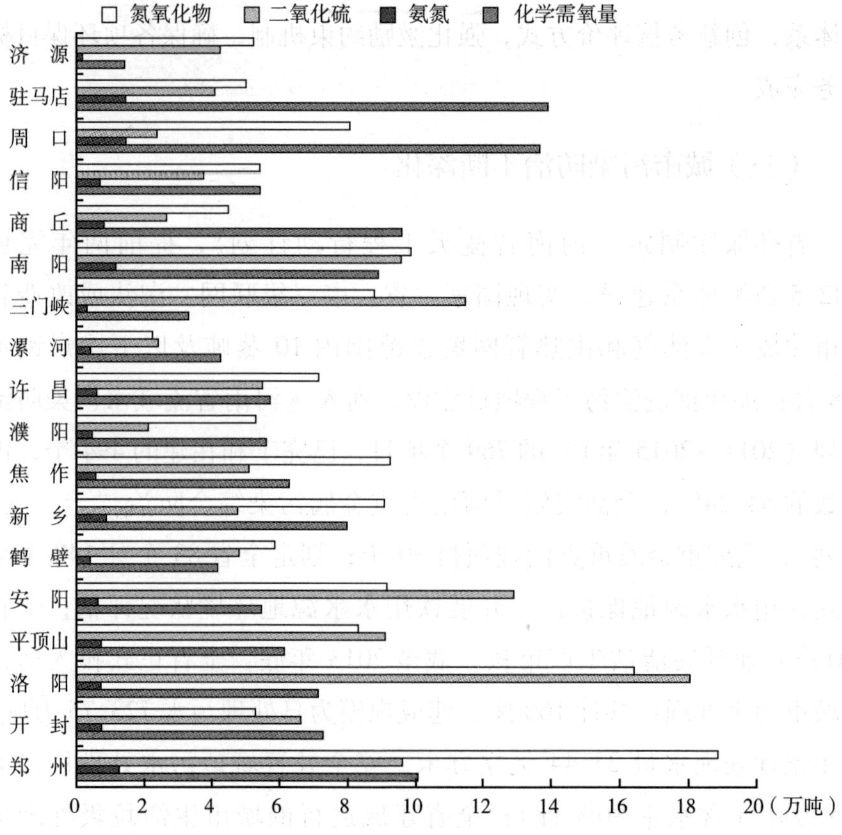

图4　2013年河南省中心城市四类污染物的排放量

四　河南省生态宜居城市建设面临的主要问题

（一）城镇化整体水平较低

30多年来，河南省城镇化发展迅速，城镇化率从1978年的13.6%上升到2013年的43.8%。就整体而言，城镇化水平不高，一直落后于全国平均水平。从发展速度来看，河南省城镇化增长率波动较大，在1995年之前，一直落后于全国平均增速。自1995年之后，呈现出较快的发展速度，保持了较好的发展态势，但是与全国和经济发达地区相比，河南省的城镇化水平仍然偏低，已成为制约全省经济社会发展和生态宜居城市建设的主要瓶颈（见图5）。2013年年底，河南省城镇常住人口达4123万人，城镇化水平达43.80%，较全国53.73%低9.93个百分点。河南省城镇化总体水平较低，还表现在各地区城镇化发展不均衡，城镇化发展质量不高。城镇化水平最高的地区主要集中在郑州、济源、鹤壁和焦作等地，其中郑州市的城镇化率最高为67.08%；城镇化水平较低地区主要集中在黄淮地区，主要包括商丘、驻马店、周口和信阳等市，其城镇化率低于全省平均值（见图6）。城镇化水平低，城镇化发展不均衡，经济实力不强，城市综合竞争力弱，对周围地区要素的聚集力、带动力和辐射力不强，对农村剩余劳动力的吸纳力较弱，城市群之间的融合度差等问题在一定程度上制约城市生态系统的可持续发展。

（二）城镇体系结构不合理，生态脆弱

作为一个人口大省，河南省城市规模结构不够合理，体系不够完善。主要表现在，一是省会郑州城市吸纳人口集聚能力有限，对全省城镇的辐射带动作用不明显。二是全省中等城市数量偏少，承上启下

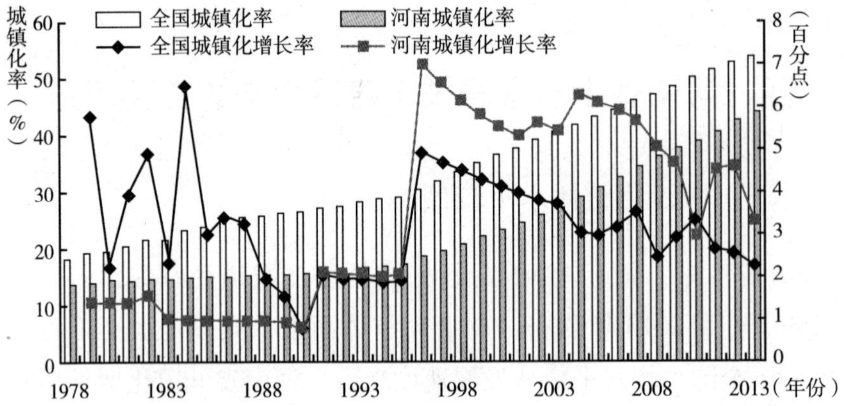

图5　1978～2013年河南与全国城镇化水平和发展速度走势比较

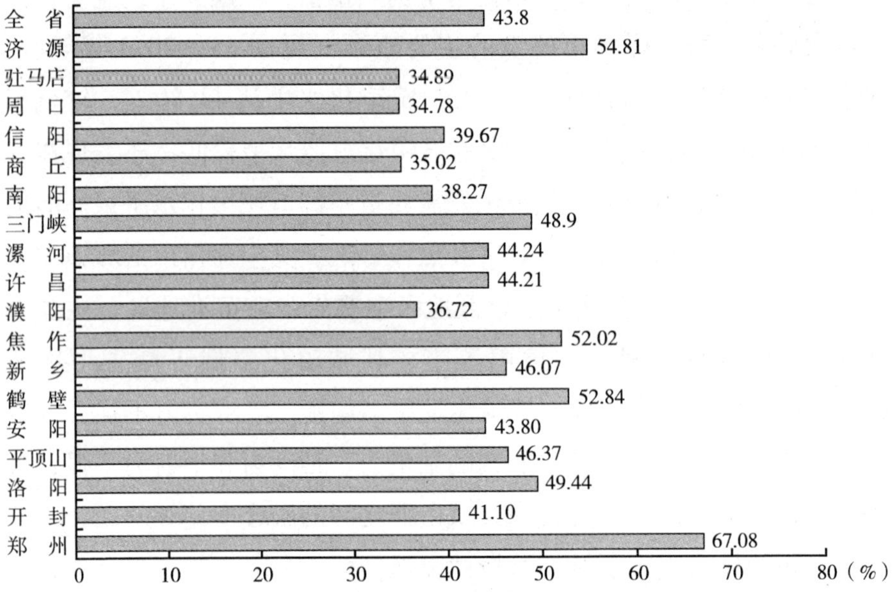

图6　2013年河南省各地区城镇化发展水平比较

的节点作用不够突出。三是小城镇数量多、规模小、功能不全、基础设施缺乏，现有的污水处理设施、垃圾粪便无害化处理设施等基础设施建设标准较低，不能满足地方经济社会发展需求。四是城市生态系统和结构功能布局不合理。旧城区人口密度与建筑密度过大，土地开发强度过大；旧城区绿化覆盖率低，居住适宜性差，生态环境建设工作和改善城市人居环境的生态工程相对滞后。五是城镇土地利用不合理。局部地区生态较为脆弱，水资源紧张，环境污染严重。耕地减少，水源趋紧，部分土质瘠薄地区水土流失较为严重，树种组成较为单一且空间分布不均匀，造成整个自然生态系统较为脆弱，抗干扰的能力以及受到干扰后的恢复能力较差。

（三）能源、资源和环境的现实压力

河南作为农业大省，同时也是一个能源生产和消费的大省。2014年河南统计年鉴发布的数据显示，2013 年河南省实现国内生产总值32155.86 亿元，同比增长 8.64%，是 2002 年的 5.33 倍。一次能源生产总量从 1978 年的 0.4434 亿吨标准煤上升到 2013 年的 1.32 亿吨标准煤；能源消耗总量从 1978 年的 0.3353 亿吨标准煤上升到 2013年的 3.22 亿吨标准煤。特别是党的十六大以来，河南经济快速发展，居民生活水平迅速提高，全省工业增加值年均增长 16.4%，高于GDP 年均增速 3.6 个百分点。但是，高投入、高消耗、高排放、低效率的粗放型经济增长模式依然存在，经济增长与能源消耗之间的矛盾日益突出。2005 ~2013 年河南万元 GDP 能耗一直高于全国水平，平均为 1.03 吨标准煤/万元，比全国平均水平 0.92 吨标准煤/万元高12%（见图 7）；能源利用效率一直低于全国水平，平均为 10066 元/吨标煤，低于全国平均水平 11432 元/吨标煤 11.9%（见图 8）。从环境污染角度看，全省 18 个省辖市与上年相比，PM10（可吸入颗粒物）、二氧化氮、二氧化硫年均浓度分别上升 36.6%、24.2%、4.4%。由此可见，资源、能源和环境的现实压力以及由此引发的各种环境问题已成为制约河南生态宜居城市建设的最大瓶颈。

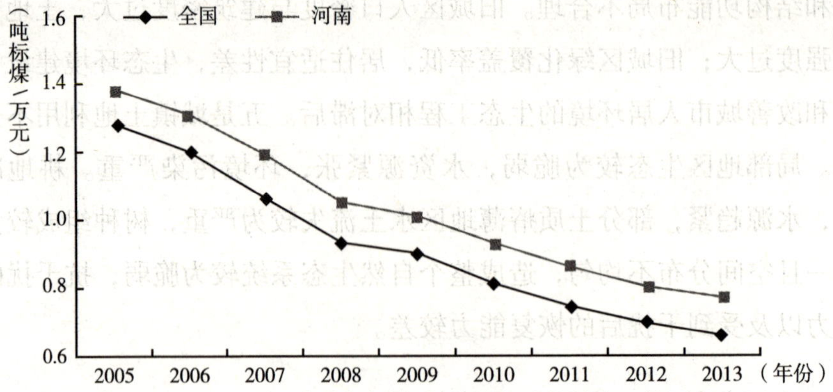

图7 2005～2013年河南与全国万元GDP能耗比较

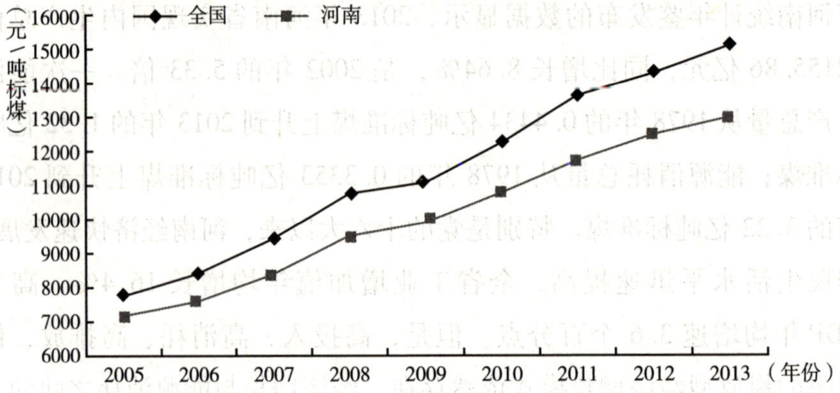

图8 2005～2013年河南与全国能源利用效率比较

五 推进河南省生态宜居城市建设的主要路径

（一）强化产业支撑

1. 大力发展服务业，使之成为吸纳农村人口转移就业的重要支撑

一方面，通过创新管理模式、提高科技含量、发展先进业态等手

段，推动住宿餐饮、商贸流通、交通运输等传统服务业扩大规模、提升层次、塑造品牌，提升传统服务业质量；另一方面，推动金融、现代物流、文化旅游、中介服务、社区服务等现代服务业加快发展、做大做强。

2. 提升工业层次，以工业化带动城镇化发展

大力发展高新技术产业，改造升级传统优势产业，形成河南特色的现代产业体系，提高核心竞争力。围绕提升工业竞争力，以链式发展方式，使资源型工业由“重”往“轻”扩展，由上游向下游延伸产业链，大力发展深加工和精深加工的终端产品，由价值链低端向高端升级。大力发展汽车、电子信息、装备制造、食品、轻工、建材等六大高成长性产业和新能源汽车、生物医药、新能源、新材料四大战略性新兴产业。

3. 加快发展现代农业，打造现代农业产业集群，提高农业的规模效益

在确保粮食稳产增产的前提下，推进农业结构调整，探索转包、出租、互换、转让、股份合作等多种形式的土地承包经营权流转，提高农村组织化程度、市场化程度、科技化程度、国际化程度。设计与市场接轨、与国际接轨的高科技农业产业链。发展家庭农场、农民专业合作社等农民专业合作组织，促进适度规模经营，提高农业劳动生产率，促进农村富余劳动力向二、三产业转移。

（二）完善城市功能

完善城市整体功能，提高城市综合承载力，构建城乡对接与协调发展的城镇网络体系。按照新型城镇化的内在要求，把生态文明理念全面融入城镇化进程，着力推进绿色发展、循环发展、低碳发展，节约集约利用土地、水、能源等资源，强化环境保护和生态修复，减少对自然的干扰和损害，推动形成绿色低碳的生产生活方式和城市建设

运营模式。加强城市基础设施建设，完善城市公共设施，提高城市管理水平，着力健全文化、教育、医疗、劳动就业和社会保障等公共服务设施；提高公共服务质量，构建绿色生产方式、生活方式和消费模式；加强城市生态系统建设，形成集约、环保、低碳、绿色的城市发展模式。

1. 加强设施建设，提高城市承载能力

要加强产业集聚区、商务中心区和特色商业区、城市新区等道路、给排水、电力、供热、供气、通讯等基础设施，以及教育、医疗卫生、文化、体育等公共服务设施建设，提高其基础支撑能力和载体承载能力，为产业集聚和人口集中创造基础条件。

2. 构建体系化的公共服务网络，完善城市综合服务功能

不断加大公共服务投入，推动公共服务均等化，为产业集聚与城镇化均衡发展提供合力。在社会保障方面，继续扩大社会保险覆盖面，提高社会保障水平。在教育方面，加大教育投入力度，提高教育质量；促进教育均衡，确保进城农民子女和新增居民都能接受免费九年义务教育。在医疗卫生方面，积极推广城乡基本公共卫生服务，提高城乡居民基本公共卫生服务享有的公平性。在文化方面，完善公共文化服务设施布局，完善街道、社区文化活动场所，基本实现公共文化设施免费开放。在居住方面，构建经济适用房、廉租房、公共租赁房等多层次的住房保障体系，全面提高城市住房保障能力。

3. 加强城市生态系统建设

围绕美丽河南建设、优先保护饮用水水源地水质，实施城市河流清洁行动计划，加大城区河道环境综合整治，规划建设生态廊道和公园绿地，增加公共绿地面积。继续实施蓝天工程，以可吸入颗粒物和细颗粒物为重点，强化大气污染综合防治，实行城市间大气污染治理联防联控，增加空气质量优良天数。加快污水处理厂和垃

圾处理场扩容升级改造，推动有条件的省辖市利用新型干法水泥窑协同处理等先进成熟可靠技术建设生活垃圾和污泥处理设施。合理划定生态保护红线，科学规划生态功能区，扩大城市生态空间，改善城市人居环境。

（三）构筑区域生态网络

构筑“四区三带”区域生态网络。按照主体功能区的规划定位，建设桐柏－大别山地生态区、伏牛山地生态区、太行山地生态区、平原生态涵养区、黄河滩区生态涵养带、南水北调中线生态走廊和沿淮生态走廊。以林业生态省建设为抓手加快实施太行山绿化、长江流域防护林“百千万”农田防护林体系改扩建、生态廊道网络、城镇绿化美化等重点工程，为生态宜居城市建设提供绿色屏障和绿色发展空间。坚持不懈地开展“智慧城市”“低碳城市”“生态县”“美丽乡村”“绿色社区”“环境教育基地”等绿色创建活动，不断夯实绿色发展的群众基础。

（四）加大科技投入

1. 加大科技投入力度

依靠科技促进产业结构的优化调整，促进推行清洁生产的实施，对于发展高新技术的产业和产品给予政策优惠和资金支持。让产业结构调整与清洁生产、企业管理与环境综合整治、节能降耗与资源综合利用有机结合起来，体现环境、社会、经济效益的优越性和市场竞争力，形成经济与环境保护的集聚优势，实现保护生态环境的目标。建立专项基金，支持科技和制度创新。建立完善的激励机制，促进科技人员的技术创新。依靠科技进步，提高工程的技术含量，加强新技术、新设备的应用。

2. 培育引进科技人才

建立适应现代化需要的科技和管理人才队伍，在立足大力加强人才培养的基础上，积极引进经济发展需要的人才，为生态宜居城市建设服务。加强生态环境保护技术的引进应用和研发。加强重点生态环境保护领域的科学研究，特别加强水域、大气、土壤等重要生态环境及重大灾害的监测和预警技术研究，建立生态监测和预警网络，增强生态环境监测能力，提高生态环境异常、生态灾害信息快速采集、分析及预报预警水平和应急能力。

（五）创新资金保障

1. 积极争取国家投入，吸引民间资金

要积极争取国家和省、市政策性资金扶持，在公益型大项目上争取国家财政和政策支持，如自然保护区建设、天然林保护工程、退耕还林工程、农村环境连片综合整治、农村清洁能源建设、水源地保护等，把利用建设项目争取资金作为生态宜居城市建设资金筹措的重要渠道。另外，把培育和发展资金市场作为解决资金短缺的主要途径，增强农民投资意识，变社会闲散资金为使用资金，坚持“谁投资，谁受益”的原则，鼓励企事业单位和个人投资生态保护事业。进一步改善投资环境，抓住国家经济结构调整和国际向中国投资热潮的机遇，多渠道、多形式、多领域地引进外部资金。

2. 强化环保收费，加大资金投入

在自然资源使用上，一律按照“谁开发，谁保护”的原则，足额、全面征收排污费和资源补偿金，建立自然资源和生态环境破坏补偿资金。政府在财力紧张的情况下，也要尽量对环保、科技、教育、绿化等事业加大投入，对企业发展循环经济、农村发展沼气、综合利用畜禽粪便等有利于环保的项目要加大支持。另外，在条件允许的情

况下，政府要把资金更多地投向农村，大力扶持农村的清洁能源、农业资源的综合利用和科技培训。

参考文献

牛文元：《中国可持续发展总论》，科学出版社，2007。

王如松：《城市生态学》，科学出版社，1990。

黄光宇、陈勇：《生态宜居城市理论与规划设计方法》，科学出版社，2002。

王祥荣：《生态建设论——中外城市生态建设比较分析》，东南大学出版社，2004。

中共中央、国务院：《国家新型城镇化规划（2014～2020年）》，2014。

河南省人民政府：《河南省新型城镇化规划（2014～2020年）》，2014。

河南省环境保护厅：《2013年河南省环境状况公报》，2014。

B.16

河南智慧城市建设研究

李建华*

摘　要：智慧城市是信息化时代城市发展的一种高级形态，是当今世界城市发展的趋势和特征。一些国家、地区和城市率先提出了建设智慧国家、智慧城市的发展战略。河南省也高度重视智慧城市建设，在一些试点城市开展了智慧城市建设的实践探索。本文在分析河南省智慧城市建设现状的基础上，指出了目前智慧城市建设遇到的困难和问题，并在技术、体制、应用、产业促进等方面提出了推动智慧城市建设的对策和建议。

关键词：河南　信息化　智慧城市

随着城市化进程的不断加快，城市资源与环境、城市运行与管理等都面临日益突出的问题和严峻的挑战，人们的需求规模日益扩大与城市供给日益有限之间的矛盾也将会不断加剧，城市的可持续发展需要更智慧的技术，需要探索新的发展路径和模式。在此背景下，智慧城市概念一经提出，即受到世界各国的广泛关注和重视，在云计算、移动互联网、大数据等信息技术的支持下，越来越多的城市提出了建

* 李建华，河南省社会科学院助理研究员。

设智慧城市的发展战略，智慧城市已经成为未来城市发展的趋势和目标。河南正处在城镇化快速发展阶段，在城市建设中，迫切需要逐渐突破依靠人口、土地、资源等要素驱动的路径依赖，转向依靠知识、信息、技术等创新驱动，以现代信息技术对城市的各个系统进行智能化改造，发展智能产业，建设智慧交通、智慧医疗等应用体系，提高城镇化质量，使城市更加健康、美好地发展。

一 智慧城市的内涵与特征

智慧城市概念最早由 IBM（国际商业机器公司）提出，IBM 在《智慧的城市在中国》白皮书中，把智慧城市定义为："能够充分运用信息和通信技术手段感测、分析、整合城市运行核心系统的各项关键信息，从而对于包括民生、环保、公共安全、城市服务、工商业活动在内的各种需求做出智能的响应，为人类创造更美好的城市生活。"目前，关于智慧城市也还没有一个统一的概念，概括来说，智慧城市就是利用新一代的信息技术，把互联网、通信网与装有传感器的各种设备物件普遍连接起来，形成史无前例的物联网，再使用先进技术整合巨量的数据和信息，进行深入分析和复杂计算，最终实现城市的智慧运行和管理。从智慧城市的基本内涵来说，智慧城市是信息化和城镇化融合的产物，是以互联网、物联网、电信网、广电网、无线宽带网等多形态网络组合为基础，更加广泛深入地推进应用型信息系统的开发建设和各类信息资源的开发利用，形成智慧技术、智慧产业、智慧服务、智慧人文、智慧管理、智慧生活等智慧应用系统，从而使市民生活更美好的城市发展新模式。

智慧城市是人的智慧与信息通信技术紧密结合的产物，主要有以下几个特征。一是高度智慧化。能够对城市的海量信息和数据进行实时收集与存储，从而构建个人信息、法人信息、地理信息、统计信息、重大基础设施智慧监测信息、治安与道路实时监测信息等城市数据库，为现代城市精细化管理运营提供不可或缺的信息基础。二是高度互联互通。通过城市的固定网络、无线网络、移动通信网络，帮助城市管理部门从全局的角度分析并实时解决问题，使得工作、任务通过多方协作远程操作成为可能。三是高度交换共享。通过构建身份认证、目录交换、结算清分、信用评估等技术平台，使分布在城市不同角落的海量数据能够不断进行流转、交换、共享、比对，极大地推动城市治理运营进入良性循环：主动发现问题→功能自协调→及时处理问题。四是高度协作。在互联互通网络、数据交换与共享基础上，政府、企业和个人可以进行高度的交互协作，政府协同办公、城市协同治理，使智慧城市聚合各方智慧，为城市管理与运营提供更智能的决策支持系统和管理服务手段。

二　河南智慧城市建设现状

（一）河南省智慧城市建设取得的成就

1. 抢抓机遇，积极申报国家智慧城市试点

建设智慧城市是党中央、国务院关于创新驱动发展、推动新型城镇化、全面建成小康社会的重要举措。河南省委、省政府高度重视，各地市也积极抢抓机遇，把建设智慧城市作为转型发展的战略选择，很多城市积极开展国家智慧城市试点申报工作。通过积极开展智慧城市建设，提升城市管理能力和服务水平，促进产业转型发展。2013年1月，国家首批智慧城市试点名单中，河南省有郑州市、鹤壁市、漯河市、济源市、新郑市、洛阳新区6个市入选，在第二批国家智慧城市试点名单中，又有许昌、舞钢、灵宝3个市入选，至今河南共有9个城市（区）列入国家试点。智慧城市试点城市先期起步，艰难探

索，正在积累实践经验，为河南省其他城市提供示范和借鉴。

2. 智慧城市建设规划和指导意见相继出台，积极探索建设模式

已经进入试点的9个城市（区）都在着手制定智慧城市总体规划，其中《郑州市智慧城市建设总体规划》已经通过评审，洛阳市也完成了《洛阳新区智慧城市概念规划及伊滨新区实施方案设计》的编制，为洛阳新区智慧城市建设提供依据和指导。此外，一些试点城市政府也出台了具体指导意见，如郑州市出台了《郑州市人民政府关于加快建设智慧城市的实施意见》，济源市出台了《济源市关于推进国家级智慧城市试点建设工作指导意见》。这些规划方案和指导实施意见为智慧城市建设指明了发展方向，规划了路径，提供了智慧城市建设的不同模式，做出了战略部署。

3. 成立第三方机构，积极推动智慧城市建设

第三方机构是政府和企业之间的桥梁，可以为智慧城市建设提供很好的资源汇聚平台，能够有效地为智慧城市建设提供规划指导、标准制定、产业促进、专业技术应用、人才培训等各类公共服务，是更好地发挥市场决定性作用和政府作用的“调和剂”。河南省积极推进第三方机构的发育成长，于2014年成立了智慧城市规划与建设专业委员会。该委员会是由从事智慧城市建设的企（事）业单位、大专院校、科研院所、行业协会、标准化组织、检测机构、个人等自愿联合组成的非营利性社会团体，成员构成涉及政策、管理、规划、信息化、园林、建筑节能、市政公用等多个专业领域，对河南省智慧城市规划建设建言献策，积极协助配合政府部门，共同促进智慧城市科学推进。

4. 举办高层论坛，交流智慧城市技术信息

智慧城市高层论坛是智慧城市技术交流的窗口和展示的平台，河南省先后举办了一系列的智慧城市高层论坛，为智慧城市建设提供指导和帮助。2013年3月，举办智慧城市建设高峰论坛，权威专

家深入剖析智慧城市建设理念与发展方向，提出智慧城市建设的思路。2013 年 7 月举办河南智慧城市峰会，以“智慧城市，智慧社区，智慧家居”为主题，对智慧社区现状及智慧家居、智慧养老等诸多热点问题做了分析。2014 年 5 月首届智慧中原地理信息产业创新发展论坛在郑州举办，论坛围绕“大数据时代的到来与智慧城市的兴起”“城市智慧转型的地理信息应用”等主题，描绘了智慧中原的美好愿景。2014 年 8 月，河南省又举办了“河南首届智能社区发展趋势高峰论坛”，从“智慧社区云平台”的构建层面，解析了如何运用物联网、云计算、电子商务等应用搭建智能社区平台。

5. 智慧技术应用体系已经初见成效

在智慧城市试点，一批智慧技术得到推广应用，一些智慧项目正在推进。郑州市启动了“智慧金水”项目，该项目采用移动通信技术，在金水区内合理规划。在网络建设方面，实现“WLAN + TD SCDMA（3G） + TD LTE（4G）”无线覆盖、光网入户。在无线应用方面，建设物联网、市民主页，为辖区内企事业单位及个人提供方便快捷的一站式便民应用服务。许昌市的智慧城市建设在智慧教育、智慧农业、智慧公共安全、智慧城管等方面已经取得了一些成效。在智慧教育方面，教育资源云平台已完成部署，已有 2800 余名教师使用该系统。在智慧农业方面，有 4 个现代化种植大棚进行智慧农业示范建设，通过示范带动，长葛市和许昌县正在建设农田智能喷灌工程。在公共安全方面，建成了覆盖全市的公安视频专网。在智慧城管方面，致力于打造“一库、一平台多种应用”的智慧城管系统，许昌城管公众便民服务平台 2014 年年底可以建成并投入使用。

（二）河南省智慧城市建设存在的问题

智慧城市建设在河南省还处在起步和探索阶段，目前阶段存在的问题主要有以下几方面。

1. 信息共享程度低

河南省智慧城市建设在省级层面还没有一个总体的规划设计，没有明确牵头部门，有关管理职责不清。一些部门注重自身利益，信息共享不通畅，形成大量信息孤岛，导致重复建设现象严重。有的地方没有充分考虑关联系统和配套措施，盲目上马一批项目，建成项目效益不明显，造成人力、财力和物力的巨大浪费。有的城市智慧城市建设由某一政府职能部门牵头负责，没有能力协调多部门的工作，无法实现跨部门、跨行业、跨地区的政务信息共享和业务协同。

2. 信息基础设施薄弱

信息基础设施也是智慧城市建设的基础，河南省在信息基础设施建设上缺乏合理的规划和有效的管理。例如，电信、广电、光纤管网的铺设没有统一规划，没有实现共同管道建设，管孔得不到有效的利用，管网断头多，损坏现象严重，日常维护和管理困难。通信基站及附属设施还不能实现共建共享，基站之间相互影响较大，信息流通不畅。通信机房及配套工程建设相对落后，不能满足用户的需求，维护管理问题较多，得不到及时解决，用户利益无法保障。

3. 资金来源渠道单一

智慧城市建设还没有形成多元化的投融资机制，过分依赖政府投资，无法激发社会力量参与智慧城市建设的积极性和创造性。有些智慧产业带动效果也不明显，缺乏自我造血功能，从而导致财政压力加大，资金投入出现“无底洞”现象，长期收益更是无从谈起，最终将导致智慧城市建设难以为继，不可持续。

三 河南智慧城市建设的五大重点领域

智慧城市建设是一项庞大的系统工程，河南省还处于初始阶段，要率先在那些关系民生、与信息技术结合紧密、辐射带动能力强的领域重点突破，示范带动。目前，应在交通、旅游、政务等领域推进智慧城市建设。聚焦公共性、基础性和创新示范性、业务协同性，突出针对性、实效性和可操作性，加快重点领域、重点区域和重点项目的示范建设，强化辐射带动作用，促进设施完善和产业发展。

（一）构建智慧政务体系

党的十八大提出，要深化体制改革，建设职能科学、结构优化、廉洁高效、人民满意的服务型政府。建设服务型政府，就要创新行政管理方式，依靠信息技术，通过感知、整合、分析及智能化响应等方式，将政府管理和服务职能通过资源整合优化，建设公共管理高效精准、公共服务便捷惠民的智慧政务体系。智慧政府体系为城市转型升级、经济发展带来更大的内驱力，能够减少行政成本，不断提升整个城市整体竞争力和影响力。“智慧政府”先行建设，可以带动经济、社会领域的智慧体系建设。

1. 建设政务云数据中心

采用虚拟化等新技术，通过政务信息资源整合、扩展、完善，推行基础设施共享服务、平台共享服务、应用共享服务，实现技术资源整合共享。

2. 建设政务物联网数据中心

依托现有电子政务基础设施，建设全省机关统一的政务物联网数据中心，为各业务部门和管理部门集中提供网络通信、数据存储、信息处理及系统运行服务，避免各部门分散建设物联网数据中心。

3. 建设全省统一的涉密信息传输管理平台

整合各部门涉密网络，严格按照信息系统分级保护要求，完善以病毒防范、漏洞管理、入侵防范、信息加密、访问控制等为重点的安全防护体系，落实安全保密措施，完善身份鉴别、访问控制、责任认定体系。

4. 建设移动电子政务平台

结合手持设备智能化和移动通信技术快速发展的形势和机关移动办公、移动执法的需求，规划建设移动政务安全接入平台和应用服务平台，形成有线无线互为补充、安全可靠、统建统管、充分共享的移动电子政务平台。

（二）构建智慧交通体系

交通运输是国民经济生产和社会生活的命脉，关系到国计民生。2014 年全国交通运输工作会议明确了加快建设“四个交通”的发展方向，其中就有智慧交通。交通运输部将“智慧交通”建设纳入到交通运输行业发展的重要内容，进行统一部署。智慧交通把现代信息技术融入交通运输业的自主创新、产业发展、公共服务等领域，有利于加快现代物流转型升级，有利于提高城市交通的科学管理和组织服务水平，有利于提高人民群众出行效率，是破解大城市“出行难”的有效方法和模式。河南省是国家的交通枢纽，建设智慧交通是适应信息时代的需要。

1. 建设智慧交通路网体系

加大基础设施感应设备配置力度，在公路、桥梁、码头等场站完善交通流量自动观测设备、视频监控及诱导系统等智能交通装置。完善交通信息采集发布系统，在高速公路进出口、繁忙路段等交通现场安装交通流诱导屏设施，及时发布路况信息，预防交通堵塞事件，提高道路利用率和通行能力。鼓励公共交通参与者及时反馈动态交通信息，不断拓展信息采集和发布渠道。

2. 建设智慧交通装备体系

大力发展智能化车辆，一是积极引进先进运输装备，在出租车、公交车、长途客车、危险品运输车、集装箱运输车上推广安装地理信息系统（GIS）、卫星定位系统（GPS）、射频自动识别系统（RFID）等智能安全管理装置，推进客货运车辆的专业化、智能化。发展智能化仓库，建立自动化立体仓储系统，推广标准化托盘、叉车以及自动分拣装置，不断提高仓储管理效率。建设恒温、防爆等特种仓库，满足高端商贸业对物流装备的需求。

3. 建设智慧交通出行体系

整合客运联网售票平台，提高客运站联网售票率。搭建出租车智能服务平台，加快出租车电子支付系统建设，强化出租车调度功能，完善载客/空车状态监测系统，为社会提供电话、短信等预约出租车服务。构建公众出行服务平台，依托交通联网售票系统、智能交通诱导系统、电子地图等，逐步增加出行信息的服务项目，提升服务质量。

4. 建设智慧交通物流体系

提升物流节点信息化水平，以场站、物流园区为主体，通过加快不同物流节点内部信息化建设，形成节点内部各个功能区之间的互联互通，提升节点内部物流企业对运作业务的及时执行能力。发展物流信息平台，实现供应链全过程的定位、跟踪、监控和管理。

5. 建设智慧交通管理体系

建设智慧运管，深化 GPS 监控平台、视频监控平台以及移动执法系统三大平台建设，并加强与相关部门的数据交换和业务联动作用，提高应急事件的快速综合处理能力，全面提高道路运输管理的决策、调控、服务水平。

（三）构建智慧旅游体系

旅游业是一门综合性的产业，关联度高、涉及面广，既需要民航、铁路、交通等产业的协作配合，也需要商业、餐饮、娱乐等方面的配套服务，因此，旅游业对信息的依赖性特别强。2014 年国务院出台的《关于促进旅游业改革发展的若干意见》明确提出，要“制定旅游信息化标准，加快智慧景区、智慧旅游企业建设，完善旅游信息服务体系”。国家旅游局将 2014 年设定为“智慧旅游年”，这些都表明了智慧旅游是当今旅游业发展的大势。河南是旅游资源大省，旅游业是战略性支柱产业，利用物联网、无线互联网、云计算、地理信息技术等现代信息技术，对传统旅游业进行融合改造，打造智慧旅游体系，将会极大提升传统旅游业的科技含量，带动旅游业由传统服务业向现代服务业转型。

1. 建设智慧旅游云平台

整合旅游基础信息和跨部门专题数据，实现旅游信息的交换和共享。

2. 建设智慧旅游公共基础平台

运用移动互联、物联网、定位和监控等现代信息技术，打造一个集功能性、权威性、便民性、公益性于一体的、综合性、开放性综合运营支撑平台。

3. 建设智慧旅游公共服务系统

建设公共信息服务系统和公共信息发布系统，公共信息服务系统要链接旅游业的吃、住、行、游、购、娱等全产业链条，提供全方位的景区、酒店、餐饮、导游、便民资讯等精准信息服务。公共信息发布系统包括线上、线下系统。线上建立多语言的政府门户网站集群、旅游产业运行监测平台、手机 APP 客户端、新媒体信息发布屏、入境短信、官方微博、官方微信等系统；线下建设旅游咨询服务中心、游客集散中心、媒体宣传等信息发布渠道。

4. 建设智慧旅游政务管理系统

推进政务办公、信息统计、采样分析、信用评价、产业监测、质量监督、投诉处理、行政执法、从业人员管理、满意度调查等业务系统的建设，提高旅游行政效率。推进舆情监控、安全预警、应急救援和事故处理等智慧旅游应急管理系统建设，提高应急管理能力，健全旅游安全体系。

5. 建设智慧旅游市场营销系统

推进智慧旅游电子商务系统建设和新媒体智慧旅游营销系统建设，拓宽旅游信息传播渠道，增强旅游营销的精准性和智能性。

6. 建设智慧旅游产业融合创新系统

整合行业、市场、企业、用户等数据和信息资源，进行深度挖掘、利用、分析与开发，打造一批具有自主知识产权的产品或服务品牌，促进旅游、文化、创意和信息产业高度融合发展。

（四）构建智慧医疗体系

医疗卫生服务与人民群众的健康水平和生活质量息息相关。随着医药卫生体制改革的不断深入、信息和网络技术的飞速发展，构建智慧医疗体系，运用信息化手段改变医疗资源的物理分配不均现象，向社会提供优质高效智能的医疗服务，成为医疗行业发展的必然趋势。河南是人口大省，医疗卫生服务资源非常有限，配置也不均衡，大医院人满为患，社区医院无人问津，“看病难”一直是社会关注的焦点。因此，亟须建立智慧医疗体系，缓解医疗资源短缺并突破医疗资源共享的瓶颈，提高医疗服务水平。

1. 建设智慧医疗数据中心

建设基于居民的电子病历和健康档案数据库，结合其他相关机构提取的信息，经过加工、重组，整合为各类主题数据资源库，为全省的医疗服务、公共卫生安全及监管、业务协同、分析决策等提供最权威、最科学的数据支撑。

2. 建设医疗卫生信息平台

规范整合全省医疗机构和卫生监管单位的各类信息系统，建设一体化的智慧医疗信息平台，提供医保互通、社区服务、双向转诊、居民健康档案管理、远程医疗、网络健康教育与咨询等服务。

3. 建立卫生突发事件调度指挥平台

建设以视频、语音、数据为支撑的突发事件现场指挥系统，政府、卫生计生及市政、交通、公安等各部门能够互联互通，有效对突发事件监测、预警以及对应急专项物资储备进行合理调配。

4. 建设健康服务中心

通过高清视频终端、各类医疗和体征检测设备，为社区居民、需要重点照顾的家庭提供定期体检、专家远程健康咨询、健康监测和慢性病管理等服务。

五　河南推进智慧城市建设的对策建议

（一）做好顶层设计，引领智慧城市建设

智慧城市建设关系城市的长远发展，必须从全局出发做好顶层设计，才能整合各部门力量，引领智慧城市建设。智慧城市建设要重视规划的引领作用，要从城市建设的实际出发，依据本城市的发展基础，找到本城市智慧建设、发展的突破口，在此基础上制定智慧城市的长远总体规划。顶层设计方案要突出以人为本，为人服务，深化重点领域的智慧化应用，提供更加便捷、高效、低成本的社会服务。顶层设计方案要明确智慧城市建设的目标和路径，制定信息资源共享和社会化开发利用、保障信息准确可靠、强化信息安全、完善法规标准等方面的具体措施。顶层设计方案要加强与国民经济和社会发展总体

规划、主体功能区规划、产业集聚区发展规划、城乡规划以及有关专项规划的衔接，做好统筹城乡发展布局。

（二）健全组织领导机制

智慧城市建设是一项系统工程，涉及面广，需要协调很多部门，整合多种资源，因此，必须有一个高效的组织领导机制。智慧城市建设要建立由政府主要领导挂帅、各相关部门主要负责领导参加的智慧城市建设领导小组，统筹协调建设过程中的重大问题，负责确定智慧城市建设发展战略规划和政策，制定智慧城市建设总体规划和年度实施方案，扶持和实施一批重点项目，建立智慧城市建设评估考核体系，定期对智慧城市建设按责任分解要求进行评估，检查和督导智慧城市建设规划方案和年度计划的落实情况，形成统一、高效、畅通的议事协调推进机制。

（三）分阶段梯次推进智慧城市建设

智慧城市建设是一个漫长复杂的过程，涉及面广，包括经济、政务、交通、就业、教育、医疗、环境、能源等多个领域，需要较强的经济、技术支撑，河南目前还没有条件在全省大面积推开进行，只能在局部地区、重点领域分阶段梯次推进。在空间层面上，可以首先进行智慧城市试点示范城市（区）建设，这也是当前国内较普遍的做法。河南目前已经有 9 个城市纳入国家智慧城市试点，可以以这 9 个城市为示范，在新城区建设和老城区改造中，通盘考虑、全面设计，整体试验智慧服务、智慧经济和智慧资源开发等各类应用的接口。在应用层面上，智慧城市建设也不能全覆盖，应选择重点领域推进。要以河南城镇化发展中面临或即将面临的重大问题为解决导向，建议重点在城市管理、医疗、交通等领域进行智慧技术推广应用，带动智慧城市建设。

（四）创新智慧城市投资运行模式

建设智慧城市单纯依靠政府财力，将会受到很大限制，必须依靠市场力量，探索多种投资模式，加快智慧城市建设步伐。国内外现有的智慧城市开发运作模式有公私合作、政企联盟等，河南省智慧城市在先期试点的过程中，可采用“政府主导投资管理，国内外多家城市开发公司、多家智慧城市方案提供商合作规划开发”的模式，由政府成立智慧城市建设开发公司，通过财政拨款、发行债券等手段广泛利用多元化资金来源进行投资建设，并可以通过股份合作模式与国内外其他企业合作开发，以此实现投资多元化、技术完善化。但在智慧城市建设过程中，要确立国内智慧城市方案提供商的主导地位，确保城市信息安全。

（五）提高公众信息化素质

智慧城市离不开公众的参与，提高公众的信息素养是智慧城市建设的一个重要方面。智慧城市建设应该通过政府、非政府组织、社区和志愿者等多方面的协作，广泛开展对公众，特别是社会弱势群体的信息素养教育，以提高公众的信息素养。在此基础上，通过其他一些相关的培训，提升公众对信息技术所带来的环境变化的认识，提高公众获取信息和处理信息、支配信息、创造信息的能力，提升公众对智慧城市各应用领域的互动参与能力。

参考文献

逄金玉：《“智慧城市”——中国特大城市发展的必然选择》，《经济与管理研究》2011 年第 12 期。

张陶新、杨英、喻理：《智慧城市的理论与实践研究》，《湖南工业大学学报》（社会科学版）2012年第1期。

郑朋涛、崔晓鑫、马苗苗：《河南省智慧城市建设存在的问题及对策》，《河南科技》2013年第2期。

李建明：《智慧城市发展综述》，《中国电子科学研究院学报》2014年第3期。

B.17 河南省人文城市建设研究

郭志远*

摘　要：人文城市建设理念的提出，符合世界城市发展规律，是对城市存在价值的全面反思，是对我国当前城镇化发展阶段主要矛盾的深刻把握，为河南中原城市群建设指明了方向。河南今后要通过打造城市人文特色、加强城市文化服务产业发展、提升城市品位和城市历史文化遗产的保护与开发水平来推进人文城市建设。

关键词：河南省　人文城市　城市文化

《国家新型城镇化规划（2014～2020年）》提出“注重人文城市建设”，是对城市存在价值的全面反思，符合世界城市发展规律，是对我国当前城镇化发展阶段主要矛盾的深刻把握，为河南中原城市群建设指明了方向。河南是中华民族的发祥地，是华夏文明的发源地，历史文化资源星罗棋布，拥有建设人文城市的深厚文化底蕴。河南正处于工业化和城镇化双加速发展阶段，中原城市群上升为国家战略，拥有建设人文城市的历史契机，正确认识和建设好人文城市对于中原崛起、河南振兴和富民强省的发展目标具有重要战略意义。

---

* 郭志远，河南省社会科学院助理研究员。

一　人文城市建设的概念、内涵和重要意义

（一）相关概念辨析

“人文”一词最早见于《周易·贲》：“刚柔交错，天文也。文明以止，人文也。观乎天文，以察时变，观乎人文，以化成天下。”在《后汉书·公孙瓒传》里也记载有“舍诸天运，征乎人文”。我国传统文化中，“人文”是与“天文”相对应的概念，最初的“天文”揭示的是宇宙万物阴柔阳刚相激之象，与之相对应的“人文”，是指人类自身行为举止符合礼仪要求和规范，是人类文明的象征。可见，古人最初的“人文”，是对人类自身以及人与社会、人与世界关系的深入思考和关注。“人文”经过历代传承和发展到今天具有了更为丰富的内涵和意义。

西方传统文化中并没有单独的可与汉语“人文”一词相对应的词汇，但是我们可以从拉丁文 humanism 一词追溯出西方文化的“人本主义”。古罗马哲学家、思想家西塞罗认为 humanism 是指一种能促进个人才能与人性最大限度发展并具有人道精神的教育制度，并包含自由民教育思想和完人教育思想。西方最初的“人文主义”主要是指人性、文明与教养。可见，与东方文化相似，西方“人文主义”思想也是人类对自身的文化发现和发展的深思。

从人文的视角观察和解读城市发展演变的历程，产生了人文城市理念。人文城市是指具有独特人文风格，能充分体现人文精神的城市。人文城市一般来说需要包括以下几个基本条件：一是以人为核心，城市的建设、布局和功能都是围绕和服务于城市居民，充分体现人性化和人文关怀；二是尊重历史文化传统，城市的发展既要“承旧”，又要“立新”，是历史文化遗存和现代建筑的充分融合；三是

良好的人文素养，城市的发展应注重人的全面发展，城市居民的人文素养和道德品质是城市品位和形象的基础；四是人与自然的和谐相处，良好的自然生态环境、人与自然生态系统在城市内的和谐共存是人文城市建设的基础。

（二）人文城市建设的重要意义

人文城市理念是对城市存在价值的深刻反思。《说文》曰：“城，以盛民也。”可见，我国古人在数千年前就认识到了城市存在的价值。城市起源于人类聚居，亚里士多德曾经说过：“人们为了活着，聚集于城市，为了活得更好，居留于城市。”英国诗人库伯也曾经说过：“上帝创造了乡村，人类创造了城市。”2010 年上海世博会的主题：“城市，让生活更美好”，是对城市存在价值的最真实诠释。城市终究是人的城市，不是高楼、道路和汽车的城市，而人作为生命个体，是文明的创造者和传承者。文化是一个城市的根基和灵魂，城市是人类文明传承的载体。城市的本质在于为人类提供一种“有价值、有意义、有梦想”的生活方式。所以，人文城市是对城市存在价值的最深刻思考。

人文城市建设符合世界城市发展规律。城市是“城”与“市”的集合。“城”的出现，最初是为了防御，古人筑土为墙，形成了“城”，以抵抗外来侵略，所以，防御是城市最初的一个主要功能。“市”，是指交易的场所，《易经・系辞下》里有“日中为市”一说，意指人们中午进行交易。城市最初是作为军事中心、商业中心而存在，随着经济社会的发展，城市又作为政治中心、交通中心、经济中心和文化中心存在。特别是工业革命以来，城市作为人类生产生活的主要聚集地，承担了更多的功能。从城市的发展历程来看，城市从古代“以政治和军事为主要功能”的“政治城市”演进到近现代“以工业和商业为主要功能”的“经济城市”，现在又转向“以生态环境和人文为主要功能”的“人文城市”。人文城市建设理念是对世界城市发展规律的深刻认识再加上东西方传统人文理念而提炼而出的。

人文城市理念是对当前我国城镇化发展主要矛盾的深刻把握。从世界范围内城市化演进的规律及我国城镇化的现实情况来看，当前及今后的一段时期，我国仍将处于城镇化加速发展阶段，尤其是新型城镇化作为一项国家战略，被赋予跨越“中等收入陷阱”、拉动内需、调结构等重任。我国的城镇化率以每年增长1个百分点左右的速度发展，大量的农业人口进入城市，大量的农业用地转化为城镇用地。虽然我们的城镇化速度很快，但是我们的城市建设理念显然没有跟上城镇化的步伐，城市拥堵、布局混乱、雾霾频现、生态环境恶化等现象普遍存在，人们在城市中生活的幸福感下降，甚至没有尊严。城市历史文化遗存遭到破坏，城市缺乏特色、千城一面。人文城市建设的提出切中当前我国城镇化发展的要害，是我国新型城镇化战略点睛之笔。

人文城市建设为河南中原城市群建设指明了方向。河南作为全国排名第一的人口大省，城镇化率长期低于全国平均水平，相对于全国其他地区来说，城镇化对于河南具有更为重要的意义。中原城市群作为带动中部地区经济发展的重要增长极，正式写入国家新型城镇化规划，上升为国家战略。人文城市建设理念的提出，为河南城镇化建设、为中原城市群发展指明了方向。

二 河南省人文城市建设存在的主要问题

（一）缺乏科学理论指导

在以GDP为核心的政绩观导向下，城市承担了过多的经济功能，政府部门作为城市的管理者和建设者忙于搞经济建设，对城市发展规律理解不够深刻，对人文城市概念认识严重不足。受到全国和河南省经济、社会和城市发展阶段的限制，城市规划师对人文城市的学习和关注明显不足，高校城市规划专业开设人文城市相关课程的寥寥无几，现有的理论储备和从业者人文素养不足以指导人文城市建设实践。尤其是在现行的城市管理体制下，即使有很好的城市规划，也很难得到全面的贯彻落实，很难做到一张蓝图绘到底。

（二）古城历史文化遗产遭到遗弃和破坏

河南在历史上长期作为全国的政治中心、经济中心和文化中心，形成洛阳、开封、安阳、郑州等著名古代城市，中国八大古都河南占其四。历史文化遗产是不同时代的文化艺术珍品以建筑或者其他各种实物形式积淀下来的，是城市演进的最真实的载体，是城市记忆的载体，其中蕴涵着城市独特的人文、风情、风俗等有别于其他城市的人文精神特质，是人类文明的密码和载体，是城市最为宝贵的财富。但是，在当前城镇化快速发展过程中，在所谓的“旧城改造”过程中，一片片历史街区被夷为平地、一座座传统民居被无情摧毁，很多富有文化底蕴、地方特色和历史典故的老建筑、旧街区、老地名在逐渐消失。

（三）城市生态环境的破坏普遍且严重

随着工业化和城镇化进程的推进，大量工厂在城市内或城郊布局，数以千万计的人口快速涌向城市，对河南的生态环境尤其是城市生态环境可持续发展带来巨大的压力和挑战。河流、湖泊、湿地、树林、农田等自然景观在一天天消失，给我们留下的是钢筋水泥的城市森林，是雾霾蔽日的天气，是日渐消失且污染严重的水体，是岌岌可危的耕地红线。我们在进行城市河流改造时，经常出于行洪安全的考虑对河道裁弯取直，对河床以混凝土衬砌改变了河道的天然形态，致使原本属于河流的“蜿蜒”形态和“深潭”“浅滩”等许多生物赖以生存的自然环境消失。此外，受城市建设“大都市情结”“贪大求洋”等错误理念的影响，很多城市都在盲目追求打造大都市，建设大广场，对城市肌理造成了不可逆转的破坏。例如，曾经的“绿城”郑州已经变成今天的中原“雾都”。

（四）城市文化缺失，趋同化严重

不同的城市由于地理环境、气候特征以及历史文化的不同，人文环境也存在着很大的差异。目前，河南的一些城市在进行城市规划建设时，没有结合当地自然和社会条件，而是盲目模仿其他城市的景观进行开发建设，导致城市建设千城一面，趋同化严重，不能体现地域特色、历史文化遗存。绝大多数的城市在建造高层建筑，在规划建设商务中心区，大干快上地搞城市新区。城市规划建设者对西方建筑盲目崇拜，“东方威尼斯”“曼哈顿”“小巴黎”“斯坦福”随处可见，甚至“白宫”都能在河南现身，我们的很多城市处于“不中不洋”的尴尬局面。

三　河南省推进人文城市建设的原则

（一）规划引领原则

人文城市作为一个崭新的概念，在推广建设过程中，应避免盲目一哄而上的破坏性建设，要更加理性、更加注重规划的引导作用。规划应尽量做到坚持以人为本，充分考虑人文精神和人文关怀，满足人们物质、文化、艺术和审美等多方面的需求，统筹安排居住、工作、医疗、教育、休闲等多种功能，真正为居民创造宜居宜业、人文人本的城市空间环境。尤其是要克服目前粗放的城市建设用地开发方式，集约节约利用有限而珍贵的土地资源。在规划中牢固树立生态文明的发展理念，并将其贯彻到人文城市规划建设的各环节和全过程。要坚持保护历史文化遗存，把历史文脉有机融合在现代城市建设之中，力争避免千篇一律、千城一面。

（二）生态优先原则

生态环境是人文城市建设成功的重要因素，因此保证城市及所在区域的生态平衡就显得尤为重要。由于城市在空间及自然资源量上的有限性，城市自然生态环境的保护与各种开发活动，甚至人们的居住需求、休闲旅游与景观增值等功能之间存在冲突不可避免。目前，河南的许多城市在各种利益动机的驱使下，建设热情高涨，但往往忽视了对生态环境的保护。在进行城市规划建设之前，应充分认识并重视城市生态环境保护与各种开发目标之间的矛盾冲突，在这些相互冲突的目标之间找到保护与开发的平衡点。生态环境作为城市的“准公共物品”，如果能进行科学规划、合理利用，能发挥很好的正外部性，能为城市发展做出巨大的贡献；反之，如果盲目开发、过度利用，使城市生态环境遭受破坏，则会适得其反，城市生态环境负外部性将会给予人们相应的惩罚。因此，必须坚持生态保护优先、保护与开发平衡的原则。

（三）地域特色原则

在人文城市建设规划和建设过程中，应当充分考虑城市所处地区的自然地理环境、社会文化、历史遗存以及经济发展阶段等地域特征，以形成地域特色。河南的许多城市空间拥有许多历史文脉，这些历史文脉是构成城市特色的一部分，是城市发展的见证。城市历史古迹往往是城市景观美的灵魂和历史文化的载体，是城市风韵和精神之所在。历史文化空间往往能够塑造城市特色景观和城市文化，成为城市特征和场所精神的代表。河南进行人文城市建设必须牢牢把握体现地域特色的原则。

（四）公众参与原则

公众才是城市的最终拥有者，因此，在进行人文城市规划建设时，应当尽可能避免完全自上而下的行政主导体制，避免将城市建设当成政绩或者形象工程。在城市规划的启动阶段，应当积极听取公众和专家的意见，集思广益，选择最适合本地的城市开发模式；在人文城市建设过程中，更应当引入公众参与的工作机制，既可以激发公众参与热情，又能消除各方阻力，建设真正属于公众的城市人文空间；在人文城市的管理和维护阶段，更需要公众的参与和努力，使公众真正成为人文城市的主导者和受益者。

四　河南推进人文城市建设的途径

（一）着力打造城市人文特色

在区域经济新棋局逐渐形成的背景下，各区域、各城市之间的竞争将趋于常态化。人文特色是城市参与全球竞争和国内竞争的最大资本，一座没有历史人文特色的城市是一座没有灵魂的城市，势必会降低城市的吸引力和竞争力。河南有丰厚的历史文化资源，有许多具有独特人文特色的城市，如“牡丹甲天下”的洛阳、“东京梦华”的开封、“文字之都”的安阳、“玄奘故里”的偃师等。在将来的城镇化建设过程中，应当全面充分了解一个城市的历史文化、了解一个城市真正的人文精神和特色，并且要继续去丰富和创造新时代的城市人文特色。加强河南历史文化名城名镇、历史文化遗址、历史文化小镇文化资源的保护和建设，传承历史文化精髓，保持历史文化印记，带动城市特色文化发展。

（二）大力加强城市文化服务产业发展

要抓好城市特色文化产品的供给，城市的管理者应当将公共文化建设作为提高人民群众福利水平和城市发展水平的长期战略来抓，将城市公共文化建设项目列入城市发展规划，将所需资金投入纳入政府财政预算。各城市要积极培育和践行社会主义核心价值观，完善城市文化管理体制，鼓励社会资本和企业多方参与城市公共文化服务产业，促进城市公共文化服务产业培育和发展壮大，构建现代公共文化服务体系、现代文化市场体系。经营性文化产品开发过程中要加强对企业社会责任的引导，打造与城市人文精神相吻合的企业文化。未来，在有条件的地区进一步发展壮大文化创意产业，将其培育为城市经济的支柱产业。

（三）全面提升城市品位

城市品位是一座城市自然环境、历史遗产和人文精神的高度精练和凝结。比如意大利的米兰被称为“时装之都”，是经过长达几个世纪艺术、服装产业的发展和积淀而成的。河南在今后的城镇化建设过程中，要围绕美化自然环境、美化人文环境和优化城市空间结构、提升城市居民素质等，不断提升城市品位。通过城市品位的提升来提升城市价值。要做好城市雕塑工作。雕塑是城市的眼睛，是城市精神的艺术化物质载体，一个城市不能没有雕塑，但也不能随意乱建雕塑。作为人文城市的集中体现，要把杰出历史人物雕塑作为城市雕塑的主要内容，用杰出历史人物雕塑传承历史文脉，张扬人文精神，教育熏陶激励市民和下一代。每个城市都应有标志性雕塑，凡是重要广场、重要建筑物、重要文化设施、重要旅游景点以及居民游玩处，都应兴建配套雕塑，政府应明确城市雕塑的基本风格并规划建设标准。

（四）加强历史文化遗产的保护与开发

历史文化遗产是城市最为宝贵的财富。首先要正确处理历史文化遗产保护与开发利用的关系，在保护的前提下才能进行开发利用；制定科学合理的法律制度，规范和加强历史文化遗产的保护，为人文城市建设提供法律保障；要加强宣传，引导全民共同参与历史文化遗产的保护工作，加深对历史文化遗产价值的认识，树立正确的文化遗产保护价值观。

参考文献

中共中央、国务院:《国家新型城镇化规划（2014～2020年）》，2014。

刘道兴:《从“经济城市”到“人文城市”》，《河南科学》2014年第6期。

刘士林:《中国城市化的“文化挑战”与回应》，《天津社会科学》2014年第5期。

陈宇飞:《人文城市理念的中国化实践》，《中共中央党校学报》2011年第5期。

保障机制篇

Security Mechanism

B.18 新型城镇化统计监测指标体系研究

吴旭晓*

摘　要：为了全面落实省委、省政府加快新型城镇化发展战略，本文以新型城镇化相关理论为依托，运用层次分析法确定指标的权重，从人口城镇化、经济城镇化、社会城镇化、空间城镇化和生态城镇化五个维度构建了新型城镇化统计监测指标体系，有利于客观地反映城镇化进程，全面地反映城镇化发展面临的问题，为政府制定、调整和落实新型城镇化政策提供依据。

关键词：新型城镇化　统计监测　指标体系　层次分析法

* 吴旭晓，河南省社会科学院城市与环境研究所助理研究员。

一　背景与意义

近年来，河南省城镇化迅速推进，城镇规模不断扩大。据统计年鉴提供的数据，2005 年河南省城镇化率突破 30%，达到 30.7%，标志着河南省进入城镇化加速发展阶段；到 2013 年，河南省城镇人口达到 4643 万，城镇化率达到 43.8%。河南省由于地理区位、经济发展基础相对落后、服务业发展相对滞后等原因，城镇化水平大幅度落后于全国平均水平。为了加快城镇化进程，省委省政府出台了一系列政策，2011 年提出实施新型城镇化引领“三化”协调发展战略；2013 年 12 月中国共产党河南省第九届委员会第六次全体（扩大）会议审议通过了《中共河南省委关于科学推进新型城镇化的指导意见》；2014 年河南省人民政府印发了《河南省新型城镇化发展规划（2014～2020 年）》，全面部署了未来 7 年河南省城镇化的发展路径、主要目标和战略任务。

虽然目前河南省城镇化水平与东部发达地区相比落后不少，但河南省是我国的人口大省，人口超过 1 亿人，即便城镇化率提升 1 个百分点，农民市民化的人口就会超过 100 万人，绝对数量巨大。城镇化是河南省经济社会发展的主要引擎，城镇化发展的质量与效益在很大程度上影响着河南省经济转型升级的步伐，影响着全面实现小康社会的进程，加强城镇化的监测管理势在必行。

通过构建河南省新型城镇化统计监测指标体系，以便全面客观反映河南省城镇化的总体规模、所处的发展阶段及发展趋势，及时发现新型城镇化进程中面临的现实障碍和薄弱环节，为下一步工作找准着力点，是全面落实省委省政府加快新型城镇化发展战略的具体体现，可以为各级部门制定经济社会政策和规划、完善城市管理提供参考依据，对促进河南省新型城镇化建设顺利健康发展，具有重要的导向和激励作用，现实意义重大。

二　新型城镇化的相关理论

1. 新型城镇化的内涵

新型城镇化是指以人为本，以新型工业化为动力，以统筹兼顾为原则，推动城市现代化、集群化、生态化以及农村城镇化，全面提升城镇化的质量和水平，走科学发展、集约高效、功能完善、环境友好、社会和谐、个性鲜明、城乡一体、大中小城市和小城镇协调发展的城镇化建设路子，其实质是用科学发展观来统领城镇化建设。

与偏重城镇数量、注重追求城市规模扩大与空间扩张的传统城镇化模式不同，新型城镇化更加注重农村转移人口市民化的质量，以提升城市的文化内涵和公共服务质量为核心，真正使城镇成为具有较高品质的宜居、宜业、宜商的美好家园。

2. 新型城镇化子系统划分

新型城镇化的显性表现是农村人口向城镇集中的过程，核心是城乡资源要素的优化配置，目标是促进社会全面进步，工作重点是促使城乡协同发展，发展的动力来源于新型工业化和现代服务业的发展。新型城镇化是一个复杂的系统工程，根据城镇化发展情况，合理地划分城镇化子系统，剖析城镇化系统与各子系统之间的关系，厘清各子系统之间的互动协调发展状况，以达到对城镇化进程的全面有效检测与监控。

基于系统论的角度，新型城镇化系统是一个由人口、经济、社会、资源、环境等要素互动耦合构成的巨系统，由静态和动态、物质和精神文化等多种因素构成。在内部和外部因素相互作用下，区域城镇化系统体现出明显的整体性。根据系统分析理论，本文将新型城镇化系统划分为五个子系统：人口城镇化子系统、经济城镇化子系统、社会城镇化子系统、空间城镇化子系统以及生态城镇化子系统。伴随着区域新型城镇化的推进，城镇化系统及其子系统将呈现动态演化趋势。

3. 新型城镇化发展预警

“预警”即事先警示，提醒相关决策部门警惕。新型城镇化发展预警就是依据预警理论和量化研究模型，对新型城镇化发展状况评估与分析，对新型城镇化系统及各子系统的演化发展质量和后果进行评价、预测，目的在防患于未然，对城镇化进程中可能遇到的制约瓶颈进行超前预控。在构建新型城镇化评价指标体系的基础上，通过建立和完善新型城镇化发展预警机制，引导河南省新型城镇化发展沿着健康、快速、可持续的道路推进，及早实现中原崛起。

三　统计监测指标体系的基本功能

构建新型城镇化进程统计监测指标体系的作用在于，用科学的评价指标客观地反映城镇化进程，全面地反映城镇化发展面临的问题，为政府制定、调整和落实政策提供参考。构建河南省新型城镇化统计监测指标体系的主要功能包括以下几点。

1. 满足不同部门对新型城镇化宏观调控的需要

新型城镇化统计是一个新兴领域的统计，由于政府不同部门之间的条块分割，各级政府和相关部门缺乏对新型城镇化发展状况的全面了解。因此建立新型城镇化统计监测指标体系，可以及时反映区域新型城镇化的总体规模和发展现状，有利于发现区域新型城镇化进程中出现的问题，为各级政府和相关部门制定或调整新型城镇化宏观调控政策与措施提供可靠的参考依据。

2. 满足新型城镇化健康快速可持续发展的需要

城镇化的快速推进，使产业结构扭曲、产城分离、经济粗放式增长、自然资源枯竭、生态环境严重破坏、公共服务水平滞后等问题日益凸显。建立新型城镇化统计监测指标体系，能够准确反映城镇化水平的阶段性演化规律、产业结构交替演变规律和城镇综合环境承载力等方面内容，准确描述城镇化的发展现状及其阶段性特征，进而推动河南省城镇化的健康、快速、可持续发展。

3. 满足应对新型城镇化进程可能的突发事件的需要

城乡收入差距的扩大，以及城镇对农村生产要素的吸附作用的增强，新型城镇化统计监测指标体系应该在新型城镇化系统运行失调、内部各子系统发展不协调或可能发生重大转折之前，通过某些指标数值的突变暴露或反映出来，及时传递出相关信息，起到预警作用，做好突发事件的应急处理工作。

四 统计监测指标体系构建原则

在进行新型城镇化统计监测指标体系设计时，应该遵循以下一些基本原则。

1. 系统性与相对独立性相结合的原则

在新型城镇化统计监测指标体系的设定中，以《国家新型城镇化规划（2014～2020年）》为依据，以《河南省新型城镇化规划（2014～2020年）》为出发点，以科学发展观为指导思想，全面考虑新型城镇化系统内部各子系统构成要素及其内在联系，使得评价指标之间既具有一定的相关性又具有一定的相对独立性。在各子系统的指标设计上，为了避免衡量内容的重复，各指标之间相关性越小越好，最好相互独立。通过指标的有效综合，形成一个包容性强、各子系统功能突出的综合指标体系，全面描述新型城镇化的进程，是构建新型城镇化统计监测指标体系的主要目标。

2. 全面性与科学性相结合的原则

设置的指标体系要涵盖城市经济管理的重要方面，客观和准确地反映新型城镇化的发展阶段特征和运行状况，在宏观、中观、微观三个层面上全面覆盖新型城镇化进程中涉及的人口、经济、社会、生态和空间等要素。新型城镇化是区域经济的一个重要组成部分，其指标体系应该与区域经济核算体系紧密衔接，全面考虑不同地区在人口素质、经济水平、公共服务、生态环境等方面的差异，尽可能选取具有共性特征的综合性指标，这样才具有横向与纵向的可比性，才显得科学合理。

3. 衔接性与可操作性相结合的原则

新型城镇化指标的设置应与全国和区域现行的统计制度相衔接，在指标定义、数据处理方法等方面要与国家统计局和河南统计局公布的统计方法、制度进行对接，一方面可以实现评价指标的定义明确、严谨和唯一性；另一方面可以减少指标数据获取的工作量，降低数据获取的难度。虽然新型城镇化指标体系要动态反映区域城镇化进程的全貌，全面反映城镇化的本质与特征，但在具体的工作中，要突出指标的实用性，尽可能减少定性指标，选取容易量化的指标，提升可操作性。

4. 静态指标与动态指标相结合的原则

新型城镇化的静态指标主要用于描述城镇化现有规模和发展水平，而动态指标主要用于反映城镇化的发展方向、发展速度以及演化趋势。由于新型城镇化统计监测指标体系的目的不仅仅是评估河南省城镇化发展的现状，更重要的是为中原经济区城镇化的未来发展提供监测、预测和指引，因此新型城镇化统计监测指标体系的构成应有效地体现动静结合的特征。

五　统计监测指标体系

1. 指标体系框架设计

本次研究采用“决策树”的分析方法，从新型城镇化的内涵出发，以新型城镇化发展总目标为一个系统，将它分解为若干个子系统，然后提出描述各子系统的各项评价指标，从而构造出具有严格内部逻辑统一性、层次分明的新型城镇化统计监测指标体系（见图1）。

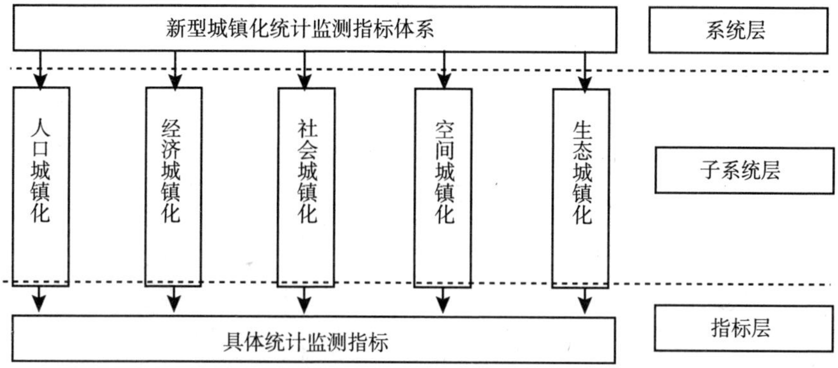

图1　新型城镇化统计监测指标体系结构框架

其中，系统层全面表达新型城镇化发展水平；子系统层包括人口城镇化、经济城镇化、社会城镇化、空间城镇化和生态城镇化五个子系统；指标层则是根据相关原则，选取有代表性的指标，全面系统地对新型城镇化进行定量描述。

2. 指标权重的确定方法

确定指标权重的常用方法主要有德尔菲法、专家打分法、灰色关联分析法、熵权法、因素成对比较法、主成分分析法和层次分析法等。根据新型城镇化统计监测指标体系结构框架，本研究采用层次分析法。采用层次分析法确定指标权重的具体步骤如下。

首先，根据新型城镇化统计监测指标体系结构框架构造出一个有层次的结构模型。其次，构造判断矩阵。判断矩阵元素的值采用1～9标度法表示，各级标度的含义见表1。再次，进行层次单排序以及一次性检验。通过判断矩阵A的特征根求解（$AW = \lambda_{max} W$），得到解

W，归一化后即可进行层次单排序，进而可以进行一致性检验。通过计算一致性指标：$CI = (\lambda_{max} - n) / (n-1)$，如果随机一次性比率满足：$CR = CI/RI < 0.10$，则认为层次单排序结果具有满意的一致性，否则需要调整判断矩阵元素的取值。*RI* 的取值按表 2 进行。然后进行层次总排序。最后进行层次总排序的一致性检验，检验方法与层次单排序一致性检验类似。

表1　1~9 标度法

相对重要程度	定义	含义解释
1	同等重要	因素 i 和因素 j 同样重要
3	略微重要	因素 i 和因素 j 略微重要
5	相当重要	因素 i 和因素 j 重要
7	明显重要	因素 i 比因素 j 明显重要
9	绝对重要	因素 i 比因素 j 绝对重要
2,4,6,8	介于两相邻重要程度间	—

表2　平均随机一致性

阶数(n)	1	2	3	4	5	6	7	8	9	10	11
RI	0.00	0.00	0.58	0.90	1.12	1.24	1.32	1.41	1.45	1.49	1.51

3. 统计监测指标体系的基本内容

（1）人口城镇化

城镇化的核心是人的城镇化，人口城镇化是新型城镇化的基本表现形式，也是衡量新型城镇化的重要内容。本文采用常住人口城镇化率、户籍人口城镇化率、城乡从业人员比、非农就业比例、人均教育财政支出、城镇从业人员在岗职工平均工资来描述人口城镇化。

常住人口城镇化率 = 城镇人口/常住人口总数 ×100%

户籍人口城镇化率 = 城镇户籍人口/区域人口总数 ×100%

城乡从业人员比 = 城镇从业人数 ÷ 农村从业人数

非农就业比例 = 非农就业人数 ÷ 总就业人数 × 100%

人均教育财政支出 = 教育财政支出 ÷ 区域人口总数

城镇从业人员在岗职工平均工资 = 城镇从业人员工资总额 ÷ 城镇总就业人数

（2）经济城镇化

工业化以及第三产业的发展促进城镇化的发展，而城镇化反过来又促进各种经济关系和经济活动方式日益呈现城市经济特征。经济城镇化的过程就是经济结构的非农化过程。本文采用人均 GDP、人均社会消费品零售总额、财政依存度、投资效益系数、经济非农化水平、城乡居民收入对比指数、城乡居民人均储蓄存款来反映经济城镇化发展状况。

人均 GDP = 区域 GDP ÷ 区域人口总数

人均社会消费品零售总额 = 区域社会消费品零售总额 ÷ 区域人口总数

财政依存度 = 地方财政收入 ÷ 区域 GDP × 100%

投资效益系数 = 区域 GDP ÷ 区域固定资产投资额 × 100%

经济非农化 = 区域非农产业生产总值 ÷ 区域 GDP × 100%

城乡居民收入对比指数 = 城镇居民家庭人均可支配收入 ÷ 农村居民家庭人均纯收入

城乡居民人均储蓄存款 = 城乡居民储蓄存款总额 ÷ 区域人口总数

（3）社会城镇化

城镇化的健康、快速、可持续发展需要城镇社会职能的充分发挥，更离不开稳定、和谐的社会环境。本文采用农民工随迁子女接受义务教育比例、城镇失业人员、农民工免费接受职业技能培训覆盖率、城镇基本养老保险参保比例、城镇基本医疗保险参保比例、城镇保障性住房常住人口覆盖率、城市家庭宽带接入能力、社区综合服务设施覆盖率、财政教育支出占 GDP 比重、城区每万人拥有公共交通车辆、每万人拥有医生数、城市燃气普及率、城市用水普及率来反映社会城镇化发展水平。

农民工随迁子女接受义务教育比例 = 农民工随迁子女接受义务教育人数 ÷ 农民工随迁子女总数 × 100%

城镇失业人员、农民工免费接受职业技能培训覆盖率 =（城镇失业人员免费接受职业技能培训数量 + 农民工免费接受职业技能培训人数）÷（城镇失业人数 + 农民工总数）

城镇基本养老保险参保比例 = 城镇基本养老保险参保人数 ÷ 报告期末按照国家法律、法规和有关政策规定应该参加基本养老保险总人数 × 100%

城镇基本医疗保险参保比例 = 城镇基本医疗保险参保人数 ÷ 报告期末按照国家法律、法规和有关政策规定应该参加基本医疗保险总人数 × 100%

城镇保障性住房常住人口覆盖率 = 城镇保障性住房入住总人数 ÷ 城镇常住人口总人数 × 100%

财政教育支出占 GDP 比重 = 区域财政教育支出 ÷ 区域 GDP × 100%

城区每万人拥有公共交通车辆 = 城区公共交通车辆总数 ÷ 城区总人口数（万人）

每万人拥有医生数 = 医生人数 ÷ 区域总人口数（万人）

城市燃气普及率 = 城市用气人口 ÷（城市人口 + 暂住人口）× 100%

城市用水普及率 = 城市用水人口 ÷（城市人口 + 暂住人口）× 100%

（4）空间城镇化

空间城镇化是城镇化过程在地域空间的外在表现。本文选用城市开发强度、市区人口密度、单位面积GDP、市区人均道路面积、人均城市建筑用地等指标来反映空间城镇化状况。

城市开发强度＝建成区面积÷国土面积×100%

市区人口密度＝市区人口总数÷市区国土面积

城市经济密度＝城市经济产出÷城市面积

市区人均道路面积＝市区人口总数÷市区道路面积

人均城市建筑用地面积＝城市建筑用地面积÷城市人口总数

（5）生态城镇化

生态城镇化是城镇化进程中要以生态文明为指导思想，充分考虑资源环境约束，走绿色城镇化道路。本文选用可再生能源消费比重、城市人均公园绿地面积、城镇绿色建筑占新建建筑比重、建成区绿化覆盖率、污水处理率、生活垃圾处理率、保洁面积占建成区面积的比例、空气质量达到国家标准的比例等指标来反映生态城镇化发展水平。

可再生能源消费比重＝可再生能源消费量÷能源消费总量×100%

城市人均公园绿地面积＝城市公园绿地面积÷城市人口总数

城镇绿色建筑占新建建筑比重＝城镇绿色建筑面积÷新建建筑总面积×100%

建成区绿化覆盖率＝建成区绿化面积÷建成区绿化总面积×100%

污水处理率＝污水处理量÷污水排放总量×100%

生活垃圾处理率＝生活垃圾处理量÷生活垃圾产生总量×100%

保洁面积占建成区面积的比例＝保洁面积÷建成区总面积×100%

空气质量达到国家标准的比例＝城区全年空气质量良好以上天数÷全年总天数×100%

综上所述，可以构建出河南省新型城镇化统计监测指标体系（见表3）。

表3　河南省新型城镇化统计监测指标体系

系统	子系统（权重）	指标	单位	目标值	权重
新型城镇化	人口城镇化（20）	常住人口城镇化率	%	56	19.19
		户籍人口城镇化率	%	40	19.19
		城乡从业人员比	以农为1	≥9.5	16.16
		非农就业比例	%	≥95	16.16
		人均教育财政支出	元	全国平均水平	13.13
		城镇从业人员在岗职工平均工资	元	全国平均水平	16.16
	经济城镇化（20）	人均GDP	元	50000	17.65
		人均社会消费品零售总额	万元	3	13.73
		财政依存度	%	30~40	11.76
		投资效益系数	%	全国平均水平	9.80
		经济非农化	%	≥95	17.65
		城乡居民收入对比指数	以农为1	≤2	15.69
		城乡居民人均储蓄存款	万元	全国平均水平	13.73
	社会城镇化（20）	农民工随迁子女接受义务教育比例	%	99.5	8.74
		城镇失业人员、农民工免费接受职业技能培训覆盖率	%	≥95	8.74
		城镇基本养老保险参保比例	%	100	8.74
		城镇基本医疗保险参保比例	%	100	8.74
		城镇保障性住房常住人口覆盖率	%	≥23	8.74
		城市家庭宽带接入能力	兆比特/秒	≥50	8.74
		社区综合服务设施覆盖率	%	100	8.74
		财政教育支出占GDP比重	%	4	7.77
		城区每万人拥有公共交通车辆	标台	≥25	7.77
		每万人拥有医生数	人/万人	≥50	7.77
		城市燃气普及率	%	100	7.77
		城市用水普及率	%	96	7.77
	空间城镇化（20）	城市开发强度	%	≥30	17
		市区人口密度	人/平方公里	≤2500	22
		城市经济密度	亿元/平方公里	≥1.0	22
		市区人均道路面积	平方米	10	19
		人均城市建筑用地面积	平方米	≤100	20

续表

系统	子系统（权重）	指标	单位	目标值	权重
新型城镇化	生态城镇化（20）	城市人均公园绿地面积	平方米	15	10
		建成区绿化覆盖率	%	36.5	12
		污水处理率	%	95	12
		生活垃圾处理率	%	96	12
		保洁面积占建成区面积的比例	%	100	12
		城镇绿色建筑占新建建筑比重	%	50	14
		空气质量达到国家标准的比例	%	60	14
		可再生能源消费比重	%	30	14

六　新型城镇化统计监测评价的具体过程

前面的研究确定了河南省新型城镇化统计监测指标体系，其具体监测过程如下。

首先，收集整理新型城镇化指标的原始数据 X_{ij}，并对各指标数据进行标准化处理，实现数据的无量纲化，得到各指标的监测值 y_{ij}。

其次，用线性加权法计算求得子系统的发展水平指数。计算公式如下：

$$V_i = \sum_{j=1}^{m} w(j) y_{ij} \quad (i = 1,2,\cdots,5)$$

其中，$w(j)$ 为指标的权重，y_{ij}为子系统内各指标标准化后的数值，V_i 为第 i 个子系统的发展水平指数，由于有 5 个子系统，所以 i 的取值为 1～5，分别对应人口城镇化、经济城镇化、社会城镇化、空间城镇化和生态城镇化 5 个子系统。

最后，用线性加权法计算出新型城镇化水平的监测值。计算公式如下：

$$U = \sum_{i=1}^{5} w_i V_i$$

其中，w_i 为第 i 个子系统的权重，V_i 为第 i 个子系统的发展水平指数，U 为区域新型城镇化发展水平综合指数。

参考文献

安晓亮、安瓦尔·买买提明：《新疆新型城镇化水平综合评价研究》，《城市规划》2013 年第 7 期。

吕丹、叶萌、杨琼：《新型城镇化质量评价指标体系综述与重构》，《财经问题研究》2014 年第 9 期。

戚晓旭、杨雅维、杨智尤：《新型城镇化评价指标体系研究》，《宏观经济管理》2014 年第 2 期。

河南省人民政府：《河南省新型城镇化规划（2014～2020 年）》，2014。

B.19
河南城镇住房发展研究

王新涛*

摘　要：2014 年，河南城镇住房市场呈现出良好的发展态势，房地产市场总体稳定，住房保障能力显著增强，住房品质有所提高，居住环境明显改善，住房市场发展对经济的带动能力进一步提高。但是，2014 年，河南房地产市场发展中仍然存在一些矛盾和问题，需要在 2015 年更加重视，加以解决，努力保持房地产市场的平稳健康发展，更好满足城镇居民的住房需求。

关键词：河南　房地市场　住房保障

一　2014年河南城镇住房发展现状

2014 年，河南城镇住房市场发展总体上呈现出良好态势，保障性住房建设取得成绩，房地产市场基本稳定，住房质量和居住环境明显改善，住房相关产业发展质量和效益明显提升，城镇住房发展对推动新型城镇化、完善城市功能、改变城市形象、提升城市现代化水平起到了重要的作用，有力地促进了新型城镇化步伐加快。

* 王新涛，河南省社会科学院城市与环境研究所副研究员。

（一）房地产市场整体稳定

2014年，河南认真贯彻落实国家对于房地产市场的宏观调控政策，结合河南房地产市场的运行特点，出台了调控房地产市场的具体措施，宏观调控能力不断加强，力促房地产市场健康发展。2014年1～10月，全省房地产投资完成3443亿元，同比增长17.4%；商品房销售面积达到5435万平方米，同比增长12.4%；房地产投资、商品房销售面积分别高于全国平均水平5个百分点和20.2个百分点；预计全年完成房地产开发投资4400亿元，同比增长15%左右。河南省房地产市场不断发展壮大，无论从数量上还是实力上都明显增强。

（二）保障性住房建设加快发展

2014年，河南高度重视解决城市低收入家庭住房困难，全面实施城市和国有工矿棚户区改造，积极进行公共租赁住房建设试点，有效增加保障性住房供应，提高了住房保障能力。廉租住房保障范围进一步扩大，从城市低保住房困难家庭扩大到城市低收入住房困难家庭。城市和国有工矿企业棚户区改造工作全面铺开，以煤炭棚户区和铁路棚户区改造为突破口，大力推进棚户区改造，极大地改善了原棚户区居民的居住条件。截至2014年10月底，全省开工各类保障房61.67万套、基本建成22.31万套，预计到年底可圆满完成新开工64.15万套、基本建成27万套的目标任务，其中开工量居全国首位。

（三）住房公积金制度优势进一步发挥

2014年，河南认真贯彻落实国务院《住房公积金管理条例》等法律法规，大力推进住房公积金建制工作，不断提升行业管理和服务水平，积极为缴存职工提供住房货币保障，及时向保障性住房建设提供资金支持，适时调整住房公积金提取和贷款条件、期限规定、利率标准、贷款额度等政策，支持职工刚性住房需求，引导住房合理消费。住房公积金制度在增强住房消费能力、彰显住房保障职能、完善房地产市场调控手段等方面的重要作用得到充分发挥。截止到2014年10月底，全省住房公积金缴存职工达到581.1万人，住房公积金个人住房贷款累计发放额达到1132.77亿元。

（四）住房品质进一步提高

2014年，河南在城镇住房发展中，重视住房设计造型和外观装饰，室内布局及结构更加多样化、人性化、合理化，基本上满足了各类消费群体的需要。住房结构安全普遍得到重视和加强，建设标准体系更加完善，框架结构、剪力墙结构住房得到广泛应用，居住建筑的抗震性能显著提高。2014年，在全国率先对执行绿色建筑标准的保障房项目进行财政补贴，有12个省辖市和省直机构开展能耗动态监测平台建设试点。预计2014年全年新增节能建筑面积4000万平方米，完成既有居住建筑节能改造面积400万平方米，获得绿色建筑标识项目614万平方米；全年全省新型墙材产量达到510亿标砖，新型墙材应用比例保持98%以上，20个县（市）和50个乡（镇）分别完成“禁黏”“禁实”。

（五）居住环境进一步改善

2014年，住房管理部门积极引导开发建设有一定规模、功能齐全、设施配套的现代化小区，鼓励开发商连片开发，按照小区及功能区规划，统筹安排建设项目。鼓励以房地产开发带动旧城改造，加快旧城区的成街成片改造，做到统一规划、统一开发、统一配套，严格控制零星住宅建设。同时全省进一步强化物业管理，形成了包括房屋及相关设施设备维修养护、小区保安、环境保洁、绿化养护、便民服务、物业中介等一系列配套服务体系。新建商品住宅小区全部纳入专业化、社会化、市场化物业管理，并注重小区绿化、美化、亮化和景观工程建设，人居环境得到进一步改善和提升。更加注重旧有住宅小区改造、加大基础配套设施投资、扩大物业管理实施范围，旧有住宅小区居住条件得到明显改观。截止到2014年10月底，全省物业服务企业达到4200家。

二　2014年河南城镇住房发展存在的问题及原因分析

2014年，虽然河南城镇住房发展取得了较大的成绩，人均住房面积持续增加，人居环境有所改善，但是仍然存在保障性住房与商品房发展结构不合理、住房公积金制度未能完全发挥作用、绿色建筑比重相对较低、住房品质有待提升等问题。

（一）棚户区改造融资难及个别地方公租房空置

由于棚户区改造项目贷款支付使用条件苛刻、审批环节复杂等原因，目前河南71个棚户区改造项目和5个私募债融资项目到位276.25亿元贷款资金，仅有26个项目实际拨付贷款58.75亿元，贷款资金使用效率低，棚户区改造融资困难。个别城市由于公租房选址偏远、配套不完善、从业人员不足等原因存在公租房空置现象，影响了保障性住房效应的发挥。

（二）房地产市场存在较大不确定性

虽然河南出台了支持房地产业健康发展的一系列政策措施，但是房地产市场发展仍然存在不确定性。一是信贷紧张形势仍未缓解。虽然央行出台支持住房金融服务的政策文件，河南专门下发了《关于促进全省房地产市场平稳健康发展的若干意见》，但是目前落实不理想，影响市场预期。二是观望气氛增强。受全国房地产市场下行影响，加上住房信贷优惠政策未能落实，商品房销售压力增加，消费者持币观望气氛加剧。三是市场分化显现。部分市县由于人口规模小、前期土地供应量较大，不同程度出现供大于求现象。从数据上看，前三季度，河南房屋新开工面积降幅继续收窄。全省房屋新开工面积6884.17万平方米，同比下降15.2%，降幅比上半年和1～8月分别回落15.7个和7.2个百分点。商品房销售面积回落。前三季度，全省商品房销售面积为4661.55万平方米，同比增长11.7%，增速比上半年和1～8月分别回落3.8个和0.9个百分点，给全省经济社会发展带来较大压力和不利影响。

（三）住宅建设性能尚有待提高

总体上，河南住宅建设性能还有较大的提升空间。一是住房建设产业化水平低，主要是现场构建，形成标准化程度低、质量控制难度大和建设成本高的弊端。二是住宅的物理性能不理想。隔音、隔热节能效果差，厨、厕下水道返气，防水效果欠佳，楼层净高较低，日照时间短，通风不理想等。三是毛坯住宅市场供应的普遍化，直接导致大量建筑资源的浪费空耗和居住环境的长时期恶化，而实行标准装修和精装修的政府产业政策要求，又直接导致房价和税费的上升。四是户型布局设计相对落后。有的住宅某些部分面积无法作合适的用途，厨、厕面积不合理，许多户型的使用面积与建筑面积比太小。五是绿色建筑推广困难。绿色建筑能够节地、节水、节能、节材，但大量新材料新技术的运用也会直接导致房价的上升。当前缺少有效的鼓励性优惠政策，影响了绿色建筑比重的持续提高。

（四）住房公积金制度的效应还没有完全发挥

住房公积金制度建立的初衷，是政府为解决城镇居民住房融资问题，依据政府政令而设立的强制性储蓄基金。但是，当前河南住房公积金的用途受限，导致职工权益受损。《住房公积金管理条例》规定职工和职工单位缴纳的住房公积金属于职工个人所有，但公积金的贷款和提取却受到许多条件的制约，现行政策没有统一的规定，各地政策出现很大差异。河南住房公积金在用途上仅限定于与住房相关的消费、维修等，与部分地区的公积金除用于与住房相关的消费、维修等外，还可用于医疗、失业救济相比，其使用效率大为低下。此外，住房公积金没有实现异地互贷或省级统筹，也在一定程度上降低了住房公积金的使用效率。截至2014年8月底，全省住房公积金累计沉淀资金已经达到575亿元，住房公积金的服务能力有待进一步提高。

三　2015年推进河南城镇住房发展的建议

推进城镇住房发展不仅能够满足城镇居民住房需求，有效改善民生，而且在新常态背景下，有利于房地产市场的稳定健康发展，发挥住房产业对于经济增长的拉动作用。为推进河南城镇住房的健康可持续发展，需要采取几个方面的措施。

（一）努力保持房地产平稳健康发展

2014年，河南房地产市场虽整体好于全国基本面，但下行压力依然较大。2015年将按照“促投资、调供给、稳市场”的原则，认真落实国家取消限贷和“90/70”限制、实施差别化信贷等一系列调控政策，鼓励支持刚性需求，扩大住房消费，充分发挥房地产对投资和消费的双重拉动作用。一是加强市场研判。密切关注市场变化，准确把握市场走势，提高应对措施的预见性和针对性。二是加强分类指导。对商品房库存较大的城市，适度控制商品房供应节奏、时序，指导地方政府采取可行措施促进住房消费，加快去库存化；对市场需求旺盛、库存量正常的城市，适度放松土地供应闸门，增加市场供应，满足市场需求。积极引导农民到县城购房定居。三是加强政策落实。强化督促协调，认真落实国家和河南出台的促进房地产健康发展的政策措施，用好用活住房公积金，大力支持住房消费特别是刚性需求和改善性住房需求，稳定市场预期和消费者信心。四是加强市场监管和服务指导。对存在潜在风险的房企和楼盘重点加强监管，防范和化解风险。鼓励和支持有资信实力和品牌优势的房地产企业通过兼并、收购、重组，提高市场竞争力。组织开展银企对接活动。

（二）持续稳步推进保障性安居工程建设

住建部要求2015年全国保障性安居工程建设的总量基本与2014年持平，但鉴于2014年河南保障性安居工程建设目标较高，续建任务很重，统筹考虑，2015年全省适当缩小建设规模，计划新开工49万套。一是加大推进力度。重点是落实市、县政府主体责任，强力推进项目开工和在建项目建设。二是完善配套设施。对基本建成但周边基础设施不配套的项目，加快配套设施建设进度，方便群众生产生活。三是强化后期管理。探索公租房可持续发展的运营管理机制，支持有条件的市、县建立公租房建设投融资公司，逐步实现公租房“投入—建设—配租—运营—再投入”的良性循环。四是加强房屋征收和质量安全监管。维护群众合法权益，堵塞漏洞，预防腐败。

（三）发展住房二级市场和房屋租赁市场

对于河南这样一个正处在经济转型期、城镇化快速推进期的省份来说，出租房屋也是住宅市场上不可缺少的重要组成部分。在河南城市普遍推进“城中村”改造的背景下，全省每年向城镇转移的180

万农业人口和大量劳动力的流动，都会加剧对出租房屋的需求，积极发展住房二级市场和房屋租赁市场成为必然选择。一是积极培育住房二级市场。妥善解决产权发证历史遗留问题，抓紧处理房产登记历史遗留问题，为活跃住房二级市场提供保障。二是推行房地产交易与权属登记及房屋租赁规范化管理。简化办事手续，缩短办事时限，推进信息公开，实行一站式办公、一条龙服务，压缩办理时间，方便居民办理交易和登记。三是大力发展房屋租赁市场，增加租赁住房供应。将房屋租赁市场纳入房地产市场体系进行培育，发挥房屋买卖市场和房屋租赁市场的双轮驱动作用。引导居民量力而行，鼓励居民以租赁方式解决住房问题，扭转“重买轻租”、租赁市场欠发育的局面。引导房地产开发企业建设、经营租赁型普通商品住房。四是规范房地产中介市场行为。逐步建立政府监管、行业自律、社会监督的管理体制，加强房地产中介市场监管。把有形市场建设与改进服务、规范运作结合起来，建立房地产经纪执（从）业人员持证上岗制度和资信评价体系，制定和完善房地产经纪规程，规范服务行为，形成功能完善的交易场所，统一办理商品房、存量住房的交易登记与房屋租赁手续及相关业务，为社会提供畅通、放心、方便、快捷的专业服务，促进市场流通。金融、中介等机构可直接进入市场，为交易双方提供快速便捷的服务。住房城乡建设、工商等部门要定期对房屋中介市场进行专项治理，整顿和规范市场秩序，严肃查处中介机构和经纪人员的违法违规行为。

（四）优化住房空间布局

2014 年河南住房空间布局的不合理，一方面导致部分保障性住房入住率不高，形成资源浪费的现象；另一方面导致居住空间和就业空间的分离，上下班高峰期城市堵车现象严重。2015 年开始，在城镇住房发展过程中，要合理确定住房空间布局。一是促进居住就业相结合。为减少交通拥堵、方便生活，住房建设要与产业布局相协调，大力推进居住和就业平衡。要重点加快产业集聚区、城市新区内的社区建设和村庄一体化改造，结合产业布局和人口就业需要，合理布局新社区建设和村庄搬迁，并加强配套设施建设。在城市新开发地区，坚持综合开发建设，以成片建设小区为先导，同步加强与住宅区配套的市政基础设施和中小学校、幼儿园、医院等公共服务设施建设，逐步引导大城市中心区人口向外围居住组团疏散，降低旧城区人口密度，缓解旧城区交通等基础设施的压力。二是倡导TOD土地开发模式，加强住房布局和交通建设的协调。积极推行“以公共交通为导向”（TOD）的城市土地开发模式，加快公共交通沿线与站点周围居住区的合理开发，加大利用交通枢纽开发普通住房特别是保障房的力度。城市新开发地区，实现交通和住房建设相配套，围绕地铁站、公交干线和公交枢纽，布局住房及配套的商业、文化、教育等各项设施，实现人口居住、公共服务和城市公共交通的有效衔接，方便居民生活和公交出行，减少城市中心区人口密度。三是促进不同类型住房混合建设。按照“大融合、小分散”的空间布局模式，鼓励引导不同层次、不同群体的住房相对混合布局，促进社会各阶层的融合，避免形成城市“贫民窟”，构建和谐社会。高端商品房原则上要与普通商品房混合建设，新建商品房必须配套建设一定量的保障性住房，保障房项目不能过分集中于某一区域，要与商品房项目混合布局。

（五）提高住房建设品质

提高住房建设品质是城镇住房发展的必然趋势，也是城市建设设计的客观要求。一是提高建筑设计水平。开展城市设计工作，重点做好新建住宅小区的城市设计，对住宅小区的建筑造型、立面、色彩及布局提出明确要求，防止随意性。搞好建筑设计，合理安排建筑户型及绿化、停车等附属配套设施，充分利用地下空间，积极推广面积不大功能齐全的中小户型建筑设计方案。二是严格执行新建建筑节能标准。严格落实建筑节能强制性标准，强化闭合管理，将新建建筑节能工作纳入基本建设程序各个环节，强化参建各方建筑节能工作责任和义务，加强对建设工程项目的立项、规划审批、设计审查、施工许可、建设监理、工程检测、质量监督、竣工验收备案、房屋销售许可、房产证办理等各环节的建筑节能监督管理。三是积极推进既有建筑节能改造。加快推进采暖地区既有居住建筑供热计量及节能改造。四是大力推进城镇绿色建筑发展。新建2万平方米及以上大型公共建筑、政府投资的保障性住房项目，全面执行绿色建筑标准。引导商业房地产开发项目执行绿色建筑标准，鼓励房地产开发企业建设绿色住宅小区。五是推动可再生能源建筑规模化应用。编制实施可再生能源建筑应用专项规划及年度计划，明确可再生能源建筑面积、重点技术和主要任务。保障性住房要优先使用太阳能热水系统，国家可再生能源建筑应用示范市县应优先安排资金用于保障性住房应用太阳能光热系统等可再生能源项目。

参考文献

朱一丁、贺生云：《我国住宅建设存在的问题与发展趋势》，《合肥工业大学学报》（自然科学版）2008年第2期。

万婷：《完善我国城镇住房保障制度的政策性建议》，《中国房地产》2005年第10期。

王仁财、强真：《住宅市场特征分析与供应模式优化创新》，《经济研究导刊》2014年第21期。

侯松：《关于我市廉租住房建设中存在问题及建议》，《江西建材》2014年第18期。

张雪梅：《浅谈对住房公积金的统计管理》，《房地产导刊》2014 年第 17 期。

杨春红：《加快城镇棚户区改造住房建设工作探析》，《财经界》2014 年第 17 期。

王愿青：《浅析城镇住宅功能设计理念》，《科技创新与应用》2014 年第 16 期。

雷广平：《城市化进程中的住房问题及政策调控——基于欧美发达国家的经验》，《经济研究参考》2014 年第 14 期。

李咏梅：《新型城镇化过程中房地产行业的发展模式》，《管理观察》2014 年第 13 期。

B.20

多元化的城镇化投融资机制创新研究

郭小燕*

摘　要：当前，河南省新型城镇化建设取得明显成效，已进入到科学推进时期。但是城镇化建设面临着巨大的资金压力，而传统的城镇化投融资模式存在着建设资金缺口大、融资渠道单一、融资平台风险日益凸显、土地财政不可持续等问题。亟须推进城镇化投融资机制改革，从建立地方政府举债融资机制、创新政策性金融融资机制、完善公私合营融资机制、完善风险控制机制、推进配套改革等方面，着力构建多元化可持续的城镇化投融资机制。

关键词：河南　多元化　城镇化　投融资机制

创新多元化的城镇化投融资机制是全面深化城镇化综合改革的重要内容，也是缓解城镇化资金需求难题、化解地方政府债务风险的有效途径。河南省新型城镇化进入到科学推进时期，不仅面临着加快城镇化速度的问题，更应从人的城镇化出发，着力解决农业转移人口市民化的问题，这就需要大量的资金投入到城镇基础设施和公共服务设施建设当中，而河南多数地方财政实力不强，尤其是一些农业大县财

* 郭小燕，河南省社会科学院副研究员。

政异常困难。同时，传统的城镇化融资模式暴露出种种弊端，甚至难以为继。为此，必须要创新多元化的城镇化投融资机制，多渠道筹措城镇化建设资金，增强城镇化建设的资金保障能力，推进城镇化科学发展。

一　创新多元化的城镇化投融资机制的背景和意义

（一）创新多元化的城镇化投融资机制的背景

1. 新型城镇化进入科学推进时期

当前，我国已进入全面建成小康社会的关键阶段，正处于经济转型升级、加快推进社会主义现代化的重要时期，也处于城镇化深入发展的重要时期。从国家和全省的发展大局看，新型城镇化已经成为经济持续健康发展的强大引擎，成为解决农业农村农民问题的重要举措，成为体制机制创新的突破口，成为促进社会全面进步的重要路径。近年来，河南省积极探索新型城镇化道路，取得了显著成效，但也存在农业转移人口融入困难、体制机制不健全、城镇化质量不高等问题。为此，河南先后出台了《中共河南省委关于科学推进新型城镇化的指导意见》《河南省新型城镇化规划（2014～2020年）》《河南省科学推进新型城镇化三年行动计划》，明确了推进新型城镇化的重点任务和发展方向，也标志着全省新型城镇化进入了科学推进时期。

2. 深化改革全面展开

党的十八届三中全会对新一轮改革做出总体部署，开启了全面深化改革的新阶段。河南省对全面深化改革工作高度重视，也出台了《中共河南省委关于贯彻党的十八届三中全会精神全面深化改革的实施意见》《河南省全面深化改革第一批重点改革事项》等，为下一步河南深化改革指明了方向和重点。同时，河南从实际出发，把握“两个条件”的工作思路，构建“三层推进”的工作机制，既加强整体谋划，又突出改革重点，坚决主动积极有序推进全面深化改革，改革工作取得了初步成效，形成全面深化改革的良好开局。中央和省委省政府全面深化改革的决定，为河南省城镇化投融资体制改革提供了良好的氛围和制度环境。

3. 传统的城镇化投融资模式难以持续

2013 年，河南省城镇化率达到 43.8%，城镇化已进入中期加速发展阶段。下一步，城镇化发展需要巨量的资金支撑，钱从哪里来，已成为河南新型城镇化发展最迫切的问题。长期以来，河南的城市建设主要依靠土地出让金收入，一方面资金相对有限，常常捉襟见肘；另一方面也面临着不可持续的难题，存在较大的风险。近年来，河南省探索通过建立地方融资平台为基础设施和公用事业发展筹措资金，虽然取得了一定的效果，但是带来的债务风险不容忽视，融资平台模式难以为继。基于此，探索建立多元化可持续的城镇化投融资机制，打通外资、民间资本、金融资本进入城市建设的通道，已成为河南科学推进新型城镇化建设的重要任务。

（二）创新多元化的城镇化投融资机制的重要意义

1. 有效缓解城镇化资金需求难题

当前，推进农业转移人口市民化是提高城镇化质量、推进城镇化进程的重要任务。而推进农业转移人口市民化要使进城人口享受到与城市人口平等的城市基础设施和公共服务，需要大量的公共投入和资金支持。根据《河南省新型城镇化规划（2014~2020 年）》，到 2020 年，河南常住人口城镇化率达到 56% 左右，争取新增 1100 万名左右农村转移人口。据有关机构和部门测算，人均市民化成本为 10 万元，为此需要巨额的成本。但是，河南省财政收入还比较低，难以支撑巨额的城镇化成本。2013 年，河南省公共财政收入为 2415.45 亿元，居全国第 9 位，仅为广东的 34.1%、江苏的 36.8%、山东的 53.0%。如果考虑河南的人口因素，则河南人均财政收入在全国的排名更靠后，与发达省份相比差距更大。财政实力弱，财政投入对于推进庞大的城镇化建设简直是杯水车薪。为此，改变目前城镇化建设资金主要依靠财政投入的局面，探索建立多元化的城镇化投融资机制，能够引导民间资本、社会资本、金融资本、外资等进入城镇化建设领域，对于解决城镇化资金不足的难题、促进城镇化水平的提高具有重要意义。

2. 有效化解地方政府债务风险

近年来，随着城镇化的快速推进，资金不足成为各地基础设施和公共服务设施建设的关键难题。为解决这一问题，一些地方建立了地方融资平台，依靠政府控制的投资公司，向金融机构大量贷款。通过这一平台，地方政府筹措了大量的信贷资金用于基础设施和公共服务设施建设。然而，由于基础设施和公共服务设施具有经济效益低、投资回收期长的特点，政府通过地方融资平台筹措的资金归还存在难题，存在巨大的潜在债务风险。近年来，中央政府为了化解这一风险，大规模地清理和整顿地方融资平台。基于此，建立多元化可持续的城镇化投融资机制，有利于引导民间资本、社会资本进入城镇化建设领域，从而减轻地方融资平台的压力，有效防范和化解地方债务风险。

3. 为全面深化新型城镇化综合改革奠定基础

科学推进新型城镇化是河南当前面临的重要任务，《中共河南省委关于科学推进新型城镇化的指导意见》明确提出，在全省选择 10 个左右市、县开展新型城镇化试点，重点在农业转移人口市民化成本分担机制、多元化可持续城镇化投融资机制、改革完善农村宅基地制度等方面探索，先行试点，积累经验。当前，国家新型城镇化综合改革试点工作已经确定，河南省洛阳市、新郑市、禹州市、兰考县入选。河南省发展和改革委员会也出台了《关于开展新型城镇化综合改革试点申报工作的通知》，目前这项申报工作已经完成，省级新型城镇化综合改革试点即将由省委、省政府评审确定，被确定的市、县将开展综合改革试点工作。在新型城镇化综合改革试点中，建立多元化可持续的城镇化投融资机制是其中的一项重要内容，将为全省全面深化新型城镇化综合改革奠定良好基础。

二　当前河南城镇化投融资存在的问题

（一）建设资金需求缺口大

当前，河南省新型城镇化加快推进，对城市基础设施、公用事业和公共服务设施建设的需求越来越大，这必然意味着城镇化建设亟须投入大量的资金。联合国开发计划署研究认为，发展中国家城市基础设施投资一般占到地区生产总值的3%～5%，如果这个国家处在城镇化快速发展时期，该投资比例应该更高。《河南省国民经济和社会发展第十二个五年规划纲要》提出，“十二五”期间，全省生产总值年均增长9%以上。同时，据《河南省新型城镇化规划（2014～2020年）》，到2020年，河南省常住人口城镇化率达到56%左右，年均增长1.7个百分点。据此进行测算，预计到2015年，河南省城镇化建设资金需求达到1900多亿元，到2020年将达到2900多亿元。由此可见，随着城镇化水平的提高，河南将面临巨大的城镇化建设资金需求缺口。

（二）融资来源渠道单一

从融资主体来看，由于城镇基础设施和公共服务设施公共产品的属性，普遍认为政府应是城镇化建设的投资主体，这也造成长期以来河南城镇化建设主要依靠财政投入，而社会投资占比较小的局面。从融资方式来看，河南城镇化建设资金还主要依靠政府搭建各类投融资平台进行贷款融资，BOT、TOT、BT 等先进融资方式尚未得到广泛应用，通过政府发行市政债券的融资方式几乎没有。从融资渠道来看，河南省城镇化建设的融资渠道不畅，建设资金筹措难度日益加大。究其原因，一是随着国家对地方融资平台的规范整顿，地方融资平台筹措资金出现困难，通过地方举债进行城镇化建设也受到一定的影响。二是尽管近年来河南省逐渐放宽了民间资本进入城镇化建设市场的准入范围，但是由于土地制度的制约，以及政策棚架等原因，民间社会资本进入城镇化建设领域门槛仍然较高，障碍依然存在。

（三）投融资平台风险日益凸显

近年来，为了解决城镇化建设资金问题，多数市、县都成立了投融资平台，在筹措城镇化建设资金方面发挥了重要作用。以周口项城市为例，2005 年以来，项城市通过政府融资平台——项城市发展投资有限公司，总计融资 8.53 亿元，主要用于城市道路建设、棚户区改造、学校、医院、产业集聚区建设等城镇化建设领域，促进了城镇化的快速发展。但是，由于缺乏对投融资平台的监管，实践中投融资平台存在着较大风险。还以项城市为例，截至 2014 年 6 月，项城市政府融资平台贷款余额为 7.69 亿元，未来一段时期面临着较大的还款压力。同时，投融资平台债务具有两个特点：一是债务期限分布不均，债务集中到期，短期还债压力较大。二是资产负债表的期限错配问题明显。一方面债务多是 3～5 年的中短期银行信贷；另一方面投资项目多是一些中长期的城市基建项目，需要 5～10 年才能产生现金流和收益。债务期限与项目的现金分布严重不匹配，存在流动性的支付问题。实际上，各地的投融资平台多数是由政府运作，名义上是公司贷款，实质上是政府负债，较高的债务依存度给地方政府增加了不小的债务风险。

（四）土地财政不可持续

1994年我国进行分税制改革，促进了财政收入的快速增长，但在实践过程中，也出现了“财力层层上收，事权层层下放”的现象，造成一些基层财政困难的问题。在此背景下，土地出让金收入就成为一些地方的主要财政收入来源，也确实为城镇化建设筹措了一定的资金。然而，这种土地财政是不可持续的，近年来逐渐暴露出诸多弊端。一方面土地作为一种稀缺资源，依靠土地出让收入来满足城镇化建设资金需求，很显然是不可能长久的；另一方面土地财政事实上造就了“征地—卖地—收税收费—抵押—再征地”的滚动模式，在这种模式下，政府、开发商和银行成为最大受益者，在造成违规占地、损害农民利益等一系列问题的同时，也直接推高了城市房价。而过高的房价也提高了城镇化建设的成本，需要投入更多的城镇化建设资金，从而形成一种恶性循环。

三 创新多元化的城镇化投融资机制的重点任务

从建立地方政府举债融资机制、创新政策性金融融资机制、完善公私合营（PPP）融资机制、完善风险控制机制、推进配套改革等方面，着力推进建立多元化可持续的城镇化投融资机制专项改革。

（一）建立地方政府举债融资机制

按照国务院批复同意发改委《关于2014年深化经济体制改革重点任务的意见》要求，加快建立以政府债券为主体的地方政府举债融资机制，推行权责发生制的政府综合财务报告制度，积极推动政府债券发行改革试点。城镇化建设项目债主要用于涉及城镇化建设的基础设施、产业园区设施、公共服务设施和保障性住房工程等项目，逐步将项目范围扩展到综合性城镇化建设和改造项目。城镇化建设项目债由债券承销机构按照市场化原则规范发行，债券发行利率、期限、担保、品种设计等由发债主体自主选择，政府部门比照企业债进行备案管理。

1. 建立政府债券管理机制

加快研究制定政府资产负债表，完善公共部门财务报表体系，推行政府综合财务报告制度，摸清资产和债务存量。建立政府信用评级方法与模型，完善信用评级体系，健全信用评级机制，提高政府债券的市场认可度和接受度。加强金融创新监管，防范和化解地方性债务风险。

2. 建立政府债券发行机制

推进国有企业改革，按照现代企业制度和专业化原则，通过注入土地储备、国有资本金和国有企业股权等多种形式，将现有政府融资平台公司（城投公司、新区投资公司等）改组为城镇化国有资本运营公司，作为债券发行主体。根据“资金实力雄厚、发行经验丰富、服务质量最优、资金成本最低”原则，确定债券承销商与分销机构，借助财政部国债招投标发行系统，向公开市场发售债券。城镇化国有资本运营公司在各县（市）设立分公司，负责县域城镇化项目的债券发行和融资业务。

3. 建立和完善偿债保障机制

按照中央和省市政府发债规模的限额，结合城镇化资金需求和偿债能力，合理确定发债规模，并纳入全口径预算管理。建立偿债风险准备金和偿债基金，探索建立债券保险机构，为地方债外部信用增级，降低债券风险。

（二）健全城镇化公共资源交易平台

建立健全公共资源交易市场及其网站，加强整合并在制度上进行固化，对土地招拍挂、城镇化建设项目和运营项目、政府购买公共服务项目（包括教育、医疗、养老项目等）、保障性住房项目等各类城镇化产品进行招投标等市场化交易，完善市政设施和服务项目价格形成机制。有效降低城镇化成本，提高城镇化项目公开性，为未来的基础设施项目证券化提供市场化的定价基础。

将与城镇化相关的项目均纳入公共资源交易平台统一公布，吸引全国范围具备资质的企业参与竞争，形成公开、公平、公正的市场竞价。交易产品、流程、结果在平台专网进行公示，委托社会第三方进行监督，减少地方保护，切实提高城镇化建设的市场准入水平、成本透明度以及公共服务提供效率和质量，有效降低城镇化成本。

（三）创新政策性金融融资机制

加强同政策性银行、商业银行和非银行金融机构的合作，逐步形成以银行贷款为基础、其他金融机构资金为补充的信贷融资格局。建立健全与国家开发银行的合作机制，通过政策性贷款、专项债券和专项基金等政策性金融方式，支持城镇化建设。

充分发挥政策性金融在长期融资方面的优势，重点运用5年及以上期限的政策性金融工具支持回报期限较长的城镇化建设项目。探索建立政策性金融对直接收益不显著而间接收益较大、社会效益显著的城镇化建设项目的资金保障机制，完善政策性金融资金与城镇化建设项目债在项目选择上的互补机制，确保及时为政策性金融项目提供地方配套资金。发挥政策性金融工具对社会投资的引导作用和杠杆作用，撬动社会资本积极参与城镇化建设项目。

（四）完善公私合营（PPP）融资机制

深化公私合营（PPP）体制机制建设。编制城镇化项目建设规划和融资规划，发挥规划对资源配置的引导作用。从城镇化建设源头引入社会力量，建立并开放基础设施、产业园区、旅游园区方案社会申报机制和项目预评价机制，鼓励社会资本设计一体化的综合性建设解决方案。深入推动政府投资体制改革，编制《核准目录》和《禁投负面清单》，完善特许经营制度，明确社会资本参与各类公私合营（PPP）项目的资质、资金和运营门槛，加强事中、事后监管，建立企业失信黑名单制度。

1. 进一步放宽民间资本直接投资限制

以全面深化改革为契机，探索城市建设领域负面清单管理制度，放宽民间资金投入条件，鼓励社会各类资金通过独资、合资、公私合营（PPP）等多种方式参与城镇建设，最大限度地减轻政府负债建设城镇的压力。

2. 创新项目融资方式

围绕提高城镇化项目的运营效率和盈利能力，积极引入社会资本参与，向社会资本推出一批优质的城镇化投资项目。完善市政建设项目市场化甄选机制，防范不对等谈判风险，探索多个社会资本合作承担同一城镇化投资项目的模式，形成社会资本间的相互制约机制。建立市域公私合营（PPP）项目库，针对不同项目性质设计差别化的融资模式。探索完善建设—经营—转让（BOT）、建设—转让—经营（BTO）、建设—拥有—经营（BOO）、建设—转让（BT）等公私合营（PPP）方式。通过市场机制甄选市政建设项目，探索多个社会资本合作承担大型城镇化投资项目，不断发掘市政建设项目的规模效应。完善公私合营（PPP）运行保障机制，充分保障项目各方利益。

旅游资源丰富的地区，可以重点依托丰富的旅游资源，充分保护文物古迹、引入先进经营理念和借鉴国内外成功经验，发挥专业公司的规划、建设和运营优势，通过公私合营（PPP）方式打造具备核心竞争力、吸引力的世界一流旅游产业园区，力争成为国内公私合营（PPP）项目典范。依托旅游产业园区公私合营（PPP）项目推进产城融合、促进农业转移人口就业、带动周边城市基础设施和商住社区建设。

四　推进城镇化投融资机制配套改革

按照建立多元化可持续的城镇化投融资机制的要求，结合河南省基本省情和城镇化建设的实际，重点推进以下四项配套改革。

（一）建立和完善土地储备运行机制

1. 规划先行，统筹安排

依据城市规划编制城市基础设施建设规划和融资规划。增强规划的权威性和引导性，并以此作为各类开发建设、招商引资的纲领，吸引银行资金及社会资金的进入。

2. 加大土地整理和熟化力度，真正凸显土地的市场价值

在规划的指导下，合理储备土地，有计划出让熟化土地，使政府充分享有土地级差地租所创造的价值，并以此平衡城市的基础设施投入。

3. 合理控制经营性土地出让规模

规划、土地、财政部门要履行好各自的职责，相互配合，把握好经营性土地的出让节奏和规模，以期获得经营性土地的最大收益，积累更多的市政基础设施建设资金。

（二）建立和完善土地收益分配机制

将土地出让金纳入政府专项管理，确保主要用于城市基础设施建设。将土地出让收入列入财政预算，按政策分配，以保证基础设施建设的需要。出台规范《土地出让收支管理办法》，国有土地使用权出让总价款全额纳入地方预算，缴入地方国库，实行收支两条线管理。

（三）建立和完善投资补偿机制

逐步实行开放式投资准入政策，将有一定回报的项目推向市场，吸引社会各类投资主体进入，进行商业化操作和产业化经营。通过适当补贴和相关政策进行投资补偿，以保障投资者的合理收益。由发改、财政等相关部门制定相关的配套收费政策和建立经营收益补偿机制，吸引外来投资者参与建设。改变单一按项目申报土地的做法，将有价值的资源和建设的基础设施项目捆绑在一起运作，最大限度吸引金融资本、社会资本投入市政基础设施建设。

（四）建立市政资源特许经营权机制

理顺市政公用产品和服务价格形成机制，放宽准入，完善监管，制定非公有制企业通过 PPP 等模式进入特许经营领域的办法，鼓励社会资本参与城市公用设施投资运营。加快推进城市无形资产的开发和利用，将户外广告标牌经营权、公交线路经营权、加油站经营权、城市设施冠名权等市政资源特许经营权进行统一整合，规范实施有偿转让、拍卖或租赁，积极筹措建设资金。

五　创新多元化的城镇化投融资机制的政策建议

（一）建立农业转移人口市民化的财政转移支付机制

建立中央、地方、企业和个人四方分担的农业转移人口市民化改革成本支付机制。进一步规范转移支付使用方式，将各项资金支出明细到项级科目并进行公开，接受社会监督。合理测算农业转移人口市民化人均成本，明确就业、医疗、教育、养老、住房的事权财权主体及相应的资金（中央转移支付资金重点用于义务教育和公租房建设）。测算所需中央转移支付总额、转移支付系数和中央与地方政府负担比例。以城乡建设用地“增减挂钩”为基础，农村宅基地交易所得资金扣除复垦成本和财务成本后全部返回转户居民，提高转户居民自我承担城镇化成本的能力，建立农村宅基地退出的市场化机制，动态调整与人口分布相适应的城乡土地空间格局。

（二）编制公开透明的政府资产负债表

加强全过程预算绩效管理，将政府性债务纳入全口径预算，有效防范和化解财政风险。按照先易后难、逐步推进的原则，分步编制政府资产负债表。省、市、县分别编制本级政府资产负债表，向社会公开编制标准及编制程序。将全省各级、各部门财政预算、决算全面向社会公开，公开内容细化到项级科目，更加全面、完整地体现政府财务收支、运营情况和资产负债状况。引入社会监督，建立公开、公平、高效的新型政府资产负债管理机制、权责对等的市场约束机制，提高市政信用等级，在此基础上试点自发自还的地方政府市政债。

（三）完善市场开放、信用健全、监管有力的投融资环境

建立公开透明、公平诚信的市场规则，有效提高金融开放度，鼓励跨地区金融合作，积极吸引其他地区金融机构和金融资本为城镇化发展服务。健全社会征信体系，建立政府部门统一的数据库系统，建立覆盖政府、企业、居民的信用平台，实现政府部门

对参与城镇化建设企业信用记录的便捷化查询。完善城镇化投融资监管制度，防范信用风险和流动性风险的发生，加强与城镇化投融资相关的司法服务，提高司法效率。加强舆论宣传，增强居民金融参与意识，开展金融知识普及教育，有效控制不当宣传和虚假宣传。

B.21

河南省城镇化进程中促进转移农民稳定就业问题研究

河南省发展和改革委员会课题组*

摘　要：农村转移劳动力稳定就业是城镇化的重要任务。在以工业化、信息化快速发展为支撑的城镇化进程中，保障转移农民适应产业发展要求和稳定就业是政府公共服务的重点，而河南省转移劳动力的实际情况为转移就业提出了难题。如何实现农村转移劳动力就业需求与河南省产业调整的最大匹配成为公共就业服务的主要任务。

关键词：河南　城镇化　农村转移劳动力　稳定就业

一　河南省转移农民就业基本现状

河南省总人口约1.06亿人，其中常住人口9413万人，农村人口5958万人，估算农村富余劳动力约3200万人。截至2013年底，全省已累计转移农村劳动力2660万人，其中省内转移达到1523万人，约占57%，超过省外就业386万人；新增的90万名农村富余劳动力有80%以上在省内就地就近就业。

---

* 课题组组长：王红、陈静；课题组成员：李忠乾、陈波、王运祥、梁斌、白小营。

（一）转移就业农村劳动力的基本构成

1. 性别构成

男性多于女性，全省农村劳动力转移就业总人数中，男女比例为1.3∶1。

2. 年龄构成

以中青年为主力军，年龄在50岁以下的人员占转移总人数的88%，其中30岁以下的占49%（见图1）。

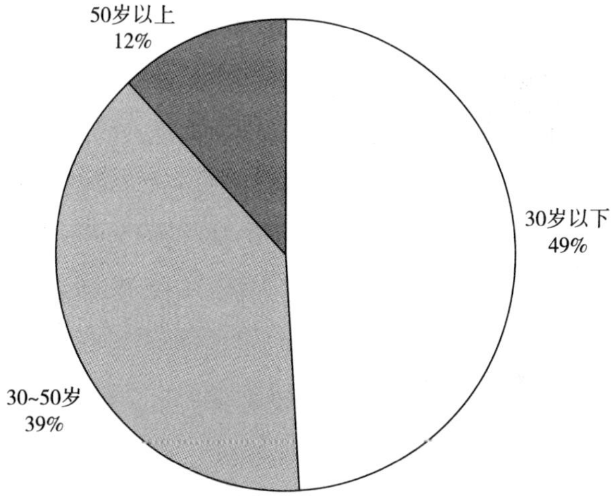

图1　河南省转移就业农村劳动力年龄构成

3. 素质构成

文化素质有所提高，但从整体上看仍然偏低，其中高中及以上文化程度者占39%。

4. 技能构成

总体技能水平较低，河南省已转移的农村劳动力中有近1300万人没有参加过相应的技能培训。

（二）转移就业农村劳动力的地域分布

目前，在河南省内转移就业的1523万人中，有52%在本县域内就地就近就业，有48%跨市县转移就业。在省外就业的1137万人中，主要集中在东部地区，其中长三角地区有350万人，珠三角地区有350万人，京津地区有200万人，东南沿海地区有100万人，中西部地区有130万人（见图2）。

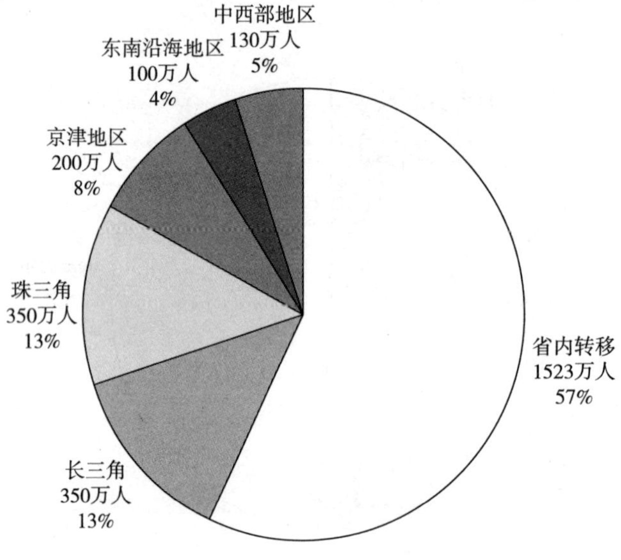

图2　河南省转移就业农村劳动力地域分布

（三）转移就业农村劳动力的产业行业分布

河南省农村劳动力转移就业的趋势主要从第一产业向第二、第三产业转移。2013年，河南省转移就业的90万名农村劳动力中，有65%转移就业到第二产业，从事行业仍以建筑业、制造业为主；有35%转移到服务业就业，主要分布在批发和零售业、餐饮业等生活服务业。

（四）转移就业的求职方式

河南省农业劳动力转移就业以自发输出为主，靠“血缘、人缘、地缘”（亲戚带亲戚、朋友带朋友）实现转移就业的约占70%，通过职业中介机构有组织输出实现就业的人数约占20%，通过政府劳务输出部门组织就业的不足10%。

（五）公共就业服务体系基本情况

至2013年底，全省479个街道、1882个乡（镇）和3404个社区全部建立人力资源和社会保障工作平台；其中有13个省辖市的人力资源市场面积达到1000平方米以上，51个县级人力资源市场面积达到300平方米以上，就业服务已覆盖所有乡（镇）。自2008年在上蔡县、固始县等4县（市）开展农村劳动力转移就业服务体系基础设施建设项目试点工作以来，至2013年已在54个县（市）和216个乡（镇）建立就业服务机构，实现了劳动就业、社会保险经办、人力资源服务、劳动关系协调、劳动保障监察等公共服务的一站式办理，进一步增强了公共就业服务能力。就业服务制度日趋完善，初步建立了包括免费服务制度、就业援助制度、就业与失业管理制度、专项服务制度、信息服务制度和公共就业服务统筹管理制度等公共就业服务制度。同时，各级有关部门还建立联席会议制度并落实信息共享、情况通报、工作督导、绩效评估等制度，公共就业服务逐步走上制度化轨道。

二　转移农民稳定就业的主要问题

（一）农村劳动力就业流动性大，不利于稳定就业

1. 多从事流动性大的行业

农村转移劳动力受自身文化水平较低、职业技能有限等因素影

响，在人力资源市场上竞争力差，主要从事建筑、矿业、制造和批发零售等劳动强度大、技术含量低的行业，行业出入门槛低，流动性较强。

2. 新生代农民工就业期望值高

“80 后”和“90 后”逐渐构成外出农村劳动力的主体。他们更重视个人发展前景、自由时间、工作轻松度等，在就业选择、工作条件、劳动保护上也有更高的要求。但自身的能力跟不上，相当一部分既不能干技术活，又不愿干建筑、流水线等艰苦、枯燥的工作，形成了走马灯式跳槽的局面，珍惜岗位意识较弱，就业稳定性差。据调查，大约有一半的外出务工人员在一个单位工作时间不超过 2 年，5 年以上的更少。

（二）工资收入低、生活成本高，一低一高制约就业稳定

农民工在城市里从事的大多是苦、脏、重、危的工作，每天工作在 10 小时以上，劳动强度大；和城镇职工平均收入相比，职业农民工收入还处于较低水平。新生代农民工中平均月收入不足 2000 元的占 75%，2500 元左右的占 18%，3000 元以上的仅占 7%。尽管近年来农民工工资薪酬有了一定的增长，但企业愿意为农民工提供的月薪还远低于农民工自身的期望。据省统计局 2012 年的一项调查，外出务工农民收入期望值，有 35.4% 的人为 3000 ~ 3999 元，19.4% 的人为 2500 ~ 2999 元，12.3% 的人为 4000 ~ 4999 元，2500 元以下的仅占约 20%。近年来物价上涨速度较快，特别是农副产品和房地产价格（包括买卖和租赁价格）上涨幅度更大，直接导致进城务工农民生活成本提高，工资涨幅远小于物价上涨幅度，农民工实际收入呈相对下降态势，劳务输入地与原户籍所在地的生活成本相比平均高出 1.5 倍，务工出现最终“零节余”甚至“负节余”，对薪酬的不满意使农民工很难在一个工作岗位待上很长时间。城市房价持续高位运行，

也大大增加农民工定居城市的成本，而固定的居所又是农民工稳定就业和融入城市最重要的物质保障。近年来面对城市房价及房租普遍持续高涨，即便是有稳定体面工作的城市居民也只能望房却步，收入低廉的农民工更是望房生畏。农民工在城市中不能拥有自己的产权房，必将长期阻碍其进城和稳定就业的实现。

（三）受文化水平和技能素质影响，农民工就业领域、就业层次受限，稳定就业任务艰巨

河南省外出务工人员文化层次普遍偏低，高中及以上文化程度者仅占约39%。特别是农村剩余的600多万名富余劳动力中，有90%为初中以下文化程度和45岁以上妇女、55岁以上男性，转移就业和实现稳定就业的难度更大。职业技能水平低，农民工多缺乏职业规划，重眼前利益，人随工资走，不注重自身素质和技能的提高，难以实现长远发展。现有职业技能培训内容定位不清晰，培训对象针对性差，忽略了不同人员对培训内容的接受能力和适应性，培训效果不甚理想，农民参加培训的积极性不高。目前，河南省已实现转移就业的农村劳动力中有近1300万名没参加过相应的技能培训，约50%以上的转移就业人员不同程度地处于流动就业和不稳定就业状态。上述种种因素造成了农村劳动力在就业领域、就业层次上受限，多从事建筑、煤矿以及手工操作和服务型为主的技能较低且流动性较大的劳动密集型行业。农民工实现稳定就业、体面就业和高质量就业的任务十分艰巨。

（四）农村转移劳动力合法权益很难保障，且无法享受均等的公共服务，很难融入城市和实现长期稳定就业

1. 合法权益难以得到有效保障

约七成的劳动力通过非正规渠道转移就业，导致劳动合同签订率

低、社会保险参保率低、工资收入水平低，工伤多、职业病多、劳动争议多。据统计，用人单位和雇主为农民工提供养老保险、医疗保险、失业保险和工伤保险的比例分别仅占5.1%、7.4%、2.4%和14.1%。“三低三多”导致劳动关系矛盾突出，农民工合法权益屡受侵犯。

2. 无法与城镇居民一样享受均等的公共服务

受城乡二元结构制约，进城务工人员在就业所在地无法与城镇居民平等享有子女入学、住房、社会保障、技能培训、就业创业等待遇，转移劳动力生活成本高，不能真正融入所在城市。

3. 现有就业公共服务不能够满足转移就业人员稳定就业的需要

河南省县、乡农村劳动力转移就业基层服务平台建设滞后，乡(镇)、村两级机构存在编制少、经费不足等问题，尤其是村级大部分没有专职人员，职能作用没有得到充分发挥，不能适应新的就业形势需要。同时用工信息服务滞后、不对称，农民外出务工难以得到及时有效的信息服务，存在一定盲目性，也在一定程度上影响了就业的稳定性。

三　城镇化进程中公共就业服务体系存在的问题

（一）就业服务体系薄弱，对农村服务能力有限

1. 基层服务设施建设滞后

目前，农村是河南省农业转移劳动力主要输出地。现有就业服务设施尚未覆盖所有县（市），乡（镇）一级就业服务设施更为缺乏，多数是乡（镇）政府提供的办公用房或与计生、党务、便民服务等共用服务场地，缺少必要的就业服务场地和服务设施。

2. 就业服务水平较低

受经费紧张、专业人才紧缺、服务力度不够、就业服务针对性较

差等多种因素影响，多数输出地就业服务机构缺乏对劳动力转移就业的组织指导，缺乏对劳动力资源的整合调剂，无法对外出就业人员实施有效的信息引导。受服务条件的限制，公共就业服务对乡村的服务能力和服务水平都较低，直接影响转移劳动力的就业效率和就业质量。

（二）就业服务信息化程度低

人力资源市场信息化建设滞后。与不断扩大的服务需求相比，现有的公共就业人才服务机构信息共享层次较低，缺乏全省统一的就业服务信息平台。现有信息统计体系无法掌握灵活就业、农村劳动力就业和失业状况，就业信息尚未全省联网，人力资源市场的动态监测有待进一步完善。在已经实现就业服务的地区，受机构建设、人员编制、经费保障等因素影响，基础设备设施薄弱，服务手段落后，信息化程度很低，难以满足就业服务需求。

（三）就业服务压力增大

当前和今后一个时期，河南省就业形势将更加严峻，公共就业服务的领域将更广、要求将更高、难度将更大。

1. 公共就业服务对象量大面广，给公共就业服务提出了新要求

“十二五”时期，随着中原经济区建设和承接产业转移的持续推进，河南省每年城镇需要就业再就业的总量将在200万人以上，加上高校毕业生对农村富余劳动力开发转移就业的挤压，就业服务压力将持续加大，实现公共就业服务全覆盖难度加大。

2. 就业服务面临新的挑战

“招工难”和“找工作难”并存的就业矛盾使就业形势日趋复杂，一方面是就业能力弱、不适合市场用工需求的大量转移劳动力的就业需求；另一方面是大量需求技术工人的企业，就业服务难以在供

需之间达到令人满意的契合点。

3. 就业服务机构面临新的服务需求

不断增加的就业期望值和难以提高的就业待遇之间的矛盾日益突出，一方面新生代劳动力期望住房、保险、工资等待遇的提高和工作强度的下降；另一方面现有产业模式和劳动力供应状况又决定了短时间内难以改善工作条件和工作待遇，就业稳定性差，考验着就业服务的市场适应性。

4. 就业服务需求日益多样化

在农民工市民化的过程中，就业转移压力加大，特别是在农民工融入城市、稳定就业等方面需要公共就业服务多元化、专业化发展。

（四）公共就业服务体系难以满足不同群体的多样化需求

1. 就业培训有待加强

因资金投入不足，现有民办培训机构和县办中等职业学校大多缺乏实训条件，65%左右的县级定点培训机构场地小、设备少、设施陈旧、师资不足。培训补贴标准偏低和补贴资金兑付复杂，使培训机构往往压缩培训时间以降低培训成本。培训内容定位不清晰，培训对象针对性差，忽略了不同人员对培训内容的接受能力和适应性，造成一定的培训资源浪费。

2. 创业培训和创业服务需要继续完善

相对于庞大的就业需求，现有的就业机会还是明显不足，现有创业培训人数、创业成功率都还有很大发展空间，小额担保贷款的范围和上限以及相关的优惠政策还有进一步放宽的余地。

（五）服务方式与多元化需求不相适应

服务功能和项目比较单一，缺乏统一规范的服务流程和服务标准，服务的针对性和专业性不够强，服务手段和方式方法与形势任务发展不协调，服务理念更新和技术跟进相对滞后，缺乏精细化服务，人员队伍专业化水平较低，综合服务和快速反应能力弱，难以开展优质高效的公共就业服务。

（六）市场发育与工作创新发展不相适应

人力资源市场城乡分割仍然没有真正打破，建设统一、开放的人力资源市场任务艰巨；群体分割明显，人才、劳动力、大学生、农民工、残疾人等市场各自为政，资源整合难度大；信息化建设相对滞后，统计方法不科学，信息数据失真，造成人力资源匹配度较低，难以开展及时有效的对接服务。

四　外省稳定农村转移劳动力就业的经验做法

（一）安徽省经验做法

1. 制定出台了促进农民工就地就近就业的意见

该意见提出要大力促进农村劳动力省内转移和劳务合作。组织开展皖北农民工与皖江示范区就业岗位对接等活动，有力缓解了皖江示范区企业“招工难”问题，同时也促进了皖北农民工到皖江地区稳定就业。

2. 实施“皖北地区农民工与皖江示范区就业岗位对接月”

活动内容包括收集用工信息和就业需求，及时通过安徽就业网、广播电视等媒体将相关用工信息传递到农民工手中。同时，将通过签订劳务协议、建立信息平台、组织皖江企业赴皖北举办招聘会、组织皖北农民工到皖江企业参观、组织皖江企业与皖北乡镇对接等形式，帮助农民工与企业实现供需直接见面。

3. 启动“春风行动”，返乡创业税费可减免

各类有就业意愿的转移农村劳动力，尤其是愿意省内转移的农村劳动力享受免费的职业介绍服务，并在技能培训和创业培训等方面享受培训补贴政策；返乡创业的农村劳动者都能够按规定获得小额担保贷款和税费减免等政策扶持。按“行动方案”，人社部门将印制一批“春风卡”，组织开展“县乡招聘会”“送岗位下乡”等活动，促进农村劳动力就近就地转移。组织有创业愿望的农村劳动者参加一轮免费的创业培训，并提供创业指导、相关政策咨询、小额担保贷款等“一条龙”创业服务。

4. 安徽省合肥市“放宽”落户条件

对长期在合肥就业和居住的农民工，放宽户籍限制，为进城务工的农民工在城镇入户时提供便利。凡在合肥及城镇范围内有合法固定住所的农民工及其共同居住生活的配偶和未成年子女，可根据本人意愿登记城镇户口。另外，改善农民工就医就学条件。按新规定，卫生部门将结合合肥各工业园区发展需求，合理设置医疗卫生服务机构。

（二）成都市经验做法

开展“新市民素质培训”，提高城市生活综合素质。“新市民素质培训”包括了对农民工技能水平和文明素质两个方面的培训。市总工会共对4万名农民工进行新市民素质培训，对1000名农民工开展技能证书职业培训，帮助1万名农民工实现就业。市总工会还计划在农民工公寓或农民工集中居住地组织举办农民工喜闻乐见的文化体育活动，尤其是将成都新市民学校培训网络向产业园区、重大项目及新经济组织等地区延伸，加强重大产业项目、重大建设工程中农民工的技能素质和文明素质培训活动，帮助他们提高城市生活所必需的综合素质，促使其稳定就业。

五　城镇化进程中促进农民稳定就业的措施和建议

按照“五统一”（统一领导、统一制度、统一管理、统一服务、统一信息）的要求，初步建立全省统一、覆盖城乡的公共就业服务平台和公共就业服务信息系统。

（一）完善促进农民工平等享受城镇基本公共服务的政策措施，大力推进农民工市民化

进一步清理和废止一切不利于农村劳动力转移就业的歧视性文件规定，全面贯彻《国务院关于进一步加强就业再就业工作的通知》精神，强化措施，把《国务院关于解决农民工问题的若干意见》落到实处。进一步取消各种针对转移农民进城就业的不合理限制，规范针对企业使用转移农民的各种行政审批和行政收费，为农村劳动力转移就业创造良好的政策环境和社会环境。改革户籍管理制度，按照突出重点、分类推进的原则，积极推进城镇基本公共服务由主要对本地户籍人口提供向对常住人口提供转变，将在城镇具有合法稳定职业、工作和居住达到半年以上的农业转移人口及随迁家属，纳入城镇基本公共覆盖范围。加快建立居住证制度，依托居住证统筹基本公共服务和社会管理。推进城乡、城际基本公共服务制度衔接。制定实施全省统一的基本公共服务设施配置和建设标准。鼓励各地开展统筹城乡基本公共服务制度改革试点，暂不具备条件的，要注重缩小城乡服务水平差距，预留制度对接空间。进一步提升城镇基本公共教育、医疗服务等承载能力，实现农民工平等享受城镇就业、社会保障、子女教育、住房保障等基本公共服务，为农民工真正融入城市创造有利条件。

（二）完善公共就业服务体系，降低农民转移成本

1. 加强基层特别是县、乡公共就业服务平台建设

力争在“十三五”规划末期，县级公共就业和社会保障服务中心覆盖面达到100%、乡（镇）公共就业服务站覆盖面达到30%。

2. 搭建人力资源对接平台

继续开展“春风行动”“百校千企”“培训机构送技能下乡村进车间”等专项活动，努力实现企业用人和劳动者就业“双赢”。

3. 建立城乡统一的就业失业登记管理制度和就业援助扶持制度

将符合条件的进城农民和新型农村社区居民纳入公共就业服务体系。对因城市新区、产业集聚区、重大工程建设而失地的农民，进行转移就业登记后，优先纳入转入地就业困难人员范围，享受公益性岗位安置等就业援助服务。

4. 整合现有资源，建立城乡统一的就业服务体系

整合城乡现有资源，统一管理，合理利用现有资源，从岗位开发、职业技能培训、人力资源市场供求信息到教学软件开发利用、师资队伍建设等方面，因地制宜发挥各自优势，形成合力，推动实现农村劳动力合理流动、有序转移就业。

5. 加快就业信息化网络建设

建立以中原人才网、河南省人力资源市场网、高校毕业生就业信息网为主的网络联盟，实现就业信息网络互联互通。建立农村剩余劳动力资源信息数据库，力争实现省、市、县、乡、村五级联网，实现农村劳动力基础信息电子化、数据更新常态化管理。

（三）建立健全服务农民转移就业培训体系，提高农民就业技能，提高农民工就业竞争力

1. 加大财政投入力度

提高职业技能培训补贴标准，完善补贴方式，力争农村劳动

力技能就业计划培训补贴标准在现有基础上每个等级再提高500元。加快职业培训基地和公共实训基地建设，每年重点支持20个农村劳动力转移就业技能培训示范基地、10个高技能人才培养示范基地、10个技能大师工作室和5个示范性公共就业训练中心等建设。

2. 整合教育培训资源

将职业技术学院、技工学校、中等职业学校、就业训练中心、民办培训机构等纳入城乡劳动力技能培训体系，共建共享公共实训基地。以全民技能振兴工程为统领，统筹使用各部门技能培训资金，整合支出用途，切实形成合力。大力发展民办职业教育，在建设用地、项目安排、经费补贴、评先奖优等方面与公办学校一视同仁。鼓励职业院校、技工学校与企业联合组建职业教育集团，推动职业教育特色化、品牌化发展。

3. 改革办学模式

根据产业发展和企业用工需求，推行职业学校、培训机构和企业实训车间“三位一体”培训模式，实施定向、定岗和订单式培养，实现人才培养与企业需求有效对接。开展以初、高中毕业生、退伍军人等农村新生劳动力为主要培训对象，以中长期技能培训、职业能力培训为重点，分类培训、分层培训和定向培训相结合的农村劳动力转移就业培训，提高农民职业能力和转移就业能力。

4. 创新培训方式

推行培训机构与乡（镇）村联合培训和送职业培训下乡等模式，组织各级各类技工院校和定点培训机构深入到乡村，开展培训对接活动，方便农民就地就近参加培训，降低农民参加培训成本，调动农民参加培训积极性。组织职业技能大赛，在全省范围内开展各类技能大赛，以大赛为引领，带动形式多样的专业技能培训。

（四）坚持强化社保，重点抓维权，帮助转移农民稳定就业

进一步完善社会保险的相关政策措施，探索实现城乡一体化的社会保障政策，加强宣传培训，深入开展《劳动法》《社会保险条例》等法律、法规和政策的宣传教育，使广大农民工认识到参加社会保险的长远利益所在，切实增强农民工参保的积极性和主动性。加强劳动合同管理，督促建筑、餐饮、服务等岗位流动性大的用工单位与农民工签订规范的劳动合同，提高劳动合同签订率，扩大农民工参加城镇社会保险覆盖面，以此来增强农民工就业的稳定性。定期组织人社、住建、公安等部门开展联合执法，对农民工工资兑付、劳动合同签订、社会保障法律法规落实情况进行全面检查，严厉打击各种违法行为，依法惩处侵害农民工合法权益的行为，加快形成维护农民工合法权益的长效机制。

（五）营造关心爱护新生代农村劳动力的良好社会氛围

帮助新生代农村劳动力提高道德素质和技术技能素质，加强企业文化、职工文化建设，满足他们的精神文化需求。注意加强新生代劳动力的心理疏导和行为矫正服务，加大对他们心理健康的关注，帮助他们缓解压力，搞好自我管理，踏实稳定地工作。加强宣传，转变农村劳动力就业观念，依托市、县产业集聚区、乡镇工业集中区，引导农村劳动力就地就近进入企业工作，提高自身的就业稳定性。

参考文献

张丽：《农村劳动力转移就业现状、问题及对策》，《经营管理者》2012 年第 9 期。

刘成玉、杨琦、胡方燕：《我国农业和农村劳动力转移的几个理论问题探讨》，《农业现代化研究》2009年第6期。

马倩羽、刘凤玲：《“十一五”河南农村劳动力转移情况分析》，《市场研究》2011年第7期。

邓子兵：《农村劳动力转移培训的实践与探索》，《中国职业技术教育》2010年第16期。

何庆兰等：《农村劳动力就业问题研究》，上海人民出版社，2010。

崔占峰：《农业剩余劳动力转移就业问题研究——走中国特色的农业劳动力转移就业道路》，经济科学出版社，2008。

Abstract

In 2013, Central Urbanization Work Conference put forward that based on people-oriented, advancing urbanization based on people-centered. We promote new people-oriented urbanization, the key is to accelerate the reform and innovation of institutional mechanisms, get rid of dual system of barriers between city and countryside and improve the quality of life. New National Urbanization Planning (2014-2020), stated clearly Focus on improving quality of urbanization, accelerate the transformation of the mode of development of urbanization, the core of urbanization is human's urbanization, advance registering rural migrant works as permanent urban residents orderly. Based on institutional innovation, release urbanization development potential through reform, walked the road of urbanization with Chinese characteristics based on People-oriented, synchronous four modernizations, optimize the layout, ecological civilization, cultural heritage. With the profound changes in the internal and external environment and conditions, urbanization must enter the new stage to improve the quality-oriented restructuring and development, pay more attention to human's urbanization.

Henan is a developing province and has a population of over 100 million, has entered the decisive stage of building a well-off society, promote scientifically the new type of urbanization is the inevitable choice to realize the rise of central China, Henan revitalize, the prosperous common people and strong province. In 2014, Henan Province solved the problems around issues affecting the development of new urbanization and the masses the salient issues, based on the responsibility and authority of the reform and practice condition of Henan province in the aspect of the household registration system, land system, the investment and financing system and administrative system. The speed and quality of new urbanization are improved significantly, urban scale is constantly expanding, the modern urban system is maturing, the overall carrying capacity of the town is growing, the transfer of agricultural population is accelerating public, urban and rural integration is rising. But, new urbanization is still facing a number of issues such as the coordinated reform has not yet formed a consistent force public service is not yet realized the full coverage the resident population, transfer of agricultural population demands new embodiment, urban infrastructure historical debt is still larger. As China's economy development has entered a new normal stage, Henan urbanization development also presents a new trend, Henan need to further deepen reform, continuing to promote institutional innovation, actively construct new urbanization conducive to scientific development of institutional mechanisms.

Annual Report on Urban Development of Henan Province (2014), with the theme on promoting new urbanization based on the reality of Henan Province, analyzed the main measures and achievements Henan has taken and then pointed out the direction and policies for further advancing the new urbanization in the years to come. This book is completed by experts and scholars from Henan and Social Sciences Academy and other institutions.

The book discussed Henan's promotion of new urbanization problems based on people-oriented from different perspectives and all directions. The first "General Report", Reform and Development of the Henan New Urbanization, Summarizes the main practices and the effectiveness of the new urbanization of Henan Province with reforms to promote development in 2014, predict the new urbanization of Henan trends in 2015 and also offer the policies and suggestions. The second "General Report", The Urbanization Quality Evaluation Report of Henan Province (2014), set up a new urbanization quality evaluation system from five dimensions, including population, economy, society, space and environment, the urbanization quality of 18 prefecture-level cities and 20 county-level cities in Henan province is analyzed and appraised. Registering rural migrant works as permanent urban residents, integration of urban and rural development, build the new city, safeguard mechanism, centered on the key problem on the new urbanization of Henan and institutional obstacles of restricting its development, study the ideas from different perspectives and also offer the policies and suggestions.

Contents

𝔹 I General Report

Abstract: In 2014, Henan province adheres to the people-centered scientific and orderly, and actively and steadily push forward the development of new urbanization. Henan has made great breakthrough in the number of system reform, for example, in the aspect of the household registration system, land system, the investment and financing system and administrative system. The speed and quality of new urbanization are improved significantly, urban scale is constantly expanding, the modern urban system is maturing, the overall carrying capacity of the town is growing, the transfer of agricultural population is accelerating public, urban and rural integration is rising. But in the new urbanization of reform and development process, there are some deep-seated contradictions and problems. It needs further intensify reform and form the best reform efforts. In 2015, the economy of China has entered a new normal, Henan also presents a new trend on urban development. We must firmly grasp the new opportunities and favorable conditions, we need to further deepen reform and promote development, new urbanization will continue healthy and harmonious development in speed and quality, land urbanization and population urbanization, the overall carrying capacity of cities and towns and so on.

Keywords: Henan; New Urbanization; System Reform

Abstract: The core to promote new urbanization is to improve the quality of urbanization development. The research report from five dimensions of the population urbanization, economy urbanization, social urbanization, space urbanization and ecological urbanization to construct the model of urbanization quality evaluation system, uses expert scoring method to determine the index weight. The urbanization quality of 18 Prefecture-level city and 20 county-level city in Henan province is analyzed and appraised by using the evaluation system. Through finding out the short board in different regions in the process of urbanization development provides options for the areas taking Improvement measures.

Keywords: Henan province; Urbanization; Urbanization quality

B II Agricultural Transfer Population's Citizenry

Abstract: It is the primary task to build a new type of urbanization in the current and future condition to advance citizenlization of migrant workers, and gradually to transfer farmers who meet the conditions of urban residents. And it is also a major direction of orderly population urbanization in Henan province, which is characterized as agricultural central province with big population. Till now, the rate of urbanization in Henan province is increasing, and the quality and level are improved significantly. However, there are also many problems existing, such as shortage of cost sharing subjects, static cost structure, and imperfect cost sharing mechanism. Therefore, in the paper we propose the principles of improving the cost sharing mechanism for citizenlization of migrant workers in Henan province such as adhering to equity and efficiency, establishing classification, and shaping the model of multi-subject and dynamic coordination.

Keywords: Henan Province; Migrant Workers' Citizenlization; The Cost Sharing Mechanism

Abstract: That supply of basic public service is only based on household population is the root cause of the shortage of basic public services in urban resources. Promoting the full coverage of urban basic public service of the resident population is reflected in the core of human nature of urbanization, and it is also the key step of household registration change and transfer of agricultural population urbanization. Therefore, only establishing system of taking the resident population as the object of urban basic public service can meet the practical needs of rural population under the background of new urbanization.

Keywords: Basic Public Service; The Resident Population of Census; Register Population

B. 5 With the Housing Security and High-quality Education, Attract the Transfer of Rural Population to Urban Area

Cui Xuehua / 095

Abstract: To farmer workers, housing security is the basis of life and work, and high-quality education is the driving force to work out. The current status of the city housing and education can not Withstand the pressure of a large population. The effective measures must be taken to improve housing supply system, to provide the children of migrant workers with equal education, and to regulate problems of low-income housing and education. With better housing security, higher-quality education, and enhanced city's comprehensive carrying capacity, larger rural population will migrate to the city.

Keywords: Henan; Housing Security; Education; Population Transfer

B. 6 The Study on Establishing the Mechanism of Associating Financial Transfer Payments with Citizenization of Transferred Agricultural Population

Wang Jianguo / 107

Abstract: To speed up the process of urbanization, and to focus on improving the quality of urbanization, the key is to promote citizenization of transferred agricultural population. Therefore, we must establish the mechanism of associating financial transfer payments with citizenization of transferred agricultural population, and play finance function skillfally, mobilize social forces, increase financial support to promote healthy and sustainable development of new urbanization.

Keywords: Henan; Citizenization of Transferred Agricultural Population; Financial Transfer Payment; Hook Mechanism

Abstract: The formation of the dual structure of inner city on the one hand is the extension of urban and rural dual structure in the new era, and on the other hand is the formation of low-income class on the process of corporate restructure and urban transformation. There is a huge gap between urban residents and urban low-income groups in the economic conditions and status, social security, public service and so on. It brings about some problems like social stratification, increased urban poverty and intergenerationalization, aggravating social conflicts, difficulty of urban management, and it affects the advance of new urbanization. Reasons for its formation includes a big gap between the rich and poor, land finance, institutional factors, public service and social security and other aspects. Therefore, to break the dual structure of inner city, we must begin to take such measures as to build reasonable housing system, to protect the rights of farmers' land income, to establish a diversified cost-sharing mechanism of migrant workers to become citizens, to speed up the construction of basic public service associated with the reform of household registration, and to lower the urban threshold to achieve a high-quality and sustainable new urbanization.

Keywords: Henan; Dual Structure of Inner City; Urban Poverty; New Urbanization

B Ⅲ Integration of Urban and Rural

B. 8 Research on Building A Unified Land Market of Urban and Rural Construction

Abstract: Land is one of the most important factor of production. For a long time, imbalance of development of land market between urban and rural areas, and unclear property right of collective land of construction, impede balancing rural and urban development. It was put forward in third session of the 18th CPC central committee that we should build a unified land market of urban and rural construction. Henan is a big agricultural province, where urbanization is in a stage of rapid development. A unified land market of urban and rural construction can promote standardization of circulation of rural construction land. This paper analyzes the necessity and problems of building a unified land market of urban and rural construction in Henan province and proposed relative countermeasures and suggestions.

Keywords: Henan; Urban and Rural; Construction Land

B. 9 Research on Endowing More Land Property Rights to Farmers in the Process of New Urbanization

Abstract: It is significant to endow more land property rights to farmers, which will promote agricultural population to divert to citizens, break the dual structure between urban and rural areas, create and improve land management. This research analyzed the existing situation and problems about farmers' land property rights in the process of new urbanization, concluded the influencial factors of restricting the implementation of farmers' land property rights systematically, and finally put forward several policy suggestions for Henan Province to endow more land property rights to farmers in the process of new urbanization.

Keywords: Henan; New Urbanization; Farmers' Land Property Right

Abstract: Institutional innovation is fundamental to promoting the coordinated development of urban agglomeration and protection. At present, the development of central urban agglomeration faces a number of obstacles promoting the coordinated development of central urban agglomeration in the new period, we should actively strengthen institutional innovation and institutional designation, focus on carrying out trans-administrative pilot and establishment of strategic cooperation to organize and coordinate system, improve the modern market system, and promote the reform of financial management system, the establishment of shared systems and public service efforts. At the same time, we should plan positive reinforcement, strengthen policy support, promote reform, innovation and evaluation system and perfect the rule of law.

Keywords: Central Urban Agglomeration; Coordinated Development; Institutional Innovation

B. 11 Research on the Equal Exchange of Factors and Integration of Public Service between Urban and Rural Areas in Henan Province *Guo Zhiyuan* / 163

Abstract: At present, Henan is at the stage of accelerating development in urbanization, the problem of unequal exchange of factor and imbalance of public resource allocation is more and more serious. The equal exchange of factor and integration of public service between urban and rural areas is the urgent requirement of the integration of urban and rural areas, a strategy to improve the socialistic market economic system, an important part of the moderately prosperous society, and an essential requirement of the new urbanization strategy. In the future, the emphasis of the equal exchange of factor and integration of public service between urban and rural areas in Henan Province is the construction of a unified market of factors, perfect agricultural support and protection system, the reform of agricultural subsidy system, better interest compensation mechanism of grain production, more social capital to invest in rural and agricultural development, and promotion of the urban and rural planning, infrastructure implementation and integration of public service.

Keywords: Henan; Equal Exchange of Factors; Integration of Public Service

B. 12 Study on the Construction of Demonstration Area of Urban-Rural Integration *Bai Chengyu* / 176

Abstract: Construction of demonstration area of urban-rural integration will supply the experience for new urbanization of Henan province, including optimization of urban-rural layout, harmonious development of industries, equalization of public service, construction of ecological civilization and innovation of system and mechanism. There are problems faced so that these measures should be carried out: scientific planning, various financing, development of industry, antecedent try and regulation of government behavior.

Keywords: Urban-Rural Integration; Demonstration Area; Henan

Abstract: The Dabie Mountain, Funiu Mountain, Taihang Mountain and Yellow River Beach (DFTAYB) are the poorest areas in Henan Provinces. The implementation of DFTAYB migration is a great strategic choice for Henan Province to solve the problems of its poverty, as well as to build a whole comparatively well-off society. Through the thorough and deep analysis on the DFTAYB's economic and social development, this paper explored the main tasks and key points. And on the base of the development and the prominent problems of the DFTAYB poverty alleviation migration, it is supposed to make innovations on the basic ideas, main modes and mechanism of the DFTAYB poverty alleviation migration, as scientific advice for government's decisions.

Keywords: DFTAYB Poverty Alleviation; Migration; Henan

B IV New City Construction

B. 14 Study on the Construction of Resource-saving City in Henan Province *Han Peng* / 204

Abstract: It is one of the great goals for Henan Province to construct resource-saving cities, which adapts to the new demand of new urbanization. Based on the analysis of resource-saving city's connotation and main content, this paper deeply analyzes the status and main problems in building the resource-saving cities and at last provides several pieces of suggestion to enhance the construction of the resource-saving cities, in order for Henan Province to make decisions on resource-saving cities' construction.

Keywords: Resource-saving Cities; New Urbanizations; Henan Province

B. 15 Study on the Construction of Ecological Livable City in Henan Province *Peng Junjie* / 219

Abstract: It is of great significance for the construction of ecological livable city to promote New-type urbanization, and to realize the sustainable development of society. Till now, the constructions of ecological livable city in Henan province have had some successful practice and exploration. However, there are still many problems existing in the urbanizing level, urban system, pressure of energy and environment. In the paper, in order to achieve urban sustainable development, we propose to strengthen the industrial support, perfect the city functions, construct the ecological networks, increase investment in science and technology, and to innovate the capital to guarantee the constructions of ecological livable city construction in Henan province.

Keywords: Henan Province; Ecological Livable City; New Urbanization

Abstract: Smart city is an advanced form of city in the information age. It is the trend and features of the world's city development. Some countries and cities have proposed the strategy of building smart city. Henan province also attaches great importance to the construction of smart city and has carried out the practice in some pilot cities. Based on the analysis on the current situation of the construction of smart city, the paper points out the difficulties and problems encountered at present in technology, system, application, and industry promotion. Then this paper puts forward countermeasures and suggestions of the construction of smart city.

Keywords: Henan; Information; Smart City

Abstract: Proposition of the concept of humanism city construction conforms the rule of urban development and is a comprehensive reflection of the value of urban existence, a deep grasp of the current principal contradiction of China's urbanization, and gives the direction of Zhongyuan Urban Agglomeration in Henan. In the future, Henan should promote the humanism cities by creating urban cultural characteristics, strengthening the cultural industry development of urban service, enhancing the protection and development of historical and cultural heritage of the city.

Keywords: Henan; Construction of Humanism Cities; Urban Culture

Ⓑ V Security Mechanism

Abstract: In order to fully implement "speed up new urbanization development" strategy, the research report is based on the new urbanization related theory, uses the AHP to determine the weight of index, constructs the model of urbanization quality statistic monitor system from five dimensions of the population urbanization, economy urbanization, social urbanization, space urbanization and ecological urbanization, which is conducive to objectively reflect the process of urbanization and fully reflects problems of urbanization development, and then provides the basis for government to formulate, adjust and implement new urbanization policy.

Keywords: New Urbanization; Statistic Monitor; Index System; SHP

Abstract: In 2014, the Henan urban housing development has shown good signs and improvement, and the overall stability of the real estate market significantly enhanced the capacity of housing security and improved housing quality, the living environment, and the driving ability of the housing market to the economic development. However, in 2014, there art still some contradictions and problems existing in the development of the real estate market in Henan province. And these need to be paid more attention and to be resolved in 2015, in order to strive to maintain the steady and healthy development of the real estate market and to better meet the housing needs of urban residents.

Keywords: Henan; Real Estate Market ; Housing Security

Abstract: At present, the construction of new urbanization in Henan Province has achieved remarkable results, and has entered the period of scientific development. However, the urbanization is faced with huge financial pressure, and there are many problems in traditional mode of urbanization investing and financing mechanism, such as huge financing gap, single financing channel, unsustainable land finance. Therefore, we are in urgent need of taking countermeasures to construct diversified and sustainable urbanization investing and financing mechanism, such as establishing local government debt financing mechanism, innovating policy financing mechanism, improving public-private financing mechanism, and promoting matching reform.

Keywords: Henan; Diversification; Urbanization; Investing and Financing Mechanism

Abstract: The stable employment of rural transferred labor force is an important task of urbanization. In the process of urbanization which is supported by the rapid development of industrialization and informationization, the transferred rural labor force can adapt to the requirements of industrial development to get stable employment, which is the focus of the government's public service. However, the real situation of the transferred rural labor force in our province is faced with difficult problems. To maximize the matched degree between the job demand of rural labor force and job supply of industry has become the main task of the public employment service.

Keywords: Henan; Urbanization; Transferred Rural Labor Force; Stable Employment

皮书起源

“皮书”起源于十七、十八世纪的英国，主要指官方或社会组织正式发表的重要文件或报告，多以“白皮书”命名。在中国，“皮书”这一概念被社会广泛接受，并被成功运作、发展成为一种全新的出版型态，则源于中国社会科学院社会科学文献出版社。

皮书定义

皮书是对中国与世界发展状况和热点问题进行年度监测，以专业的角度、专家的视野和实证研究方法，针对某一领域或区域现状与发展态势展开分析和预测，具备权威性、前沿性、原创性、实证性、时效性等特点的连续性公开出版物，由一系列权威研究报告组成。皮书系列是社会科学文献出版社编辑出版的蓝皮书、绿皮书、黄皮书等的统称。

皮书作者

皮书系列的作者以中国社会科学院、著名高校、地方社会科学院的研究人员为主，多为国内一流研究机构的权威专家学者，他们的看法和观点代表了学界对中国与世界的现实和未来最高水平的解读与分析。

皮书荣誉

皮书系列已成为社会科学文献出版社的著名图书品牌和中国社会科学院的知名学术品牌。2011 年，皮书系列正式列入“十二五”国家重点图书出版规划项目；2012~2014 年，重点皮书列入中国社会科学院承担的国家哲学社会科学创新工程项目；2015 年，41 种院外皮书使用“中国社会科学院创新工程学术出版项目”标识。

法律声明

S 子库介绍
Sub-Database Introduction

中国经济发展数据库

涵盖宏观经济、农业经济、工业经济、产业经济、财政金融、交通旅游、商业贸易、劳动经济、企业经济、房地产经济、城市经济、区域经济等领域，为用户实时了解经济运行态势、把握经济发展规律、洞察经济形势、做出经济决策提供参考和依据。

中国社会发展数据库

全面整合国内外有关中国社会发展的统计数据、深度分析报告、专家解读和热点资讯构建而成的专业学术数据库。涉及宗教、社会、人口、政治、外交、法律、文化、教育、体育、文学艺术、医药卫生、资源环境等多个领域。

中国行业发展数据库

以中国国民经济行业分类为依据，跟踪分析国民经济各行业市场运行状况和政策导向，提供行业发展最前沿的资讯，为用户投资、从业及各种经济决策提供理论基础和实践指导。内容涵盖农业，能源与矿产业，交通运输业，制造业，金融业，房地产业，租赁和商务服务业，科学研究，环境和公共设施管理，居民服务业，教育，卫生和社会保障，文化、体育和娱乐业等 100 余个行业。

中国区域发展数据库

以特定区域内的经济、社会、文化、法治、资源环境等领域的现状与发展情况进行分析和预测。涵盖中部、西部、东北、西北等地区，长三角、珠三角、黄三角、京津冀、环渤海、合肥经济圈、长株潭城市群、关中—天水经济区、海峡经济区等区域经济体和城市圈，北京、上海、浙江、河南、陕西等 34 个省份及中国台湾地区。

中国文化传媒数据库

包括文化事业、文化产业、宗教、群众文化、图书馆事业、博物馆事业、档案事业、语言文字、文学、历史地理、新闻传播、广播电视、出版事业、艺术、电影、娱乐等多个子库。

世界经济与国际政治数据库

以皮书系列中涉及世界经济与国际政治的研究成果为基础，全面整合国内外有关世界经济与国际政治的统计数据、深度分析报告、专家解读和热点资讯构建而成的专业学术数据库。包括世界经济、世界政治、世界文化、国际社会、国际关系、国际组织、区域发展、国别发展等多个子库。